/Stb

Siegfried Grabowski

Die Magie der Kirche

Mystische, magische und spirituelle Gehalte
christlicher Rituale

© 2007 Schirner Verlag, Darmstadt

ISBN 978-3-89767-565-0

1. Auflage

Umschlaggestaltung: Murat Karaçay
Redaktion: Heike Wietelmann, Maike Lübbers
Satz: Michael Zuch, Maike Lübbers
Herstellung: Reyhani Druck und Verlag, Darmstadt

www.schirner.com

Inhalt

Vorwort des Verfassers

In einer Zeit, in der die Kirchen immer leerer werden, stellt sich sowohl bei Klerikern als auch bei den Gläubigen gleichermaßen die Frage nach den Ursachen der Kirchenmüdigkeit und des Verfalls der Glaubensgrundlagen. Liegt ein Fehlverhalten von kirchlicher Seite vor, oder hängt es damit zusammen, dass die Gläubigen die kirchlichen Dogmen nicht länger akzeptieren wollen? Sind wir so „verweltlicht", dass spirituelle Aspekte in unserem Leben keine Rolle mehr spielen? Oder sind die Ursachen dafür so tief verwurzelt, dass wir uns ihrer kaum bewusst werden und sie somit auch nicht erkennen können?

Parallel zum Verfall der kirchlichen Institutionen blüht in unserer Zeit in immer stärker werdendem Maße eine Sehnsucht im Menschen auf, die nur schwer zu benennen ist. Es ist eine Sehnsucht nach Tiefgründigem, nach Wahrheit, nach einem Sinn des Lebens. Diese Sehnsucht scheint von der Kirche nicht mehr gestillt werden zu können, da die Menschen einen Zwiespalt zwischen dem realen Leben und der kirchlichen Lehre, wie sie sich im Gefühl der Menschen widerspiegelt, spüren. Eine dogmatische Lehre ist nicht mehr gefragt. Die logische Argumentation und das überlieferte „Wissen" sind so oft in der Geschichte umgestoßen worden, dass sie unglaubwürdig geworden sind. Zudem hat der Mensch im Laufe der Geschichte immer mehr gelernt, sich auf sich selbst, seine Erfahrung, seine Intuition, sein logisches Denken zu verlassen. Und zwischen dem eigenen Empfinden und der überlieferten Glaubenslehre empfindet er Widersprüche, die durch logische Argumentationen nicht auszuräumen sind. So sind wir gezwungen, den Sinn des Lebens selbst zu erkennen, eigene Wege der Erkenntnis (Er-kenntnis = Gottes-(Er)kenntnis) zu gehen, uns durch das persönliche Gefühl einer Wahrheit leiten zu lassen und dort zu suchen, wo wir innerlich spüren, dass uns etwas gegeben wird, was die tiefsten Sehnsüchte stillt. Und das sind heutzutage nicht mehr die Lehren und Dogmen der Kirche.

Die junge Generation scheint uns auf diesem Erkenntnispfade weit voraus zu sein, so unglaubwürdig es uns auf den ersten Blick erscheinen mag. Sie gehen Erkenntniswege, die wir „Älteren" eher als „abgründig" zu bezeichnen geneigt sind. Gemeint ist hier die in starkem Maße anzutreffende Hinwendung zu pseudospirituellen Themen, zu okkulten Praktiken, zu uns fremden Religionsformen, zu „tiefgründigen" Gefühlserlebnissen, die oft einen gewissen Hang zu Perversion und Gewalt haben – man denke nur an so manche Produkte der modernen Horrorfilm-Industrie. Wir Älteren sind schnell bei der Hand, das damit einhergehende Empfinden vorschnell abzuurteilen und zu verteufeln, weil wir uns kaum die Mühe machen, den dahinter stehenden Drang nach wahrer Erkenntnis und gefühlsmäßigem Erleben zu verstehen. Die extrem starke Hinwendung der Jugend zu den verschiedensten esoterischen Disziplinen beruht aber durchaus nicht auf mentalen Perversionen, sondern ist Ausdruck eines Erkenntnisweges, der das

Gefühl zur Grundlage nimmt und nicht den Verstand, denn man geht davon aus, dass sich im Gefühl die Wahrheit äußert – zumindest die individuelle.

Das Gefühl ist die tief sitzende Erkenntnisgrundlage eines jeden Menschen – bei Jugendlichen ist es noch offen und unvoreingenommen, bei Älteren intellektuell verfälscht, aber dennoch unterschwellig vorhanden und wirksam. Wer hat es in alten Kirchen oder besonderen Plätzen nicht schon erlebt: das Gefühl der Heiligkeit, Geborgenheit, Erhabenheit, des tiefen inneren Friedens, der Zeitlosigkeit, der tiefen Frömmigkeit, eines paradiesischen Zustandes, das Gefühl der Jenseitigkeit, der Anwesenheit Gottes … Ja, es gibt Kirchen und Plätze, wo selbst Atheisten fromm werden! Frömmigkeit ist keine Lebenseinstellung, ist nicht das Ergebnis langer Studien oder religiöser Praktiken. Nein, Frömmigkeit ist ein Gefühl, das sich unter bestimmten Umständen oder an besonderen Plätzen äußern und in einen Sakralraum sozusagen „eingebaut" werden kann. Frömmigkeit ist nicht primär abhängig von der Gemütslage des Menschen – es sind in hohem Maße die äußeren Energien, die über das Empfinden, über das Gefühl dann die Gemütslage des Menschen ansprechen und Frömmigkeit beziehungsweise die Sehnsucht nach Wahrheit und Ewigkeit hervorrufen. Der Mensch kann sich diesen Energien in gewisser Weise mental öffnen oder verschließen. Aber es wird ihm kaum möglich sein, sich den von außen auf ihn wirkenden Kräften zu entziehen, die in jedem Fall seine Gemütslage beeinflussen und unbewusst sein Fühlen, Denken und Handeln bestimmen.

Während eines Seminars in einer Bildungsstätte, die sich in einem ehemaligen Zisterzienserkloster befand (Kloster Schöntal), hatte ich ein Gespräch mit einem Handwerker, der auf diesem Gelände wohnt. Er war „gut im Geschäft", ständig unterwegs und hatte einen arbeitsreichen und anstrengenden Tagesablauf. Die meisten Menschen kommen nach solchen hohen psychischen und physischen Belastungen nur schwer zur Ruhe und schlafen schlecht. Der Handwerker berichtete mir, es sei ihm aufgefallen, wie des „Tages Last" vollständig von ihm abfalle, sobald er das Tor der Klostermauern passiere. Dieses Gefühl hatte er vorher nie erlebt, war abends abgekämpft, wie andere Menschen auch. Und nun plötzlich dieses neue Lebensgefühl, das er selbst nur auf die Klosteratmosphäre zurückführen konnte. Auch gesundheitlich gehe es ihm hier viel besser. – Auf dem Gelände waren von den alten Baumeistern Änderungen vorgenommen worden, belastende Energien in lebenspositive umgekehrt und die Steinsetzungen der Gebäude und Außenmauern so eingerichtet, dass eine harmonische Atmosphäre entstanden war, die heute noch spürbar und wirksam ist: der Klosterfrieden. Selbst die Weihen aus der Gründungszeit des Klosters sind hier noch nachweisbar.

Dieses besondere Empfinden hat etwas mit jenen Kräften zu tun, denen wir ausgesetzt sind, denen wir uns bewusst oder unbewusst aussetzen und die wir selbst mitgestalten. Wenn die Atmosphäre in einem Sakralraum nicht stimmt, kann auch keine Frömmigkeit aufkommen, kein Gefühl der Gottverbundenheit. Wenn das

Ritual nicht stimmt, kann sich kein Kraftfeld aufbauen zwischen dem Priester und den Gläubigen. Wenn die Weihen der Ritualgegenstände nicht ordnungsgemäß, das heißt (nach außen hin) wirksam, durchgeführt worden sind, können sie nicht dazu beitragen, einen Segen zu verbreiten. Wenn die Segnungen des Priesters nicht von einer inneren (geistigen, göttlichen) Kraft getragen werden, bleiben sie ein leeres und damit unwirksames Ritual. Wenn die Gläubigen sich nicht einstimmen können auf die heilige Handlung und mit dem Priester kein gemeinsames Kraftfeld aufbauen, so kann auch keine Kraftübertragung vom Priester zu den Gläubigen erfolgen, und die Menschen gehen mit leeren Herzen nach Hause.

Die Energien sind es, welche die Basis für das persönliche Heilsgeschehen, für die persönliche Heiligung und das persönliche Heil bilden. Es ist kein Selbstzweck, wenn das Ritual in einem kraftvollen, energetisch aufgeladenen Sakralraum wirkungsvoll durchgeführt wird; daraus allein entsteht keine Gottverbundenheit. Aber diese Kraftfelder öffnen das Herz der Teilnehmer, öffnen die Seele für die ankommenden geistigen Energien. Erst diese Öffnung ist die Voraussetzung dafür, dass sich in der Seele etwas bewegt, was den Menschen zur Gottverbundenheit und zu seinem Heil führen kann – sofern er sich ebendiesem Einfluss nicht immer wieder mental verschließt oder ihm durch äußere Lebensumstände entzogen wird. Das Ritual, das Geschehen im Sakralraum, hat also lediglich den Charakter eines Schlüssels. Aber der Schlüssel muss passen! Es muss jene Kraft vorhanden sein, die etwas im Menschen in Bewegung setzt.

Erst dann kann sein eigenes Dazutun wirksam werden, können seine eigenen Bemühungen Früchte tragen.

Für die vorliegende Arbeit wurden einige wesentliche Gesichtspunkte zusammengetragen, die für die Einrichtung eines Sakralraumes von Bedeutung sind. Zweck und Wirksamkeit der rituellen Handlungen werden erklärt, und ganz besonders auf die Bedeutung und energetische Wirksamkeit der heiligen Handlungen hingewiesen. Die gesamte Thematik wird aufgeschlüsselt anhand des Ritus der heiligen Messe, wie sie bis zum Jahre 1962 in der römisch-katholischen Kirche zelebriert wurde, also bevor modernistische Bewegungen (ungewollt und unbewusst) das Ritual von jenen spezifischen Kräften getrennt haben. Es wird aufgezeigt, dass sakrale Handlungen nachweisbare Energien an die Teilnehmer übertragen, wenn sich zwischen Priester und Gläubigen ein Kraftfeld aufbauen kann. Darüber hinaus soll erläutert werden, dass wir Menschen selbst eine Art „Antenne" in uns haben, die uns befähigt, jene heilswirksamen Kräfte zu empfangen zu, womit sich wiederum eine bioenergetische Wirksamkeit der übertragenen Energien erklären lässt. Der Verfasser ist der Meinung, dass die heilige Messe den Menschen auch heute noch zu seinem Heil führen kann, wenn sie unter optimalen Voraussetzungen durchgeführt wird. Welche Faktoren dabei eine Rolle spielen, soll in dieser Arbeit ebenfalls erläutert werden. Somit soll dieses Buch nicht nur klerikalen Laien, sondern auch Priestern und Bischöfen bei der Durchführung ihres Amtes hilfreich sein.

Einführung in den Themenkreis

Zentrale Themen der heiligen Messe sind die Verkündigung des Evangeliums und die Eucharistiefeier. Beide Elemente leben von der andächtigen Teilnahme der gläubigen Gemeinde. Das Evangelium, vorgetragen durch den Priester oder einen Diakon, verlangt vom Zuhörer Aufmerksamkeit, ja eine Art andächtige Passivität. Der Charakter der Kommunikation zwischen dem Vortragenden und den Gläubigen ist hier weniger vom (ohnehin mehr oder weniger bekannten) Text abhängig als von der Ausstrahlung und Überzeugungskraft des Vortragenden. Kernpunkt der Eucharistiefeier ist die Wandlung von Brot und Wein in Christi Leib und Blut. Obgleich die liturgische Ordnung eine Beteiligung der Gläubigen in gewisser Weise vorsieht (Opfergabe, Gebete, Antwortgesänge), verbleibt die „magische Praxis" der Wandlung selbst in der Hand des Priesters, der diesen allerheiligsten Akt im Kraftfeld der Gläubigen unter (zumindest äußerlich „beschwörend" wirkenden) Ritualen vollzieht.

Wie bereits angedeutet, soll in der vorliegenden Arbeit versucht werden, „mentale Kraftfelder" zwischen den im Altarraum wirkenden Personen und der versammelten Kirchengemeinde aufzuzeigen, die Wirkung der Rituale auf diese Kraftfelder verständlich zu machen und die begleitende Symbolik in den vorliegenden energetischen Prozess mit einzubeziehen. Ein Vergleich mit

„magischen Praktiken" (im Sinne eines „Zwingens"
von Kraftfeldern oder gar Wesenheiten) soll helfen, den
mystischen Gehalt der Messfeier und ihrer sakramentalen Randerscheinungen besser zu verstehen. Die for-
malen Begleiterscheinungen des liturgischen Prozesses
sollen (auch unter ihren zwischenmenschlich-energe-
tischen Aspekten) analysiert und die Bedeutung der in
diesem Zusammenhang magisch anmutenden Rituale
hinterfragt werden.

Obgleich die letzte Liturgiereform unter Papst *Johannes XXIII.* (1960–1963) viel Positives zum besseren (allgemeineren) Verständnis und aktiven Mitfeiern
der Messe beigetragen hat, weist sie Elemente auf, die
dem Mitteilungscharakter des „Wortes Gottes" und
dem Empfang des „Heiligen Geistes" in der Eucharistie
– zumindest unter energetischen Gesichtspunkten – widersprechen.

In diesem Sinn entscheidende Akte sind

– die Verlegung der Verkündigung vom Altar und von
  der Kanzel aus an einen anderen Punkt des Chorrau-
  mes (Ambo),
– die Herauslösung des Wortgottesdienstes aus der heiligen Handlung am Altar sowie
– die Schaffung einer neuen Position des Zelebrations-
  altares (Volksaltar).

Die – man kann wohl sagen – jahrtausendealte Tradition, Rituale und Messen auf geologisch bedingten energetischen Kraftzentren (geomantische Zonen[1]) zu zelebrieren, wurde damit vielfach aufgegeben.

Die rituellen Rahmenhandlungen, wie Glockenläuten, die Verwendung von Weihrauch und Weihwasser usw., wurden ebenfalls von Liturgiereformen erfasst. Die modernistischen Bestrebungen erfolgten offenbar ohne Kenntnis der Bedeutung des Rituals sowie der in ihm verwendeten Zeichen und Symbole. Im Folgenden sollen die Ursprünge des Rituals aufgezeigt, ihre Bedeutung erklärt und ihr Charakter als „Mittler" zwischen dem göttlichen Urprinzip und den Gläubigen veranschaulicht werden. Es soll darauf hingewiesen werden, dass es sich bei den sakralen und sakramentalen Handlungen um Einflussnahmen auf Naturkräfte und Naturgesetzlichkeiten handelt, die dem Menschen zum Heil dienen.

Die Entfremdung von einer naturintegrierten Lebensweise schafft Isolierung, Vereinsamung, Krankheit, Hass und Aggressivität. Das Ritual der Messe, richtig angewandt, die Erteilung der Sakramente und eine Lebensweise nach den Geboten Gottes können den „vom göttlichen Pfad abtrünnigen" Menschen wieder in die

---

1 Der Begriff Geomantie bezeichnete ursprünglich (nach *Agrippa von Nettesheim*) eine mantische (wahrsagende) Disziplin der Vorhersage aus Beobachtungen des Erdbodens oder von Objekten, die den Erdboden in gewisser Weise repräsentieren. Radiästheten (Rutengänger) bezeichnen nach Reinhard Schneider (1925–2001) mit dem Begriff „geomantische Zonen" Bodenareale, die aufgrund bestimmter Untergrundwirkungen (von Wasseradern, Verwerfungen, Spaltensystemen, Erzadern, Gitternetzsystemen, Radioaktivität usw.) Leben fördernde Kräfte entfalten, die eine aufbauende Wirkung auf Organismen haben. Derartige Areale galten bereits in prähistorischen Zeiten als „heilige Stätten" und dienten der Anlage von Kultplätzen und Sakralbauten. Ältere Wallfahrts- und Klosterkirchen (mindestens 200 Jahre alt) finden sich ausschließlich auf solchen Zonen.

Naturgesetzlichkeit integrieren, ihn wieder zur Quelle, zum Ursprung allen Seins zurückzuführen.

Diese Arbeit soll helfen, uns das Wissen um die verborgenen Wirkkräfte der Natur und des Rituals wieder zu vergegenwärtigen, um daraus positive Konsequenzen nicht nur für die Gestaltung der heiligen Messe, sondern vor allen Dingen auch für uns selbst, unsere zwischenmenschlichen Beziehungen und unsere Re-Integration in die Allmacht Gottes zu ziehen.

Bedeutung und struktureller Aufbau der heiligen Messe

Kernpunkte der Messfeier sind Verkündigung des Evangeliums (Wort Gottes) mit anschließender Predigt (Homilie) und die Feier der heiligen Eucharistie mit dem zentralen Thema der „Wandlung". Alle darüber hinausgehenden liturgischen Handlungen wie Gebete, Gesänge, Rituale bilden einen Rahmen, der eine auf das Ziel hinführende oder einbettende Bedeutung (Matrixcharakter) hat.[1]

Das Evangelium wirkt durch das gesprochene Wort. Seine Bedeutung wird akustisch und somit auch im energetischen Sinn übertragen. Die mit der Verkündigung verbundenen Rituale belegen, dass es sich dabei nicht nur um ein bloßes Hören und Verstehen vonseiten der Gläubigen handelt (oder handeln soll), sondern um eine aktive Übermittlung von Informationen, die sich im Zuhörer verankern und in ihm (durch den Heiligen Geist) wirken sollen. Es gilt, das Wort Gottes „in unserem Herzen zu bewegen", es arbeiten und wirken zu lassen und das Resultat hinauszutragen „in alle Welt",

---

1   Die Wirkung einer Matrix geht über das einbettende und strukturierende Prinzip hinaus. Bei chemischen Reaktionen lockert die Matrix (gleich einem Katalysator) Bindungsstrukturen und ermöglicht damit die gewünschte Reaktion. Zugleich wirkt die Liturgie als Matrix wie ein strukturgebendes Grundsystem, das zugleich aktiv den sakralen Handlungsvorgang mitbestimmt, indem es an der Kraftübertragung des Heiligen Geistes auf Priester und Gläubige maßgeblich beteiligt ist. Ohne diese rituelle Matrix lassen sich Funktionen, wie zum Beispiel der Wandlungsprozess, nicht verstehen und können so auch nicht stattfinden.

um so auch ein besseres Verhältnis (im Sinne der christlichen Lehre) zu seinen Mitmenschen zu bekommen. In diesem Sinne kann das Evangelium nur dann wirken, wenn es zwischen Vortragendem und Hörendem zu einem tiefgreifenden (bioenergetischen[2]) Kontakt kommt, der in etwa mit einer Suggestion oder gar einem posthypnotischen Befehl vergleichbar ist.

> „Denn wie der Regen und der Schnee vom Himmel fallen und nicht zu ihm zurückkehren, sondern die Erde tränken, sodass sie keimt und sprosst, Samen bringt für die Aussaat und Brot zur Nahrung, so ist es auch mit dem Wort, das meinen Mund verlässt: Es kehrt nicht leer zu mir zurück, sondern bewirkt, was ich will, und erreicht all das, wozu ich es ausgesandt habe." (Jes 55,10–11)

Die Eucharistiefeier basiert auf einem vom „Herrenmahl" (jüdisches Passahfest, Beginn am ersten Frühlingsvollmond) abgeleiteten Speiseritus, dem ein Opfercharakter integriert wurde, um Christus durch sein Fleisch und Blut in Gestalt von Brot (Hostie) und Wein zu vergegenwärtigen. Die (Wesens)verwandlung von

---

2   Die Bioenergetik befasst sich mit schwer nachweisbaren (physikalischen) Kräften, mit denen unser Organismus in einer Art Gleichgewichtssystem steht. Dazu können die Kräfte von geologischen Reizzonen (z.B. Wasseradern) ebenso gehören wie kosmische Einflüsse (Schwerkraft, Wetterfühligkeit, Magnetismus) oder ein zwischenmenschlicher Energieausgleich (Empfindung, dass einem durch eine andere Person Kraft übertragen oder entzogen wird). Das energetische System des Menschen steht mit allen den Menschen umgebenden Dingen in ständiger Verbindung, sodass man davon ausgehen kann, dass letztlich „alles" mit „allem" in Verbindung steht. Auch Gottes Geist wirkt alles in allem (vgl. Eph 4,6). Entscheidend für die (biologischen) Auswirkungen dieser Kräfte sind die Intensität und die individuelle Aufnahmebereitschaft. Der Verkündigungsort sollte ein Ort der Kraft sein; das Ritual dient der Schaffung eines aufnahmebereiten Zustandes.

Brot, Wasser und Wein in Christi Leib und Blut (Transsubstantiation) wurde auf dem Laterankonzil im Jahre 1215 unter Papst *Innozenz III.* zum Glaubensdogma erklärt. Ursache war der Druck seitens der Bevölkerung, die aufgrund eines gewissen Hangs zur Magie heilkräftige Sakramente und reale Umwandlungsvorgänge forderte. Der Kirchenvater *Augustinus* (354–430) dachte niemals an einen Genuss des wahren Leibes und Blutes Christi und hob den geistig-symbolischen Charakter beim Empfang des Abendmahles hervor.[3]

Durch die Aufnahme von Christi Leib und Blut soll zugleich sein Geist und Wesen „inkorporiert" (einverleibt) werden. Wir kommunizieren, um Christus (um eine geistige Wesenheit) zu empfangen, damit er in uns wirkt, uns gleichsam zu einem „besseren" Menschen macht beziehungsweise uns hilft, uns geistig zu vervollkommnen. Dies wurde in esoterischen und magischen Kreisen, aber auch in fast allen Religionen schon immer als der Sinn unseres Erdenlebens angesehen. Mit dieser (würdigen) Aufnahme eines „wirksamen Prinzips" erfolgt nach der Kirchenlehre zugleich auch eine Vergebung der Sünden. Wo der Heilige Geist gewirkt hat, haben sie keinen Platz mehr. Hier tritt der Opfercharakter des Kreuzestodes Jesu deutlich hervor. Dass vergossenes Blut Sünden abwäscht und allgewaltigste magische Kräfte freisetzen kann, erkennen wir bereits in den jahrtausendealten Traditionen der Magie, vom Mithraskult, in dem das Blut eines Stieres die Sünden der Gläubigen abwusch. Bis heute gibt es magische Rituale, bei denen Menschen und Tiere geopfert werden. Insbesondere die Schriften

3 Werner/Erbstößer, Kleriker, S. 11.

des Apostels *Paulus* unterstrichen den Sühne- und Erlösungscharakter des durch Christus am Kreuze vergossenen Blutes. *Karlheinz Deschner* sieht das in Form eines Kreuzes (als religiöses Symbol schon aus vorchristlicher Zeit bekannt) gebratene Passahlamm als Ersatzhandlung für die Tötung des Erstgeborenen.[4]

Geistiger Inhalt des Aufbaues der liturgischen Handlungen sind gemäß Christi Auftrag (Lk 22,19; 1. Kor 11,24) „Gedenken" und „Tun", also dynamisches Zusammenwirken von geistigen mit praktischen Handlungen. Also ist die Messfeier „abgestimmt" als eine sakrale (magische) Handlung mit begleitender und fördernder Imagination.

Um dies zu veranschaulichen, wollen wir nun den Ablauf der katholischen Messe genauer erläutern:

Eröffnung

Der Einzug der Zelebranten und Messdiener, der zumeist von Orgelspiel und Gesang begleitet wird, dient der Vorbereitung der Feier und fördert die Bildung einer Gemeinschaft beziehungsweise einheitlichen Geisteshaltung bei allen Teilnehmern ein wichtiger Aspekt jeglichen magischen Rituals. Insbesondere das gemeinsame Gebet kann emotionale Kräfte freisetzen, die so stark sind, dass sie sogar im grobstofflichen Bereich Auswirkungen zeigen können (Blutwunder, Blutverflüssigung, weinende Madonnen, Spontan-

---

4 Deschner, S. 80 f.

24

heilungen, paranormale Phänomene bei Heiligen und Mystikern usw.).

Der Priester küsst den Altar und huldigt damit Christus als dem eigentlichen Herrn und Leiter dieser Versammlung. Wir sehen darin ein Symbol der erwünschten Gegenwart Christi, der durch seinen Geist im Priester und in den Gläubigen leben und in der Eucharistiefeier dargestellt werden soll. Durch die wirksame Kraft Christi soll die Messfeier aus dem Symbolcharakter herausgehoben werden und zur realen Existenz der Anwesenheit des Herrn gelangen. Zu besonders feierlichen Anlässen erfolgt die sogenannte Inszenierung des Altars durch Beweihräucherung. Diese, wohl aus den alten Rauchopfern entlehnte Handlung, dient in allen magischen Praktiken der Reinigung des Handlungsbereiches (Zauberkreis) durch Vertreibung unerwünschter (eventuell dämonischer) Mächte, Kräfte und Wirkungsprinzipien.

Darauf folgt die Begrüßung der Gemeinde, die den Geist der Liebe und des Friedens bekräftigen soll, sowie das Schuldbekenntnis aller Anwesenden (Bußakt, Kyrie).

Das Bekennen der eigenen Schuld, insbesondere im Rahmen der Gemeinschaft, stellt einen persönlichen Reinigungsakt dar und bildet die zwingende Voraussetzung für die Aufnahme neuer, lebensbejahender geistiger Kräfte. Hier ist insbesondere die Bereitschaft zur Aufnahme des Heiligen Geistes angesprochen, der bei der Messfeier gegenwärtig ist und der in uns wirken soll. Das Schuldbekenntnis kann (an Sonn- und Feiertagen) durch das Taufgedächtnis und die Besprengung mit Weihwasser (Segnung, Exorzismus) ergänzt werden.

Der Eröffnungsteil wird (an Sonn- und Feiertagen) mit dem Gloria abgeschlossen, das Lobpreisen des dreieinigen Gott durch die Gemeinde. In dem darauf folgenden Tagesgebet wird des Heilsmysteriums gedacht, das dem jeweiligen Tag oder Fest entspricht, an dem die Messe gelesen wird.

Wortgottesdienst

Der Aufbau des Wortgottesdienstes ist eine zielgerichtete Hinführung zum Wort Gottes, das aus dem biblischen Text spricht, sowie zu dessen Auslegung in der Predigt. Historisch basiert der Wortgottesdienst auf einer durch die Zerstörung der heidnischen Glaubensgrundlagen erzwungenen Neukonstituierung der Gottesverehrung in der Synagogenpraxis. Das Wort Gottes, die gottgegebenen Gesetze und die Verkündigungen der Propheten sollen den Menschen berühren und ihn zum Glauben aufrufen.

Die erste Lesung (Epistel) erfolgt aus den Büchern des Alten Testaments oder den Apostelbriefen des Neuen Testaments, seltener aus der Apostelgeschichte oder aus der Geheimen Offenbarung des Johannes („der Herr kommt"), die zweite aus der Apostelgeschichte („der Herr ist anwesend"), und die dritte ist die Verkündigung des Evangeliums (die Gemeinde empfängt den Herrn in Gemeinschaft und Glauben). Die Lesungen können durch Zwischengesänge oder Antwortpsalme unterbrochen werden; vor dem Evangelium ertönt der Halleluja-Ruf.

Die Verkündigung des Evangeliums als des „Wortes Gottes" nimmt liturgisch eine Sonderstellung ein: Der Priester erbittet den Segen zur würdigen Verkündigung. An hohen Feiertagen wird das Evangelienbuch (Evangeliar) oft in einer feierlichen Prozession mit Kerzen und Weihrauch zum Vortragspult (Ambo) getragen und beweihräuchert. Damit wird die Verkündigung zu einer heiligen Handlung, einer Handlung, der man besondere Bedeutung beimessen muss, weil das gesprochene Wort auf uns eine Kraft ausübt, die niemand unberührt lässt. Wer daran zweifelt, möge sich vergegenwärtigen, wie er selbst reagiert, wenn ihn jemand lobt oder tadelt. Nicht ohne Grund kommt dem gesprochenen Wort in jeglichem magischen Ritual eine besondere Bedeutung zu. „Eine linde Antwort stillet den Zorn, aber ein hartes Wort erregt den Grimm" (Spr 15,1).

Für die Wirkung des Gehörten ist es nicht zwingend erforderlich, dass man dieses auch wortwörtlich versteht. Wirkungsvolle Rituale in lateinischer, hebräischer oder am besten in der ursprünglichen Sprache dessen, der den Text verfasst oder das Ritual begründet hat, beweisen das. Wenn ich jemanden lobe, kommt auch dann bei meinem Gegenüber ein gutes Gefühl an, wenn er mich nicht wörtlich versteht. Da das Verstehen des Wortes die Wirksamkeit aber durchaus fördert, schließt sich an das Evangelium die Predigt (Homilie) an, die das Wort erläutert und das Vorgetragene aktualisiert und deutet.

Im Sinne des auf und in uns wirkenden Wortes folgt dem Evangelium das Credo, das Glaubensbekenntnis. Durch Fürbitten (Gebete) für die verschiedenen Anliegen der Welt wird der Wortgottesdienst beschlossen.

Eucharistiefeier

Die Eucharistiefeier lässt sich thematisch in Gabenbereitung, Hochgebet und Kommunion untergliedern.

Gabenbereitung

Die Gabenbereitung beginnt mit dem Herbeibringen der Gaben. Die Messdiener bringen Hostien und Wein (ursprünglich eine Spende der Gläubigen) an den Altar, während die Kollekte (Geldspende) eingesammelt wird. Die Gaben sollen den Hingabewillen und die Opferbereitschaft der Gemeinde symbolisieren. Der Priester kann den Altar inszenieren (beweihräuchern). In gleicher Weise werden dann auch Priester und Gläubige inszeniert. Wer das Ritual genauer verfolgt, kann erkennen, dass bei der Inszenierung des Altares mit besonderem Bewusstsein und größter Sorgfalt vorgegangen wird, um ja kein Fleckchen des Altares auszulassen. Und das, obwohl sich die Priester wohl in den meisten Fällen nicht dessen bewusst sind, dass es hier wirklich gilt, Mächte fernzuhalten, die dem Ziel des Messrituals (Wandlung) hinderlich sein könnten. Da die Gläubigen durch ihre Gebete und ihre andachtsvolle Geisteshaltung letztlich mit zum Gelingen der Wandlung beitragen, müssen natürlich auch sie von hindernden Mächten befreit werden.

Der Priester mischt Wasser und Wein, dankt für die Gaben und bittet, „dass mein und euer Opfer" angenommen werde (Einladung zum Gabengebet). Dies ist die einzige Stelle der Messfeier, an der (bei heutigem Ritual) auf den Opfercharakter des Rituals explizit hingewiesen wird. (Die Intention der Messfeier bezieht sich natürlich auf den Opfertod Christi und nicht auf die Opfergaben der Gläubigen).

Die Handwaschung geschieht im Geist der Demut und Reinigung. Sie ist ein Relikt ausgefeilter und umfangreicher Reinigungs- und Askeseprozesse, denen sich jeder unterziehen muss, der durch Meditation oder magische Prozesse höhere Einsichten gewinnen oder äußere Prozesse (Wunder, Zauber) erzwingen will. Im klerikalen Rahmen haben uns die großen Mystiker dies veranschaulicht.

Am Gabengebet beteiligen sich Priester und Gemeinde. Es ist eine erneute Bitte um die Annahme der Gaben als Opfer „zum Lob und Ruhme Seines Namens, zum Segen für uns und Seine ganze heilige Kirche".

Eucharistische Hochgebet

Das Eucharistische Hochgebet (römischer Messkanon) ist ein Dialog zwischen Priester und Gemeinde, der oftmals als Wechselgesang intoniert ist. Der Präfation (einleitendes Gotteslob) des Priesters folgt das *Sanctus* beziehungsweise *Benedictus* der Gemeinde (ebenfalls ein Gotteslob).[5] Im Anschluss daran erfolgt die Wand-

---

5 Das Sanctus (heilig) ist Anfangswort und Bezeichnung des auf Jesaias (Jes 6,3) zurückgehenden Lobgesanges. Das Benedictus bezieht sich auf den Lobgesang des Zacharias nach dem Lukasevangelium (Lk 1,68–79). Beides sind liturgische Hymnen, die unmittelbar vor der Wandlung gesprochen beziehungsweise gesungen werden.

lungsepiklese, die Anrufung des Heiligen Geistes und der eigentliche Wandlungsprozess, der mit den Worten „das ist mein Leib" und „mein Blut, das für euch und für alle vergossen wird" abgeschlossen ist.

Der Wandlungsprozess ist rituelle Magie. Brot, Wasser und Wein werden zu Christi Leib und Blut. Obgleich die Verwandlung der äußeren Erscheinung nach natürlich nicht real ist, gilt die Wesensverwandlung als Glaubensdogma. Nicht ohne Grund: Durch magische Handlungen können Objekten Eigenschaften aufgezwungen werden, die sie natürlicherweise nicht besitzen. Wasser, vermischt mit einem geringen Teil Alkohol (hier der Messwein), ist zur Aufnahme und Speicherung von neuen Informationen besonders geeignet (Prinzip der Homöopathie[6]). Die Opfergaben sind nach der Wandlung real verwandelt; ihre Wirkung auf den Organismus ist eine andere als vor der Konsekration. In Brot und Wein sind nun Christi hingegebener Leib und sein vergossenes Blut gegenwärtig! Die wirksame Weihe ist radiästhetisch nachweisbar und kann von sensiblen Personen gespürt werden. *Therese Neumann*, die stigmatisierte Mystikerin (1898–1962) wusste schon beim Vorbeifahren an einer Kirche, ob diese das Allerheiligste enthielt oder nicht.

In den anschließenden Gebeten (Anamnese) wird Christus gebeten, die opfernde Hingabe der Kirche mit in sein einmaliges Opfer hineinzunehmen und sich ihr durch

---

6 Beim homöopathischen Potenzierungsprozess werden Substanzschwingungen einer „Ursubstanz" schrittweise auf ein Wasser-Alkohol-Gemisch übertragen. Das funktioniert auch dann noch, wenn objektiv keine Substanzmoleküle mehr nachweisbar sind. Die Schwingungen können also auch ohne reale Substanzvermittlung übertragen werden. Das Wasser fungiert als Trägermedium.

den Heiligen Geist im heiligen Mahl (Kommunionepikle-se) zu schenken. Die Kirche bittet in diesem Sühneopfer für das Heil aller Menschen und weiß sich verbunden mit den Verstorbenen und Heiligen (Interzessionen).[7]

Das Hochgebet wird beendet durch die Doxologie (rituelle Form der Lobpreisung) als Danksagung an den dreieinigen Gott – denn ER ist es, der durch den Priester und die Kraft der Gläubigen die Wandlung bewirkt hat.

Kommunion

Die Kommunion ist ein Ritus mit reinem Mahlcharakter. Zu Beginn steht das Vaterunser als „Tischgebet" mit der Bitte um das Eucharistische Brot. Im anschließenden Friedensgruß wird der Geist der Liebe und des Friedens bekräftigt. Ihm kommt der Charakter einer Reinigung zu, die die Herzen der Gläubigen frei machen soll von allen bösen Gedanken, damit sie bereit werden für den Empfang des Heiligen Geistes.

Während der Brotbrechung wird das *Agnus Dei* (Lamm Gottes) mit der Bitte um Erbarmen und Hin-wegnahme der Sünden gesprochen oder gesungen. Es ist dies eine nach außen getragene Bitte, welche die persönliche innere Reinigung unterstützen soll. Auch der Priester spricht vor der Austeilung der Kommunion nochmals ein (stilles) Gebet mit der Bitte um Vergebung der Sünden und Befreiung von allem Bösen.

Nach der Einladung zur Kommunion kommuniziert der Priester selbst und teilt die Hostien an die Messdie-

---

7   Emminghaus, Die Messe (Anhang I).

ner und Gläubigen aus. Es folgen ein stilles Dankgebet und ein Dankeshymnus. Das allgemeine Schlussgebet, in dem um die Wirkung der heiligen Kommunion im Alltag und für die Ewigkeit gebetet wird, beendet auch diesen Teil.

Abschluss der Messfeier

Den Abschluss der Messfeier bilden allgemeine Verlautbarungen, das Schlussevangelium, der Segen des Priesters sowie Entlassungsworte, durch welche die Gemeinschaft – geistig erneuert – in die Welt und den Alltag „entlassen" wird.

Andacht und mystische Versenkung

Damit sich durch die rituellen Handlungen des Priesters zwischen dem Heiligen Geist und den Gläubigen ein Kraftfeld ausbilden kann und eine Informationsübertragung stattfindet, bedarf es einer aufnahmebereiten, einer quasi auf „Empfang geschalteten" Gemeinde. Ebenso wie ein Radio durch entsprechende Antennenlängen beziehungsweise Kondensatormodulation auf die zu empfangenden Frequenzen und Wellenlängen abgestimmt werden kann, muss sich auch der Gläubige in einen bestimmten Zustand versetzen, wenn er Christi Wort und Gottes Geist wirklich in sich aufnehmen will. Dazu gehört, dass man von der alltäglichen Welt abschaltet und sich innerlich öffnet für all jene Dinge, die nicht dem eigenen Intellekt oder Gefühl entstammen, sondern gleichsam von außen in uns eindringen und vorerst nur emotional erfasst werden können. Denn „soll die Seele Gott sehen, darf sie kein zeitlich Ding mehr erblicken"; eine Vorgehensweise, die durch Übung erlernbar ist.[1]

Der Abt *Simeon* gab den Mönchen auf Athos die Anleitung:

> „Sitzend in einem Winkel allein, merke und thue, was ich sage. Verschliess deine Thüre und erhebe deinen Geist von allem eitlen und zeitlichen. Dann senke deinen Bart auf die Brust und errege das

---

1   Meister Eckhart, Predigten, S. 191.

Auge mit ganzer Seele in der Mitte des Leibes am Nabel. Verenge die Luftgänge, um nicht leicht zu athmen. Bestrebe dich innerlich den Ort des Herzens zu finden, wo alle psychischen Kräfte wohnen. Zuerst wirst du Finsternis finden und unnachgiebige Dichtigkeit. Wenn du aber anhältst Tage und Nächte: so wirst du, o des Wunders! unaussprechliche Wonne genießen. Denn der Geist sieht dann, was er nicht erkannt hat, er sieht die Luft zwischen dem Herzen und sich ganz strahlend."[2]

Diese Worte haben bis heute nichts an Aktualität verloren, da sie den Anweisungen vieler bekannter Mystiker entsprechen, deren Exerzitien auch heute noch von bewussten Christen (auch ohne Ambitionen zum Asketen oder Mönchwesen) praktiziert werden.[3]

Obgleich Exerzitien nicht in den Rahmen des Gottesdienstes gehören, erleichtern sie dennoch ungemein die nachhaltige Teilnahme am hier praktizierten Heilsmysterium. Was die Gläubigen nicht von sich aus praktizierten, wurde ihnen von den Kirchen in fester Form vorgeschrieben: Ritual, mündliches Gebet und Gesang sind Exerzitien zur Erhöhung der Aufnahmebereitschaft. Aufgenommen wird der Heilige Geist, denn einzig seinetwegen wird die Messe gefeiert. Da er nicht rational erfasst werden kann, muss er „empfangen" werden, und ebendazu dient die mystische Versenkung.

Carl *Albrecht* definiert das mystische Empfangserlebnis als „das Ankommen eines Umfassenden im Ver-

---

2 Silberer, S. 200.
3 Vgl. die Exerzitien des Ignatius von Loyola, die das Hauptübungsobjekt der meisten Novizenanwärter darstellen. Literatur: Peter Köster: Sein Leben ordnen.

sunkenheitsbewusstsein" und meint damit, dass etwas Neues (ein Ankommendes) in den entleerten Bewusstseinsraum hineindringt, den das Bewusstsein weder selbst hervorgebracht noch hineingestellt, noch herbeigerufen hat, ein wahrlich „Ankommendes".[4]

„Mit wachsender Übung und Ernsthaftigkeit des Bemühens im Versenkungsprozess steigert sich die Lebhaftigkeit der auftretenden Wahrnehmungen, der Bilder und des Gefühls. Die Wirklichkeit tritt aus dem Bewusstsein zurück: Das Gesprochene und Gedachte wird zum Erlebnis; die körperlichen Reaktionen verstärken sich – schwerer Atem, Tränen, Zittern, Herzklopfen; Zustände, die den weiteren Ablauf der Gedanken mehr hindern als fördern. Der meditierend Betende verliert sich in einem Zustand anbetender Ehrfurcht oder hingebender Liebe, Dankbarkeit, Lobpreisung, Demut, Selbstverachtung, Reue und dgl. mehr. In einer weiteren und letzten Stufe macht er die Erfahrung, dass die Vorstellung, von der seine innerliche Betrachtung ausging, sich völlig im Hintergrunde seines Bewusstseins verliert, sodass dieses gänzlich von dem Gefühl selbst eingenommen wird, das im Anfang durch die Vorstellung aufgerufen wurde. So haben wir einen reinen Gefühlszustand und zugleich das äußerste Ziel vor uns, welches die willkürlich betriebene religiöse Praxis noch zu erreichen vermag.

---

4   Albrecht, Mystisches Erkennen, S. 54.

Diese Zustände führen uns bereits in die Anfänge des Ekstatischen. So kommt es zu einer fortlaufenden Beaufsichtigung des Denkens, Redens und Handelns, in dem man sich, mit anderen Worten, zu jeder Zeit demütig und liebend mit Gott unterredet, alle Handlungen sozusagen zu kleinen Unterhaltungen mit ihm werden lässt, indem man einen Augenblick stillhält, um Gott im Grunde seines Herzens anzubeten, ihn gleichsam im Vorübergehen zu schmecken. Diese Übungen sollen am meisten dazu beitragen, die Eigenliebe zu zerstören, den Glauben zu stärken und Versuchungen abzuwehren."[5]

Natürlich ist es nicht Intention der Kirche, aus jedem Gläubigen einen Mystiker zu machen, doch finden wir gerade eben bei den Mystikern jene Eigenschaften (Gottvertrauen, Nächstenliebe, Selbstlosigkeit usw.), welche die Kirche von ihren Gläubigen fordert und die auch in allen anderen Glaubensgemeinschaften und esoterischen Lehren ein Ziel für die Veredelung des Menschen darstellen. Der am Gottesdienst Teilnehmende soll durch das Ritual in einen aufnahmebereiten Zustand versetzt werden, damit das Wort des Herrn und sein leibhaftiger Empfang in der heiligen Eucharistie in ihm leben und wirken können, ihn veredeln und zum wahren Christen machen, der eins ist mit Gott wie mit allen Menschen, zu seiner eigenen Vollendung und zur Rettung der Menschheit vor den Mächten niederer Gelüste und Machenschaften.

---

5   In Anlehnung an Matthiesen: Der jenseitige Mensch, S. 6 u. 21 f.

Glaube, Andacht und Meditation als Pforten zum Himmel

Glaube ist die unumgängliche Voraussetzung für das Gelingen einer Handlung. Das gilt im Alltäglichen ebenso wie im religiösen Bereich bis hin zur Beeinflussung von Mächten und Kräften durch magische Handlungen.

Im religiösen Bereich kann der Glaube definiert werden als bedingungslose Hingabe eines Menschen an eine Macht, die es gut mit ihm meint und die alle seine Geschicke zu seinem Heil lenkt. Die Definition muss erweitert werden auf das Glauben von dogmatischen Vorgaben seitens der Glaubensgründer, ihrer Vertreter (Papst, Kardinal, Bischof, Priester) oder der den Glauben überwachenden Institutionen. Glauben an sich und auch der Glaube an Gott kann durchaus auch dann gelebt werden, wenn entsprechende Institutionen (Kirche) aus rationalen Gründen abgelehnt werden.

Christlicher Glaube orientiert sich an Erfahrungen und Vorgaben in Bezug auf einen subjektiv-religiösen Standpunkt, der als wahr und richtig angesehen wird. Alles davon Abweichende, Irrende, Gesetzwidrige wird als Aberglaube abqualifiziert. Glaube und Aberglaube erhalten beide ihre Kraft durch ein Fürwahrhalten von Dingen, die nicht immer objektiv erfassbar sind, und beinhalten die Annahme einer Wirkung und Wahrnehmung naturgesetzlich unerklärbarer Kräfte.

Der Glaube an Wirkungen und die Anwendung von Se-
genssprüchen, Sakramentalien, Devotionalien usw. ist
– je nach Zeiten und Gegenden – ebenso unterschiedlich
wie die Einstellung der Geistlichkeit hinsichtlich der Verwendung dieser Dinge durch das Volk. Hier sind Glaube und Aberglaube untrennbar miteinander verbunden,
denn alles, was man als heilig betrachtet (Kreuz, Hostie,
Evangelium usw.), besitzt eine (magische) Kraft, und es
liegt lediglich an der darüber waltenden Institution, ob
das Fürwahrhalten als Glaube oder Aberglaube angesehen wird. Auch kirchliche Institutionen, bis hinauf zum
Papst, waren zu gewissen Zeiten mehr oder weniger von
der Existenz und dem Eingreifen dämonischer Mächte in
das Leben der Menschen sowie auch in deren Fähigkeiten, sich diese Mächte dienstbar zu machen, überzeugt.
Die ausgefeiltesten Zauberpraktiken und Beschwörungsrituale kommen besonders aus den Klöstern. Wo gestern
noch Glaubensdogma war, ist heute Aberglaube und kann
morgen wieder Glaube sein. Die stets vorhandene aber-
gläubische Grundhaltung des Volkes wurde durch diese
schwankende Vorgehensweise nur noch mehr gefestigt.

Die Entwicklung der katholischen Glaubenslehre
basiert auf dem Glauben *Abrahams*, dass Gott ihn zur
Erfüllung seines Willens gerufen und durch Zeichen be-
stärkt habe (Berufung). Das Wort Gottes war für ihn die
sicherste und stärkste aller Wirklichkeiten. Vertrauen, Sicherheit, Unerschütterlichkeit und Gewissheit sind auch
heute noch die wichtigsten Dimensionen des Glaubens.

Im Neuen Testament bezieht sich der Glaube auf den
„neuen Bund" Gottes mit den Menschen mit der Aussage, dass Gott den gerecht macht, der an Jesus glaubt

(Röm 3,26) und in ihm seinen Weg zum Heil findet. Der Mensch hat die Freiheit, auf Gottes Ruf hin mit Glauben oder Unglauben zu antworten. Glaube muss gelebt werden; ein bloßes Fürwahrhalten gilt kirchlicherseits (2. Vatikanisches Konzil) nicht als solcher! Glaube ist kein Gegensatz zur naturwissenschaftlich-materialistischen Weltanschauung, sondern eher eine Ergänzung. Glaube vermag transzendentale Sinndimensionen zusammenzufügen und zu erhellen, sodass dem Einzelnen neue Wahrheiten eröffnet werden. Wer den Weg des Glaubens geht und gehen kann und sich von Gott bedingungslos leiten lässt (was das Erkennen seines Willens voraussetzt), kann davon ausgehen, in geistigen und auch in weltlichen Dingen niemals zu scheitern.

Die persönliche Hingabe im Glauben an eine die Geschicke der Menschen beeinflussende geistige Wesenheit führt in Andacht und Anbetung in der heiligen Messe zu Formen der Verehrung, die Gott allein zukommen soll – und keinen für wahr zu haltenden Dogmen. Die andächtige Grundhaltung verlangt die Anerkennung einer absoluten Abhängigkeit und bedingungslose, zweckfreie Unterordnung unter den Willen des dreieinigen Gottes. Andacht als wesentliche Vollzugsform des Glaubens orientiert sich nicht nur an Äußerlichkeiten wie Kniebeuge, Kreuzzeichen etc., sondern verlangt insbesondere eine innere Gesinnung, die zu werten ist als ein Akt der Freiheit und Reife des Menschen, der sich seiner Existenz durch Gottes Gnade bewusst ist.

Die Praxis der Andacht ist eine Hinführung zur himmlischen (inneren) Schau Gottes und damit in gewisser Weise eine Vorwegnahme jenes Zustandes, der erst mit dem Eingehen in jenseitige Dimensionen nach dem Tode eintreten wird.

Das kontemplative Element (Schauen, Betrachten) der Andacht hat Vorrang vor allen anderen religiösen Übungen und Bewusstseinshaltungen. Kontemplation ist bedeutsamer als Aktion. Das Leben des Glaubens in der Tagesroutine ist wichtig, die anbetende Haltung Gott gegenüber aber wichtiger. „Bei Christus zu sein ist das Bessere", sagt *Augustinus* zur Erklärung von Phil 1,22–24, „aber im Fleisch zu sein ist notwendig". Auch Arbeit ist wichtig, die Beschäftigung mit Gott aber geschieht aus Liebe. Aktive und kontemplative Haltung haben nach dem Neuen Testament denselben Lebensgrund, weil sich Gott ebenfalls im „Handeln" (durch seinen Sohn Jesus Christus) uns offenbart und zugänglich gemacht hat.

Die meditative Form der Andacht hat nicht immer das gleiche Ziel wie Anbetung und Kontemplation. Während Kontemplation das Einswerden mit Gott zum alleinigen Ziel hat, kann die Meditation viele Zielobjekte haben. Die Andachtsform der Meditation ist eher ein Betrachten oder inneres Beten zum Zweck der Vertiefung einer realen oder ideellen (Glaubens)wahrheit. So kann über einen Bibeltext ebenso meditiert werden wie über die Liebe Gottes. Aber auch Bilder, Pflanzen, Steine, Gedichte, Sprüche, Musik usw. können Gegenstand der Meditation sein. Der Meditierende sucht in seiner Meditationspraxis entweder den inneren Seelenfrieden oder aber die Erleuchtung im Sinne einer Weisheitslehre oder einer Naturdimension. In der religiösen Praxis ist Meditation ein Mittel, die Wirklichkeit Gottes zu erfassen (Aussage des 2. Vatikanischen Konzils). Es geht darum, Gott in allem und überall zu erkennen, überall seinen Willen zu sehen und zu suchen. Vielfach bedient man sich dazu systematischer Anleitungen (*Ignatius von Loyola* u.a.) oder Techniken der östlichen Meditation.

Meditation ist aber auch ein Mittel zur inneren Sammlung, zu innerem Schweigen, zu Loslassen, Öffnen usw., um dadurch zu Selbstbeherrschung, Geduld, Vertrauen, Offenheit zu gelangen, die zur Vorbereitung auf die Aufnahme des Herrn notwendig ist. Meditation ist auch ein Einüben in die Vergänglichkeit, in die Erfahrung von Tod und Überleben, in die Gewissheit, dass Tod und Auferstehung in einen kosmischen Zusammenhang gehören.

Der östlichen Meditation fehlt zwar die liebende, betrachtende Versenkung in Christus, doch bestehen gerade im Hinduismus und Buddhismus zahlreiche Parallelen, da auch hier Gottheiten erfahren werden. In den östlichen Meditationen wird ebenfalls der menschliche Wesensgrund mit einer Gottheit gleichgesetzt und eine Auflösung der menschlichen Individualität im Göttlichen (z.B. Annahme der Buddhaschaft) angestrebt. Allerdings werden gerade in der östlichen Meditationspraxis asketische Gesichtspunkte über theologische Spekulationen gesetzt, eine Bewegung, die in etwa unserem Frühchristentum entspricht.

Glaube und Andacht in ihren verschiedenen Modalitäten sind wichtige Voraussetzungen für den Aufbau einer inneren „Resonanzfähigkeit", eines Empfangspols für göttliche, kosmische und terrestrische Schwingungen, zwischenmenschliche Gefühle und Energien. Wer diese Resonanzfähigkeit nicht aufbaut, nicht aufbauen kann, wird niemals die Energien spüren, die während einer Messfeier auftreten, die das Allerheiligste aussendet oder die aus der Urkraft des Kosmos kommen. Jener Mensch wird es schwer haben, zu Gott zu finden, weil er ihn nicht wirklich „fühlt", seine Anwesenheit nicht „erleben" kann. Dann wird der Glaube nur noch zu einem rationalen Getue, zur angepassten Zwangshandlung, zur Heuchelei, die Lebensenergie verbraucht und nur bedingt aufrechterhalten werden kann. Damit ist auch die Loslösung von der Kirche programmiert, und keine „weltoffene", ökumenische und modernistische Handlungsweise vonseiten kirchlicher Institutionen wird diesen Verlust jemals wieder ersetzen können. Glaube ist gut – aber die Liebe Gottes durch ein in spiritueller Hinsicht kraftvolles Messritual zu erfahren ist besser.

Der Kirchenraum als energetisches Kraftzentrum

Die Beziehung zwischen Priester und Gläubigen wird wirksam durch die Aufnahmebereitschaft der Anwesenden, die Kraft des gesprochenen Wortes, des Rituals und die insistierende (hineindringende, zwingende) Kraft des am Ort wirkenden Geistes beziehungsweise der am Ort wirkenden Energien. Für Priester und Gläubige heute weniger bekannt (oder zumindest nur erahnbar oder erfühlbar) ist die naturbedingte, bioenergetische Kraftstrahlung spezieller Orte. Kirchenanlagen, die älter als 200–300 Jahre sind, wurden fast ausschließlich über energetischen Kraftzentren (meist Wasseraderkreuzungen) errichtet. Insbesondere bei den heute noch stark frequentierten Wallfahrtskirchen findet man mit der Rute[1] immer wieder hochenergetisch ausstrahlende Kreuzungssysteme mit positiver, Leben spendender Kraftstrahlung. Dies sind auch die bevorzugten Orte für Wunderheilungen und Gebetserhörungen. Jeder, der für die „Atmosphäre" eines Raumes auch nur ein wenig sensibel ist, spürt die anregende oder sedierende (das Wachbewusstsein mindernde) Wirkung dieser

---

1 Gemeint ist die sogenannte Wünschelrute. Die Rutenformen haben sich im Laufe der Zeit verändert. Heute sind es speziell nach physikalischen Gesichtspunkten konstruierte Spezial-Antennen (*Lecher*-Antenne, Patent Reinhard *Schneider*), abstimmbar auf die von geomantischen Zonen ausgehende Strahlung im Mikrowellenspektrum. Die biologische Wirksamkeit der Strahlung ist hauptsächlich abhängig von Wellenlängen, deren Intensität, Polarisationsrichtung, den energetischen Polaritäten und dem Zusammenwirken in Kreuzungssystemen sowie im Kirchenschiff generell.

Orte am eigenen Körper. Der Kirchenraum bekommt dadurch einen erhabenen, strahlenden, stärkenden, befreienden und aufbauenden, ja man könnte sogar sagen charismatischen und wahrhaft sakralen Charakter. Im Rahmen meiner Studienreisen höre ich immer wieder Aussagen der einheimischen Bevölkerung, dass ihre Gebete nur in bestimmten Kirchen oder Kapellen erhört werden. Hier sei dann die Mutter Gottes (zu der bevorzugt gebetet wird) „wirksam", in anderen Gotteshäusern nicht.

Sakralbauten auf Wasseraderkreuzungen und anderen Strahlungszonen

Von tief im Erdboden liegenden Wasserläufen („Wasseradern") geht aufgrund bislang nicht eindeutig geklärter Ursache (Überlagerung aus „thermischem Rauschen" oder Reflexzonen kosmischer beziehungsweise terrestrischer [Neutronen]strahlung) eine Mikrowellenstrahlung aus, die nicht nur mit der Rute, sondern bereits seit etwa 80 Jahren auch technisch erfassbar ist (Veränderungen natürlicher Radioaktivität, Erdmagnetismus, Bodenleitfähigkeit usw.). Das Phänomen der Bündelung, Kohärenz und Zirkularpolarisation machen diese Strahlung zu etwas Besonderem, biologisch Wirksamem (Auswirkung auf Pflanzenwuchs, Tierverhalten, Erkrankungen beim Menschen). Kreuzungssysteme solcher „Adern" sind biologisch besonders (fühlbar) aktiv. Ihre Strahlung hat den Charakter einer „stehenden Welle" im physikalischen Sinne, die in Organismen zu Resonanzerscheinungen führt. Treffen in solchen Kreuzungssystemen mehrere lebenspositive Strahlungskräfte (Wellenlängen) zusammen, spricht man von „geomantischen Zonen". Auf ihnen wurden jahrtausendelang Kultstätten (heidnische Tempel) und Sakralbauten errichtet.

Jörg Purner berichtet über radiästhetische[2] Untersuchungen an romanischen Kirchen in Skandinavien und Irland.[3] Er untersuchte über hundert alte Kirchen und über dreißig prähistorische Kultstätten in mehreren Ländern Europas. Alle Bauwerke liegen mit dem Altarbereich oder anderen liturgisch wichtigen Punkten über positiven („rechtsdrehenden") Reaktionszonen. Überall dort, wo die Lage des Kirchenschiffs von der üblichen Ost-West-Ausrichtung abwich, zeigte sich, dass das Kirchenschiff exakt in die Lage gebracht wurde, in der das wichtigste Kreuzungs- und Reaktionsliniensystem mit dem Altarbereich beziehungsweise der Kirchenschiffausrichtung zusammenfiel (Abb. 1, Seite 46). Purner kommt zu dem Ergebnis, dass positive radiästhetische Phänomene für die Standortwahl heiliger Orte Bedingung beziehungsweise Grundvoraussetzung gewesen sind.

---

2 Radiästhesie = Strahlenfühligkeit. Seit 1930 durch Abbé M. L. Bouly eingeführter Begriff für die wissenschaftliche Untersuchung und praktische Ausübung des Rutengehens und Pendelns.
3 Zeitschrift für angewandte und theoretische Radiästhesie 6 (1987), S. 25–39. Oktogon-Verlag (*Reinhard Schneider*), Wertheim.

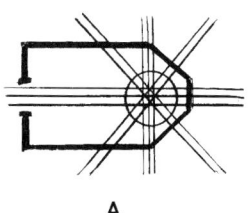 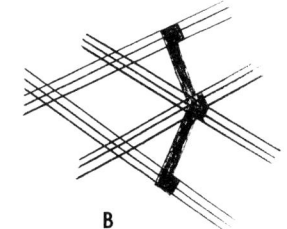

A   B

Abbildung 1

Mustertypen für Strahlungsphänomene in Kirchen

A zeigt die allgemein angestrebte Kirchenschiffpositionierung mit dem Altarbereich über einem rechtsdrehenden Wasser-ader-Kreuzungssystem (Dreifachstriche). Oft ist der Kreuzungsbe-reich von weiteren positiven Reaktionszonen anderen Ursprungs durchzogen (Doppelstriche), sodass multiple Kreuzungen ent-stehen. In seltenen Fällen trifft man auch auf „aufsteigendes Wasser" (sogenannte „blinde Quellen", hier als Kreis dargestellt). Hinzu kommen Einstrahlungen von oben (aus dem Kosmos), die hier nicht dargestellt sind.

B ist die Detailansicht eines typischen Kreuzungssystems bei Viel-eck-Kirchen. Die Abstände der Reaktionslinien zueinander ent-sprechen exakt den Kantenlängen des Bauwerks. Die Vorsprün-ge der Eckpfeiler entsprechen ebenso exakt den Zonenbreiten. Hierbei handelt es sich meist nicht um geologisch bedingte Strahlungszonen, sondern um „magnetische" Effekte, die aus definierter Orientierung von Steinen im Fundament stammen. Bei sehr breiten Reaktionszonen tief liegender Wasseradern kann auch die gesamte Kantenlänge des Vielecks der Zonenbreite entsprechen (grafisch nicht dargestellt).

Klaus Leifgen berichtet in derselben Ausgabe über analoge Untersuchungen an romanischen Kirchen in Franken (Taubergebiet, ehem. Zisterzienserkloster Bronnbach, Doppel-Achteck-Kirche St. Achatius in Grünsfeldhausen, Achteck-Kirche St. Sigismund bei Oberwittighausen, Siebeneck-Kirche St. Ulrich bei Standorf). Er kommt zu dem Ergebnis, dass die Orientierung der Gesamtanlagen (Nebenbauten, Apsiden, Kreuzgänge usw.) stets von der Kirchenlage ausging, wobei ihre ungefähre, nicht immer genaue Ost-Gerichtetheit die Lage aller anderen Elemente der Klosteranlagen bestimmte. Auch strukturelle Elemente wie die Türbreite des Haupteinganges, Sitz des Dachreiters (abschirmende oder verstärkende Funktion), Positionierung der Ecken usw. entsprachen stets den geometrischen Orientierungen und Breiten der unterirdischen Wasserläufe oder energetisch vergleichbarer Zonen. Gelegentlich wurden Wasserläufe auch künstlich verändert, neu verlegt, „umpolarisiert" usw., um eben die erwünschten Effekte zu erreichen. Üblicherweise ging man aber stets so vor, alte heilige Orte immer wieder bei Kirchenneu- oder -umbauten zu berücksichtigen. Das ursprüngliche Bauwerk über einer heiligen Zone war zumeist eine heidnische Kultstätte. Durch Überbauung dieses Kultplatzes konnte dann das heilige Zentrum beibehalten werden. So ist z.B. auch die Kathedrale von Chartres über einer Stätte erbaut worden, an der sich der geweihte Stein des Carnuten (= Hüter des Steines) befand, jener Stelle also, an der in prähistorischer Zeit die Einweihung der Druiden erfolgte.[4] In

---

4   Reinhard Schneider: Radiästhesie-Geomantie-Naturwissenschaft. Zum Phänomen des Wünschelruteneffektes. In: Andreas Resch: Kosmopathie. Reihe IMAGO MUNDI, Bd. 8, S. 239. Resch-Verlag, Innsbruck 1986 (2. Auflage).

Enns/Laureacum (Österreich) finden sich im Fundament der Kirche die freigelegten Apsiden von acht übereinandergebauten Kirchen. Es war die zentrale Kultstätte einer hier ansässigen römischen Legion.

Seit längerer Zeit ist bekannt, dass viele energetische Phänomene in Kirchen auf Strahlungen basieren, die weder aus dem Untergrund noch aus aus dem Luftraum kommen (sogenannte „Gitternetze"), sondern auf Effekten basieren, die mit der Bausubstanz selbst zu tun haben. Zumindest in Kirchenfundamenten wurden stets Natursteine eingesetzt. Man untersuchte diese zuvor auf ihre energetische Polung und setzte sie dann den Himmelsrichtungen entsprechend ins Fundament, sodass man bestimmte Strahlungsphänomene erzielte, die denen von Wasseradern oder anderen Reizzonen in Intensität und Eigenschaften sehr ähnelten. In den Kirchen entstehen dann unterschiedlich polarisierte Räume, die entsprechende Effekte auf die Gläubigen sowie auf den Priester ausüben. Viele „Wasseradern" in Kirchen basieren daher nicht auf „echten" unterirdischen Wasserführungen, sondern auf künstlich erzeugten Strahlungseffekten. Die Ost-Orientierung der Kirchen ist niemals präzise, weil sich in diesem Fall bestimmte Polarisationseffekte nicht ausbilden würden. Eine leichte (drei bis sechs Grad) Abweichung in Richtung Norden ist ausreichend, um den Polarisationseffekt herzustellen. Aus diesem Grunde finden sich oft architektonische Abweichungen oder Unregelmäßigkeiten („Knicke") zwischen den Apsiden ältester Bauteile und neu angebauten, vergrößerten Kirchenschiffen.

Eine Reihe äußerlich sichtbarer Faktoren an Kirchen kann als Indiz für Änderungen der natürlichen Strahlungspolarisation beobachtet werden: So gibt es Warnhinweise an Stellen, wo linkszirkulare Zonen von außen auf das Kirchenschiff treffen (siehe Foto 1 in den Farbtafeln). Unsymmetrien in der Stellung von tragenden Pfeilern oder bei den gewölbetragenden Rippen können Hinweise darauf sein, dass man hier linkszirkularen Zonen bewusst ausgewichen ist, die sich nicht in geeigneter Weise abschirmen ließen (siehe Foto 2). Kircheneingänge sind in Bezug auf das Eindringen negativer Energien besonders geschützt. Die Rippen des gotischen Tympanons (Feld über einem Giebel oder einem Türsturz) tragen oft an ihren Enden spezielle Steinmetzarbeiten, die den Stein in Form von gedrehten Ornamenten oder Diamantierung (Rautenform) strukturieren (siehe Fotos 3 u. 4). Beides trägt zur Harmonisierung der (durch die Menschen) hereingebrachten oder hereinströmenden Energien bei. Auch an den oberen (in gotischen Kirchen spitz zulaufenden) Portalen zeigen sich mitunter spezielle Steinmetzarbeiten in Form von lebenskrafterhöhenden Strukturen (Sonnenräder), die ihre Energie von hier aus in die Rippen des Eingangsportals einspeisen (siehe Foto 5). In älteren Kirchen findet man stets ein sogenanntes „Paradies", einen Vorraum, der mit den entsprechenden Energien versehen ist, was zur Reinigung und Einstimmung des Besuchers beitrug. Die sogenannten Steinmetzzeichen an den Mauersteinen sind mehr als nur Zeichen einer Bauhütte (siehe Foto 6). Sie stellen Binde-Runen (= kombinierte Runen) dar, die eine besondere Energie abstrahlen beziehungsweise diese an den Stein weitergeben. Sie können aber auch als „getarnte" Runenstrukturen aufgefasst werden, die auf bestimmte Polarisationseffekte hinweisen, die im Umfeld dieses Steins auftreten. So fand ich heraus, dass eine schräg gestellte (gestürzte) *Man*-Rune einen Platz kennzeichnet, an dem es einem schwindlig wird (im Sinne eines Drehschwindels).

Kirchenmauern weisen oft rechtwinklig abknickende „Sprünge" im Verputz der Außenmauern (Grundmauern) auf. In einigen Fällen konnte ich nachweisen, dass sich an diesen Stellen linkszirkulare Spaltenzonen beziehungsweise Verwerfungen befinden, die außen linksdrehend sind und im Kircheninnern rechtsdrehend.

Kanzeln für Predigten stehen oftmals auf „Zonen der Beredsamkeit" (Kreuzungen des 3. Gitters, dem sogenannten „Blitzgitter", in der Nummerierung nach Reinhard Schneider; Foto 7); die Anlage von Grabanlagen im Kirchenschiff berücksichtigt ebenfalls positive (rechtsdrehende) Adersysteme. Auf solchen Zonen beobachten wir bevorzugt das Phänomen, dass dort bestattete Leichname nicht verwesen.

Ist die Kirche oder Kapelle direkt über einer Quelle gebaut (Paderquellen in Paderborn; Wallfahrtskirche Liebfrauenbrunn bei Werbach, Abteikirche Heilsbronn, Maria Brünnlein in Wemding), so handelt es sich stets um heilkräftige Quellen (heiliges Wasser). Hier spricht man auch von Gnadenbrunnen, Wunderquellen und Vergleichbarem (Quellen in Chartres, Lourdes usw.). Nach Aussagen von *Guy Underwood* sind solche Orte die „esoterischen Zentren der alten Religionen", die den eigentlichen Mittelpunkt der Kultstätten bilden. Er weist darauf hin, dass in frühen biblischen Tagen solch ein Platz verehrt wurde als ein Ort, „wo sich Gott aufhält".[5] Auch die Bundeslade des Alten Testaments galt als ein Ort, an dem sich Gott aufhielt.

Vorchristliche Steinsetzungen mit Mittenbetonung (auch ältere Grenzsteine) stehen ebenfalls im Zentrum geomantischer Netzsysteme oder entsprechender Reaktionslinienkreuzungen. Auch der Limes, der alte römische Grenzwall, liegt auf sehr breiten, rechtsdrehenden geomantischen Zonen. Die Römer waren stets bemüht, in ihre bekannten Wasserleitungen nur rechtsdrehende Quellen einzuspeisen, um die anregende Wirkung auszukosten und Fäulnis des Wassers zu verhindern. Orte, die rechtsdrehendes Wasser verwendeten, blieben von großen Epidemien weitgehend verschont.

Reizzonen als energetische Leitlinien

Worin liegt nun die praktische Bedeutung der hier gewonnenen Erkenntnisse? Von den Anlagen von Amphitheatern weiß man, dass von bestimmten zentralen Bereichen ausgehend die Stimme sehr weit getragen und auch in den obersten und entferntesten Rängen klar und deutlich verstanden wird. Auch diese Anlagen stehen auf den geomantischen Zonen der Beredsamkeit. Über deren Kreuzungspunkten bildet sich von den Aderzonen ausgehend, in der Luft eine dreidimensionale Schwingungsstruktur aus (Modell einer „stehenden Welle"), die

---

5   Guy Underwood: The Pattern of the Past. Abacus, London 1978. Zitiert nach Purner, Radiästhesie, S. 143.

in große Höhen reicht (wenn sie nicht durch Dachreiter reflektiert wird) und den Schall räumlich gerichtet abstrahlt. Das Schallphänomen erscheint dem Zuhörer dann so, als stände der Redner direkt vor ihm. Dieser Effekt wurde oftmals durch Eingraben großer „Resonanztöpfe" aus Ton in den Erdboden verstärkt. Welch ideale Anlage also auch zur Verkündigung des Wortes Gottes! Und tatsächlich wurden auch in Kirchen vereinzelt Resonanztöpfe mit entsprechender Funktion gefunden (Foto 8).

Die Reaktionslinien und dreidimensionalen Strukturen der hier angesprochenen Kreuzungssysteme übertragen aber auch andere Informationen – und zwar molekulare Substanzschwingungen und geistige, emotionale Sinnesinhalte: Stellt man beispielsweise eine Kupfervase ins Zentrum solcher Reaktionslinien, wird die pathologische Kupfer-Molekularschwingung über die Linien weitergetragen. Analoges gilt für alle unnatürlichen, toxischen Materialien (Raumschmuck, Bausubstanz). Schläft dann ein Mensch regelmäßig lange Zeit auf einer solchen Zone (Problem in Wohnräumen), findet sich die pathologische Kupfer-Schwingung auch in seinem Organismus, selbst wenn er niemals mit Kupfer oder dessen Verbindungen zu tun hatte.[6]

Der Arzt Dr. *Ernst Hartmann* hat in langjährigen Versuchsreihen über Georhythmogramme (Veränderung der Haut-Leitfähigkeit bei Aufenthalt über Reizzonen oder in deren Einflussbereich) nachgewiesen, dass solche Zonen nicht nur direkt physikalisch auf den

---

6 Langjährige Praxiserfahrung der „Forschungsgemeinschaft Frequenzen" in Karlsruhe und aller Therapeuten, die nach der Methode der Diagnostischen Resonanztherapie arbeiten. Mit der *Lecher*-Antenne (oder anderen Hilfsmitteln) können derartige Schwingungen im Organismus ebenfalls aufgespürt werden.

Menschen wirken (Veränderung auch physiologischer Parameter), sondern dass sogar Gefühle wie Sympathie, Antipathie usw. beim „Empfänger" in der Nähe des Reaktionsliniensystems entsprechende Auswirkungen zeigen.[7] Steht also der „Sender" einer Information direkt auf dem Kreuzungssystem der geologischen Zonen, so treten nachweislich physiologische Veränderungen beim „Empfänger" auf, der sich in der Nähe des Kreuzungssystems befindet, unabhängig davon, ob er weiß, dass jemand auf dem Kreuzungssystem steht, oder nicht. Das gilt auch dann, wenn der „Empfänger" sich auf einem völlig störungsfreien Platz befindet; nur der „Sender" muss die richtige Position innehaben.

Ein Kreuzungssystem geomantischer Zonen muss also der ideale Standpunkt für einen Priester sein, der von hier aus das Wort Gottes verkünden und die Ausstrahlung des Heiligen Geistes weitergeben will. Unsere Vorfahren wussten dies und haben sich bei allen Kirchenbauten daran orientiert. Daher stand der Priester in alten Kirchen vor dem Altar direkt auf dem Kreuzungspunkt der positiven Zonen, und deshalb wurde auch entsprechend älteren Liturgien von hier aus gepredigt. Deshalb stehen Taufbecken, Seitenaltäre, Kapellenanbauten und Kanzeln über solchen Zonen. Viele architektonische Merkwürdigkeiten lassen sich unter Beachtung dieser Phänomene sofort erklären.

---

7   Ernst Hartmann: Krankheit als Standortproblem.

Vom Geheimnis der Dombauhütten

Den alten Bauhüttenvereinigungen wird bis heute nachgesagt, sie seien die Hüter architektonischer Künste und Finessen. Einige davon existieren heute noch (Freimaurer), haben aber eigenartigerweise überhaupt nichts mit Bautechnik und Architektur zu tun, sondern sind eher esoterischen Kreisen zuzuordnen. Hier lernt man die Kunst der Veredelung des Menschen und die Hingabe an die kosmischen Steuerungskräfte; hier geht es um die Suche nach Urprinzipien. Das sind auch Entwicklungsschritte derer, die sich mit Radiästhesie befassen. Radiästheten werden durch ihre Arbeit so empfindlich, dass sie teilweise auch ohne Instrument terrestrische und kosmische Steuerungskräfte erfassen können. Vielfach sind es auch tief gläubige Menschen, weil sie durch ihre Arbeit und Fähigkeit eine Antenne zu Gott, zur kosmischen Ur- und Schöpfungskraft des Universums bekommen haben.

Da eine dergestalt bevorzugte geistige Entwicklung einer rein zweckmäßig orientierten Bautechnik weitgehend widerspricht, muss angenommen werden, dass Dombauhütten „esoterische" Kreise waren, die ihre aufgrund ihrer besonderen Fähigkeiten erworbenen Kenntnisse in der Bautechnik in die Tat umgesetzt haben.

Das Urbild eines Dombaumeisters ist demnach das eines tief gläubigen Menschen, der die Fähigkeiten hat, Wasseradern und andere Reaktionsliniensysteme aufzuspüren, zu bewerten und in geeigneter Form in sein Bauvorhaben zu integrieren. Denn das ist etwas, wozu man „Fähigkeiten" braucht und was nicht in vollem Ausmaß erlernt werden kann. Denn gerade die Einbeziehung der geomantischen Zonen macht das Charisma, die strahlende Kraft der Kirchen aus. Auch Phänomene der Akustik sind keineswegs allein ein Ergebnis von Architektur und Bausubstanz.

Die ausgefeilten Kreuzungssysteme, die sich unter Kirchenbauten befinden, sind durchaus nicht in vollem Umfang von der Natur vorgegeben. Oft musste der Baumeister nachhelfen, um die Kraft der geomantischen Zonen voll zu entfalten. Um Kreuzungssysteme von Wasseradern mit heiligen Schwingungen zu erhalten, wurden geeignete Wasserläufe gelegentlich umgeleitet und tief unter dem Kirchenschiff neu angelegt (Beispiel Kloster Bronnbach; Foto 9). Die Polarisation der Wasseraderstrahlung musste gegebenenfalls verändert werden, was durch zirkulare Einfassungen von Wasserläufen erreicht wurde, sodass aus linksdrehenden rechtsdrehende Gewässer wurden.

Eine andere Methode war, außerhalb der Gebäude geeignete Bepflanzungen vorzunehmen. Bäume wie Kastanien und Holunder können die Polarisationsrichtung der Wasseraderstrahlung drehen und gegebenenfalls aus pathologischen Schwingungen heilige Frequenzen machen.

Über energetisch weniger geeigneten Kreuzungssystemen wurden (an den scheinbar unmöglichsten Positionen der Kirchen und Nebengebäude) Dachreiter gesetzt, die durch Totalreflexion die Strahlungspolarisation umkehren. Heilige Frequenzen konnten dabei gezielt hinzugefügt werden, indem man die Innenauskleidung der Dachreiter mit geeigneten Halbedelsteinen besetzte (Beispiel Kloster Bronnbach), deren Eigenschwingung dann von den Wasseraderschwingungen aufgenommen und weitergeleitet wurde.

Hier besteht ein direkter Zusammenhang mit der Edelstein-Therapie der *Hildegard von Bingen*. Sie empfahl, bei Herzschmerzen einen Onyx am Körper zu erwärmen und ihn über erhitzten Wein zu halten, sodass der Dampf den Stein umstreicht. Dann solle man den Onyx in den heißen Wein legen und sogleich davon trinken. Der Wein nehme die Schwingungen des Steines auf und teile sie dem Organismus mit, was zur Heilung führe. Analog dazu nehmen die Wasserschwingungen in der Kirche diese Informationen ebenfalls auf und leiten sie an die Gläubigen weiter - was unter Umständen zu Heilungen führen kann.

Das Erfühlen der Urkraft Gottes ist also in gewissem Maß „manipulierbar". Nicht durch Neuschöpfungen, sondern durch konsequente Anwendung der Naturprinzipien (deren Entdeckung und Umsetzung allein bereits der Gnade Gottes bedarf) können wir zu Gott finden. Er hat einigen Menschen die Fähigkeit geschenkt, ihn überall in der Natur zu erblicken und zu erfühlen. Ein guter Rutengänger fällt nicht vom Himmel. Er muss die Gnade Gottes suchen und dessen Geboten entsprechend leben. Dann bekommt er die Fähigkeiten, mit denen er große Dinge vollführen kann. Darin scheint demnach das Geheimnis der Dombauhütten zu liegen: im Erkennen und der praktischen Umsetzung von Gottes Willen. Denn wer Gott überall in der Natur entdeckt, dem entdeckt auch Gott seine Natur (nach Lk 1,57).

Die radiästhetische Methode, mit der man jene „Orte der Kraft" finden kann, und auch unser Verweilen an ihnen sind jedoch lediglich „Krücken", ein Hilfsmittel auf unserem Weg zur Gotteserkenntnis. Erst wenn es uns gelingt, diese Krücken loszulassen (und eben das können wir an diesen heiligen Orten wie an keinem anderen sonst), unsere Bewusstseinsbindungen von den physischen Dimensionen zu befreien, dann besteht die Aussicht, einen Blick für die andere Wirklichkeit zu bekommen, die Gnade, die dem Suchenden das Mysterium Gottes und seiner Schöpfung offenbart. So erging es auch *Jörg Purner* beim Betreten des Mithras-Heiligtums (2. Jahrhundert n. Chr.) der Unterkirche von San Clemente in Rom. Als „Fühliger" beschreibt er seine Ankunft an jenem Ort folgendermaßen:

„Schon nach wenigen Schritten verspürte ich eine geheimnisvolle Kraft, die fast augenblicklich in mir ein merkwürdig vibrierendes Empfindungsphänomen auslöste, das, vom Herzbereich ausgehend, sehr rasch meinen ganzen Körper erfüllte und schließlich das gesamte Blickfeld meines Bewusstseinshorizontes durchstrahlte und durchtönte. Es schien, als ob ich in eine unsichtbare Sonne eingetreten wäre. Eine wunderbare Wärme durchströmte mich, und ein wohltuender Schauer begann sich in mir auszubreiten. Während dies geschah, lösten sich auf einmal alle Wahrnehmungsinhalte meiner Sinneseindrücke auf. In wenigen Augenblicken waren auf diese Weise alle Erlebnisbilder meines Alltagsbewusstseins wie ausgelöscht. Ich fühlte mich der Erdenschwere völlig enthoben, und mein gewöhnliches Denken hatte längst aufgehört, tätig zu sein. Trotzdem war ich hellwach, ja so wach, wie ich zeit meines Lebens noch nie gewesen war. Ich hatte mich völlig in Licht aufgelöst. Ich war Licht. Einverwoben und geborgen in diesem grenzenlosen Meer von Licht, ruhend in der Ewigkeit, ohne Raum- und Zeitgefühl, war der anfängliche wohltuende Schauer zu einem unbeschreiblichen Glücksgefühl angeschwollen. Und dann kehrte ich allmählich zurück in die gewohnten Bewusstseinshüllen der Vergänglichkeit, in die Illusion von Raum und Zeit. Allmählich setzte mein Körperbewusstsein wieder ein. Ich begann mich erneut im Spannungsfeld der Erdenschwere zu erleben, spürte meine leibliche Hülle und wurde mir bewusst, wieder mit beiden Beinen auf der Erde zu stehen. Ich war aus der Identifikation mit der ewigen Sonne zurückgekehrt, war wieder eingetaucht in die raum- und zeitgebundene Bewusstseinsebene der physischen Erscheinungswelt. Aber ich spürte ganz deutlich, dass ich nicht mehr derselbe war wie vor wenigen Augenblicken. Erst jetzt bemerkte ich, dass mir Tränen über das Gesicht rannen, die der reinigende Lichtstrom bewirkt haben musste."[8]

8   Purner, Radiästhesie, S. 123.

Heilkräftige Quellen, schwitzende Reliquien

Der Altarbereich befindet sich in alten Kirchen stets im Kreuzungssystem der geomantischen Zonen oder zumindest direkt auf der Hauptzone. Das hat seine besondere Bedeutung nicht nur in Bezug auf den Standort des Priesters, sondern vor allen Dingen auch hinsichtlich der Platzierung der Heiligenreliquien, die im Innern eines jeden Altars einer katholischen Kirche vorhanden sein müssen und somit genau im Zentrum des Kreuzungssystems liegen. Sind Reliquien in einer separaten Confessio (Heiligengrab unter einem Altar beziehungsweise Schatulle zur Aufbewahrung von Reliquien) in Nebenaltären untergebracht, so können wir davon ausgehen, dass auch hier die speziellen geomantischen Zonen berücksichtigt wurden. Da Reliquien als heilkräftig und wundertätig gelten, ist es natürlich angebracht, sie in einem energetischen Kraftfeld unterzubringen, von dem aus sich ihre wundertätige Wirkung den Gläubigen mitteilen kann. Die geologischen Reizzonen nehmen die heiligen Schwingungen der Reliquien auf und verbreiten sie entsprechend ihrem Wirkungs- beziehungsweise Einflussbereich (Fotos 10, 11 u. 11a).

Die Informationsübertragung durch geomantische Zonen könnte eine Erklärung bieten für das Phänomen der „schwitzenden Reliquien": Zwischen Wasseraderkreuzung und Reliquien (Knochen, also organisches, humanes Material) bildet sich eine „stehende Welle" aus. Die Wellenlängen im Dezimeterbereich (Wasser = 12,5 cm) stehen in Wechselwirkung mit dem organischen Material beziehungsweise mit dessen Eigenschwingung, was eben zu dem Charakter einer „stehenden Welle" führt.[9] Diese Wellen haben eine Transportfunktion für Moleküle, die sich in dem verursachenden Reizliniensystem befinden. Im Zusammenhang mit den Reliquien ist der Transport von Wassermolekülen bedeutsam (während für medizinische Bereiche die Übertragung eventuell im Wasser vorhandener Schadstoffe wichtig sein könnte). Die Reizlinien transportieren also Wassermoleküle bis hin zum Ende ihres Einflussbereichs – hier die Reliquien, welche die Schwingungen des Wassers reflektieren. Das Wasser sammelt sich im Bereich der Reliquien an, bringt diese zum „Schwitzen" und tropft herunter, wenn durch klimatische Einflüsse (Winter, Frostperioden) der Wassertransport größer ist als die natürliche Verdunstung (Beispiel Ölwunder St. Walburg in Eichstätt.[10] Das erklärt die Bildung des „heiligen Öls". Deshalb sind auch Keller und Mauerwerke im Bereich von Wasseradern feucht. Entsprechende energetische Abschirmung (also auch ohne die Ader selbst umzuleiten) führt dann sehr rasch zur Austrocknung der betreffenden Räumlichkeiten, aber auch zum Verlust der „heiligen Atmosphäre", wenn es sich um heilkräftige Wasseradern gehandelt hat. Interessant im Zusammenhang mit den „schwitzenden",

---

9   „Stehende Wellen" geeigneter Wellenlänge (Wasser) wirken auf lebendes Material im Sinne hochgradiger Beeinflussung der physiologischen Stoffwechselvorgänge. Bei Schlafplätzen von Menschen auf solchen Kreuzungssystemen bilden sich mitunter scharf lokalisierte Krebsgeschwüre aus. Die meisten Pflanzenarten verhalten sich analog und bilden ebenfalls Krebsgeschwüre, sofern sie nicht durch abnormen Schiefwuchs ausweichen können. Die meisten Säugetiere meiden solche Zonen; einige suchen sie aber gezielt auf, um sich dort energetisch „aufzuladen" (Katzen, Ameisen, Bienen).

10 Siegfried Grabowski: Das „Ölwunder" zu St. Walburg. Grenzgebiete der Wissenschaft 40 (1991), S. 45–56; Resch-Verlag, Innsbruck.

Wasserdampf kondensierenden Reliquienknochen ist die Bemerkung einer Frau, die zehn Jahre lang über einer breiten Wasserader schlief: „Ich spüre im Bett sämtliche Knochen, und zwar so, als wären diese eiskalte Eisenrohre. Wenn ich aber meinen Körper berühre, ist er keineswegs kalt, sondern warm!"[11]

In St. Ulrich bei Standorf im Taubertal (und vielen anderen Kirchen) befindet sich ein sogenannter „Kratzstein" (Foto 12). Schabt man von ihm einige Partikel ab und löst sie im Wasser auf, so wird dem Wasser eine heilsame Wirkung zugesprochen. (Die Auflösung der Substanz ist dazu nicht notwendig, vgl. *Hildegard von Bingen*.) Die Erklärung liegt darin, dass das Wasser analog dem Homöopathieprinzip die lebenspositive Schwingung des Materials aufnimmt und speichert, wobei sich die molekulare Struktur im Wasser-Cluster ändert.[12] Bei Einnahme des Wassers wirkt dann diese Schwingung auf den Menschen. Den früher an Wallfahrtsorten erhältlichen „Schluckzetteln" beziehungsweise „Schluckbildchen" wurde eine ähnliche Wirkung nachgesagt. Sie waren bis etwa zum 2. Weltkrieg noch erhältlich (zum Beispiel in Altötting). Sogenannte „Lukas-Zettel", geweiht am Lukas-Tag, dem 18. Oktober, in Padua, schluckte das Vieh, um gegen Seuchen und Unglück gefeit zu sein. Kranken legte man diese Zettel auf und manchmal auch Frauen bei einer schweren Geburt.[13]

---

11 Moser, S. 46.
12 Wasser ist in Wasser nicht wahllos verteilt. Wasser besitzt eine „innere Struktur", die durch Ausrichtung der Moleküle zustande kommt und auf elektrischen Teilladungen (Partialladungen) der Wassermoleküle basiert. Beim Gefrieren von Wasser wird seine Struktur in Form von Eiskristallen sichtbar. Cluster = Büschel, Traube, ist eine Bezeichnung für derart geordnete Molekülaggregate.
13 Heilige und Namenspatrone, S. 542 (Stichwort „Lukas").

Bereits im alten Ägypten galt das Trinkwasser, mit dem zuvor die Statue einer Gottheit übergossen worden war, als heilkräftig.[14] Analoge Verfahren sind aus dem asiatischen Kulturraum bekannt.

Bilder von Heiligen und Heilern (nicht nur bei echten Fotos) besitzen ebenfalls diese positiven Ausstrahlungen. Meist handelt es sich hierbei um eine ganze Gruppe von „heiligen Frequenzen", deren Übertragung auf den Menschen (oder Tier und Pflanze) zu spontanen Heilungen führen kann (Bild auflegen, verschlucken etc.).

Ist das alles nun eine Zerstörung des Wunderglaubens, wenn sich viele „übernatürliche" Phänomene so erklären lassen? Sicherlich nicht, denn mit welchem Recht werden so einfach zu erklärende, auf Naturgesetzlichkeiten basierende Dinge als wunderbar dargestellt? Gebührt der Begriff des Wunderbaren denn nicht eher dem, der diese Gesetzmäßigkeiten schuf, die wir in Anerkennung seiner Macht entdecken und anwenden? Um wie viel unerklärbarer und unverständlicher ist doch allein das Aufblühen einer Blume im Frühling! Ist das weniger bedeutsam, nur weil es uns geläufiger ist? Wunderbar ist nicht, dass sich Gottes Allmacht der Naturgesetze bedient, denn er selbst hat sie ja geschaffen; wunderbar bleibt einzig und allein sein ursächliches Eingreifen.

14 Kakosy, S. 226.

Strahlungscharakteristik alter Tempelanlagen

Die wohl ältesten Tempelanlagen Europas befinden sich im Mittelmeerraum. Obgleich es sich hier um Trockengebiete handelt, sind die meisten Tempelanlagen ehemalige Wasserkultstätten. Unter den Bauwerken finden sich häufig Zisternen, die der Sammlung des Regenwassers dienten. Die räumliche Anordnung der Zisternen entspricht einem Labyrinth oder, besser gesagt, einer Spirale. Die Zisterne ist so angeordnet, dass das Wasser in eine spiralförmige Bewegung gerät und so zum in der Mitte liegenden Brunnen, der zugleich als Lichtschacht dient, hin fließt. Licht ist für die biologische Belebung des Wassers notwendig. Die Brunnenwände sind in der Regel ausgekleidet mit porösem Gesteinsmaterial, durch welches das zu entnehmende Wasser langsam hindurchsickert. Meist handelt es sich um poröses Gestein vulkanischen Ursprungs. Der Brunnen-Lichtschacht war bald mit Grünalgen, Flechten und Moosen bewachsen. Dieser Bewuchs hat die Eigenschaft, dem Wasser rechtsdrehende Schwingungsqualitäten zuzuführen. Durch die fortwährend langsame und spiralförmige Bewegung des Wassers in den Brunnenschacht hinein und die rechtsdrehende Qualität durch den Bewuchs wurde das Wasser haltbar und lagerfähig – während stehendes Wasser sonst rasch faulig wird. Dieses belebte Wasser war (durch die ihm innewohnenden Schwingungsfrequenzen) qualitativ so gut, dass es durchaus auch zu Heilzwecken verwendet werden konnte.

Über der Zisternenanlage befand sich der Tempel mit zahlreichen Säulen. Das Wasser strahlte die ihm innewohnenden „heiligen" Wellen ab, sodass auf diese Weise auch der gesamte äußere Tempelbezirk „geheiligt" wurde. Die Strahlung des Wassers diente dabei als „Trägerwelle" für alle Schwingungsinformationen aus dem Wasser (z.B. aus mineralischen Beimengungen). Die Säulen nahmen als eine Art Antennenanlage die Schwingungsfrequenzen auf und strahlten sie im gesamten Tempelbezirk und auch weit nach außen hin ab, sodass durch das Bauwerk in Kombination mit dem Wasser die ganze Tempelregion geheiligt wurde. Diese heiligen Schwingungen sind es, die auf das Nervensystem beziehungsweise auf das Gemüt des Menschen wirken und ihn für die Aufnahme kosmischer Kräfte, für die „Schwingungen" Gottes, öffnen.

In wasserreichen Gebieten verwendete man die Strahlung natürlicher Grundwasserverläufe (Wasseradern) oder künstlich angelegter Wasserläufe (Rohrleitungen), um auf diese Weise das sakrale Bauwerk mit heiligen Schwingungen auszustatten und seine Mauern gleichsam damit zu imprägnieren.[15] Ungeeignete, linksdrehende Wellenzüge wurden dabei meist durch geschickte Manipulationen wie bestimmte Steinsetzungen in lebenspositive, rechtsdrehende, umgewandelt. Auch durch gezielte Bepflanzung von Bäumen wie beispielsweise Thuja, Holunder, Buchsbaum, Kastanie konnten

---

15 In älteren Kirchen findet man noch sogenannte Ausgusssteine (Piscinum Lavabo), in denen die Messgeräte abgespült wurden. Das auf diese Weise geheiligte Wasser sollte nicht ins Freie (unheiliger Bezirk) gelangen. Deshalb wurde das Wasser dann zwischen die Kirchenmauern geleitet, wo es die Heiligkeit des Gebäudes erhöhte. Radiästhetisch ist die erhöhte Heiligkeit an diesen Stellen noch immer gut nachzuweisen.

linksdrehende in rechtsdrehende Schwingungen umgewandelt werden.

Über bestimmte Frequenzen, die durch Einlagerung von spezifischen Gesteinsmehlen in das Wasserleitungsmaterial erzielt wurden, konnte dann eine Kommunikation mit einer ganz bestimmten Gottheit erfolgen, denn jeder Gottheit können eine oder mehrere bestimmte Wellenlängen zugeordnet werden. Die Gesteinszuschläge, mit denen die Rohre der künstlichen Wasserader-Systeme imprägniert wurden, enthielten die artspezifischen Wellenlängen und Schwingungsqualitäten der Gottheiten, denen der Sakralbau geweiht war. Im Zuge der Christianisierung wurde durch ebensolche Maßnahmen die Tempelanlage dann gegebenenfalls neu geweiht. Teilweise geschah dies durch mentale Kräfte oder durch Umweihen mit Chrisam, dem heiligen Salböl, das (früher) bestimmte Aromastoffe enthielt, die noch jahrhundertelang ihre artspezifischen Frequenzen abgeben. Die Weihen sind noch heute, nach teilweise weit über 2000 Jahren radiästhetisch nachweisbar.

Viele große Kirchenarchitekten, wie zum Beispiel *Balthasar Neumann*, ein Spezialist für Achteck- und ellipsenförmige Kirchen, aber auch die Ausstatter und Maler wie *Matthias Grünewald* (ein mit Rauschdrogen arbeitender Rutentechniker, Spezialist für die Entwässerung von Bergwerken) waren allesamt langjährig erfahrene Rutentechniker.

Die Grundrisse der Kirchen, die Strukturen und Maße von Mauern, Pfeilern, Säulen, Apsiden, Gewölben usw. waren so konzipiert, dass sie als Resonatoren (im Sinne einer Art von Verstärker-System) für die vorhandenen

Schwingungen dienten (die Apsis ist ein Hohlraumstrahler) und die Strahlung zum Altar beziehungsweise zu den Gläubigen hin bündelten und ausrichteten.

Durch die spezifischen Weihen konnten die Kirchen einer einzigen oder auch mehreren Gottheiten geweiht werden. Dazu imprägnierte man Statuen, Gestein, Altar usw. mit den entsprechenden Materialien und Methoden. Das Gebäude nahm diese Schwingung auf und strahlte sie nun gezielt an die Gläubigen ab. Im Laufe meiner Studien untersuchte ich mehrere Kirchen, die den Johannitern oder Maltesern geweihte Bereiche aufwiesen. Die Strahlung in diesen Bereichen war eine vollständig andere als die im großen Kirchenraum, der für die Gemeinde bestimmt war. Unterschiedlichste Energien und Weihen und eine gänzlich andere Atmosphäre konnten also innerhalb eines Raumes angetroffen werden (Foto 13).

In Kirchennähe oder auf den Pilgerwegen dorthin, an Feldkreuzen und Säulen, aber auch im Bauwerk selbst fand man oft sogenannte Schalen, Näpfchen, Rillen oder Kratzsteine. Diese Steine waren teils natürlichen Ursprungs, teils durch Weihen mit bestimmten Frequenzen belegt und dienten in der Regel spezifischen Heilzwecken. Solche Steine konnten auch künstlich hergestellt werden, zum Beispiel aus Lehm, der heilige, rechtsdrehende Schwingungen aufwies (Foto 14).

Erfassen von Strahlungsphänomenen im Altertum

Alte Überlieferungen berichten von „magischen Stäben" (Chaldäer, Babylonier); vom chinesischen Kaiser Yü (2.200 v. Chr.) ist ein Bild überliefert, das ihn mit einer Wünschelrute darstellt. Die Etrusker zeigten sich als wahre Meister der Augural-Wissenschaften und wiesen in den „Aquilices" eine eigene Kaste aus, die für das Aufsuchen von Quellen und Anlegen von Brunnen verantwortlich war. Weitere Instrumente waren der Caduceus (Hermesstab) sowie der Lituus, der Krummstab, der später zum Bischofsstab wurde.

Der Hermesstab wurde bei den Etruskern und Phöniziern verwendet. Dort, wo die geschwungenen Bronzestäbe sich überkreuzen, weisen sie einen Abstand von 0,5 bis 1 mm auf. Am oberen, offenen Ende sind die Stäbe abgeplattet (abgeflacht), um als ein schwingungsfähiges Gebilde, als Resonator wirken zu können. Auch beim Lituus war die schneckenförmige Krümmung sehr fein ausgebildet, damit die Spirale schwingen konnte, wenn sie mit den entsprechenden Frequenzen in Kontakt kam. Durch die lang ausgezogene Krümmung (Aufrollung) des oberen Stabteiles konnte das „Antennensystem" dieses Stabes verkürzt werden. Der entsprechende Teil des Stabes war im oberen Bereich mit Abgriffmarkierungen bestückt, sodass die Antennenlänge des Stabes durch entsprechenden Abgriff verändert werden konnte, je nach zu untersu-

Abbildung 2
Magische Stäbe zur Detektion von Strahlungen an Kultstätten

Caduceus (Hermesstab) und Lituus als „magische Stäbe" der etruskischen Auguren zur Wassersuche und zum „Erfühlen" von Objektschwingungen. Hölzerne Stäbe und Gabelruten waren zwar häufiger im Gebrauch, doch wohl eher bei „niederen Klassen", da das Rutengehen zumindest zeitweise (Mittelalter) als magische Praktik mit zweifelhaftem Charakter verdächtig war.

chender beziehungsweise aufzufindender Wellenlänge (Abb. 2, Foto 15).

Im 4. Buch Mose wird berichtet, wie Moses bei der Suche nach Wasser einen Stab benutzte, um die Standorte der Brunnen auszumachen. Und warum trösten „Stecken und Stab" im Psalm 23? Weil mit ihrer Hilfe der gute Ruheplatz am Wasser zu finden ist, auf grünen Auen, von Wasser und Grundwasserführungen durchzogene Gebiete. In Auenlandschaften finden sich nämlich besondere Arten von Wasseradern, sogenannte Auenströme oder Kieswasseradern, die an sich schon heilige Schwingungen aufweisen.

Künstlich erzeugte Strahlungsphänomene zu Heilzwecken

Die Anlage römischer Heilzentren

Zur Errichtung eines Heilzentrums für verschiedene Leiden genügte – wenn es von guter Qualität war und in ausreichender Intensität bereits geeignete rechtsdrehende Frequenzen aufwies – das Wasser einer einzigen Quelle. Ausgehend von einer einzigen Quellfassung, wurde ein unterirdisches Verteilungssystem angelegt, welches das Wasser zu den einzelnen Heilbrunnen leitete. Um spezifische Heilwirkungen zu ermöglichen, wurden entweder in die Materialien der verschiedenen Rohrleitungen oder in die der einzelnen Quellfassungen beziehungsweise Badebassins spezifische Gesteinsarten integriert, die dann ihre Eigenfrequenzen an das Wasser weitergaben. Am leichtesten war es sicher, die Gesteinsmehle in den „Zement" der Bassins mit einzuarbeiten, die dann sogenannte Kastenresonatoren darstellten, in welchen sich aufgrund der Abmessungen ein System stehender Resonanzwellen aufbaute. Auf diese Weise konnten die Substanzschwingungen in besonders intensiver Form und kontinuierlich auf das Heilwasser übertragen werden. Auf diese Weise, also durch gezielte substanzielle Beimengungen, konnte aus einer einzigen Quelle ein ganzes System von Heilbrunnen mit den verschiedensten Schwingungsqualitäten angelegt werden.

Das Röhrensystem der Bronnbacher Zisterzienserabtei

Durch die Mitte des Kirchenschiffs der ehemaligen Abteikirche von Bronnbach im Taubertal fließt, wenige Meter unter der Erdoberfläche, eine künstlich angelegte „Wasserader" in einem Rohrleitungssystem – im Übrigen nur eine von vielen in der Gesamtanlage. Die Hauptstrahlungszone der Wasserader entspricht hier, wie in Sakralbauten üblich, exakt der Breite des Eingangsportals. Einige Meter vor der Kirche gabelt sich die Leitung in zwei Röhren, in denen das Wasser jeweils unterschiedliche Schwingungsqualitäten aufweist.

Das Kloster Bronnbach ist heute noch ein Marienheiligtum. Das ist die zwangsläufige Folge der Wasserschwingungsqualitäten, wie wir sie im Hauptschiff der Kirche, aber auch an den meisten anderen Orten des Klosterbereiches antreffen. Die Schwingungen resultieren aus dem beim Bau der Röhrensysteme verwendeten Materialien, welche die Frequenzen der alten Erdgottheiten enthalten. Das Heiligtum zu Ehren der Gottesmutter wurde damit ganz gezielt energetisch aufgebaut. Die Frequenzen der Gottesmutter schaffen eine erweichende, liebliche, beruhigende und ausgleichende Atmosphäre, eben eine weibliche, mütterliche. In der Chinesischen Medizin würde man von Yin-Schwingungen sprechen.

Nach der Gabelung des Röhrensystems im Vorhof der Kirche fließt das Wasser zu zwei verschiedenen Gebäudekomplexen. Eines dieser Gebäude wird heute als ehemalige Kelterei bezeichnet, es ist die einstige Zehntscheune des Klosters; das andere Gebäude ist der ehemalige Bursariusbau.

Die Zehntscheune war möglicherweise Sitz einiger Angehöriger des Templerordens der Wertheimer Komturei. Die Templer arbeiteten eng mit den Zisterziensern zusammen; man könnte die Templer als den „Schutzorden" der Zisterzienser bezeichnen. Sie führten die Handelsgeschäfte mit den erwirtschafteten Klostergütern und besorgten das Finanzwesen. Später entwickelte sich aus der Struktur des Templerordens die Organisation der „Hanse".

Über dem Eingang des Templergebäudes befindet sich eine bemerkenswerte Steinskulptur (Foto 16), die mittlerweile stark verwittert ist, von der aber aus älterer Zeit noch deutlich erkennbare Bilder vorliegen. Die Büste stellt eine Person dar, die mit einer Hand den erhobenen Zeigefinger vor den Mund hält und Schweigen gebietet. Die andere Hand ist erhoben und soll neben dem Schild ehemals auch ein Schwert gehalten haben. Diese Kombination von Gesten weicht von den üblichen Gebärden des Schweigens deutlich ab. Sie mag besagen: Hier ruht ein Geheimnis. Wenn du es kennst, dann schweige; halte den Mund, oder es wird dir übel ergehen. An dieser Stelle soll das Geheimnis, das hier waltet und vor dessen Weitergabe so eindringlich gewarnt wird, nicht preisgegeben werden. Im Übrigen kann jeder in der Geomantie erfahrene Rutengänger das Geheimnis lüften. In diesem Zusammenhang sollen nur Hinweise auf die unterschiedlichen Wasserqualitäten in den verzweigten Röhrensystemen aufgezeigt werden, von denen das eine zum Templergebäude führt und das andere zu einem Gebäude, in dem sich die Ordensleute der Zisterzienser aufgehalten haben. Vergleichbare energetische Unterschiede findet man heute noch vielfach in Kirchen, die zur Mitbenutzung für die Templer vorgesehen waren.

Die Templer waren keine Marienverehrer. Sie benötigten keine weichen, harmonisierenden Schwingungen, die eher für kontemplative Zwecke geeignet sind. Sie waren knallharte Geschäftsleute, Menschen, die mitten im Leben standen. Sie bevorzugten aufbauende, energiereiche und aktivierende Schwingungen. Ihre Kirchen strahlen kalte Nüchternheit aus. Die Chinesische Medizin würde hier von einem Überwiegen der Yang-Schwingungen sprechen. Und darin liegt auch in etwa das Geheimnis der unterschiedlichen Schwingungsqualitäten der beiden Röhrensysteme. Vergleicht man die in beiden Röhrensystemen vorkommenden Schwingungen, so stellt man Unterschiede fest, die beiden „Parteien", den Marienverehrern wie den Templern, jeweils zu ihrem Vorteil gereichen, ein Beispiel für die wohlüberlegte konstruierte Schwingungsqualität der gesamten Klosteranlage.

Künstlich erzeugte Schwingungsqualitäten von Bausubstanzen

Mit der hier beschriebenen Methode, bestimmte Gesteinsmaterialien zu pulverisieren und im Zement beziehungsweise im Ton mitzuverarbeiten, wurden auch schwingungsmäßig die Anlagen von Klosterzellen oder größeren Gebäuden gebaut. Auf diese Weise konnten die einzelnen Klosterzellen mit ganz bestimmten Schwingungen imprägniert werden, so wie sie für die spezifische meditative Aufgabe der einzelnen Mönche geeignet waren. Die Lehmziegel wurden dazu bei Temperaturen bis maximal 200 °C „gebrannt". Temperaturen darüber („totbrennen", die Substanz kristallwasserfrei machen) löschen die biologisch wichtigen Schwingungen aus. Nur beim Niedrigtemperatur-Brennverfahren konnten die heiligen Frequenzen erhalten bleiben.

Anlage und Wirkungsprinzip der Frequenzen in Sakralbauten

Sakralbauwerke wurden ausschließlich an Stätten errichtet, die bereits heilige Schwingungen ausstrahlten. Wenn möglich, wurden sie gleich dort platziert, wo geeignete Frequenzbündelungen anzutreffen waren, zum Beispiel Kreuzungssysteme von Wasseradern, Verwerfungen usw. (Fotos 17, 18, 18a, 18b).

Lebenspositive Schwingungsqualitäten konnten unter Verwendung vorhandener Materialien aber auch „technisch" erzeugt werden, zum Beispiel durch Auswahl des Gesteinsmaterials oder durch Verwendung bestimmter Mörtelzusätze.

Die natürlichen geomantischen Zonen konnten verändert werden, sei es durch Abschirmung negativer Zonen, sei es durch Manipulationen an den positiven oder negativen Zonen. Linksdrehende konnten in rechtsdrehende Zonen umgewandelt werden. Die teils veränderten, teils naturbelassenen Schwingungsbereiche konnten durch Einbeziehen künstlich erzeugter Schwingungssysteme moduliert werden (Fotos 19, 20, 21, 22).

Der Großteil der vor Ort anzutreffenden Schwingungsqualitäten entstammt dem Bodenbereich und erst an zweiter Stelle aus dem Baumaterial und der Gesamtkonstruktion selbst.

Die Raumarchitektur diente überwiegend einer Konzentration und Bündelung der Strahlung, wobei sich innerhalb der Bauwerke ein System „stehender Wellen" aufbaut. Besonders die konkaven Strukturen, wie Gewölbe, Nischen, Apsiden usw., dienen zur Konzentration und Bündelung der Strahlung.

Die natürliche oder künstlich erzeugte Strahlung entspricht Wellenlängen im Bereich von Zentimetern bis Dezimetern oder auch Metern. Diese Strahlung durchdringt teilweise das Mauerwerk und wird teilweise reflektiert, wobei es zu Wechselwirkungen zwischen durchgedrungenen und reflektierten Strahlungen kommt. Beide Wellenzüge sind zueinander phasenverschieden und beeinflussen sich gegenseitig.

Das Überlagerungsprinzip phasenverschobener Wellen wird heute technisch angewandt zur Erzeugung holografischer Bilder (Beispiel Scheckkarte), die wie teildurchsichtige Gebilde im Raum zu schweben scheinen. Die Stereofotografie ermöglicht heute einen ähnlichen optischen Eindruck, wobei die Bilder wie zum Greifen nah im Raum zu schweben scheinen.

Das Schwingungssystem des Bauwerkes wirkt auf den Organismus des Menschen, vor allem, wenn er sich zum Beispiel durch Gebet, Fasten und Meditation dafür öffnet. Nervensysteme oder andere körperliche Empfangsorgane werden erregt, wirken dabei wie physikalische Antennen und rufen entsprechende physiologische Reaktionen hervor, die bis in den Bereich optischer Erscheinungen reichen können. Das Phänomen ist mit dem des ortsgebundenen Spuks nahe verwandt. In beiden Fällen werden zunächst eidetische Bilder (wahrnehmungsähnliche Eindrücke, Gedächtnisbilder) produziert, die – über energetische Aufladungen – durchaus materiellen Charakter annehmen können.

Die Arten von Erscheinungen, wie sie besonders an Wallfahrtsstätten und anderen kraftvollen Gnadenorten vorkommen, sind abhängig von den am Ort vorkommenden Frequenzen. Da die Bodenstruktur den Hauptwirkfaktor der Schwingungserzeugung darstellt, treten Erscheinungen der Gottesmutter, basierend auf den Frequenzen der Erdgottheiten, besonders häufig auf. Wo Kirchen auf ehemaligen Vulkanschloten gebaut wurden (Käppele bei Würzburg, Fuchsmühl, Friedberg, Maria Eck, Maria Steinbach, Vierzehnheiligen, Maria Scharten), treten „feurige" Erscheinungen wie Feuerzungen, Feuermännle, Fegefeuervisionen und Lichtphänomene wie Flammen, Brände usw. auf.[16] Beim Käppele auf dem Nikolausberg waren es Lichtphänomene am Himmel, in der Kirche auf- und niedersteigende Fackeln sowie Flammenerscheinungen im Turm.

Abbildungen der *Jutta von Sponheim* (Disibodenberg bei Kreuznach), der geistigen Lehrerin der *Hildegard von Bingen*, zeigen Jutta von Feuerzungen

---

16 Vgl. Albert Bichler: Wallfahrten in Bayern, S. 76, 80, 140, 164, 256, 332.

umgeben. Feurige Erscheinungen als überlebende Energieform, die an den Leib fixiert ist, finden sich aber auch an Beisetzungsorten heiliger Persönlichkeiten, wo der Körper nicht zerfällt (natürliche oder künstliche Mumifizierung). Blanche *Merz* berichtet über den seit 1898 intakten Leichnam eines marotischen Mönches aus dem Libanon: An seiner Grabstätte erschienen einige Monate nach seiner Bestattung Lichter, die Sonnenkugeln glichen und 45 Nächte lang sichtbar blieben. Anderen Ortes gelang es, solche Lichtkugeln zu fotografieren.[17] Mit entscheidend für das Phänomen ist die Örtlichkeit, die teilweise von den Bestatteten selbst ausgesucht wurde und zahlreiche geologische Besonderheiten aufweist. In solchen Fällen muss aber noch ein übernatürliches Moment hinzukommen, das mit dem überlebenden Selbst des Menschen in Zusammenhang steht.

An Kraftorten mit verstärktem Yang-Schwingungscharakter treten bevorzugt männliche Erscheinungen auf wie Heilige oder gar Christus selbst.

Über die Herstellung von heiligem Wasser

Es gibt natürlich vorkommende und künstlich hergestellte „heilige" Wässer. Die natürlichen heiligen Wässer entstehen durch mineralische oder organische Beimengungen aus dem Bodenbereich oder aus dem

---

17 Merz: Orte der Kraft, S. 155 f.

Pflanzenbewuchs; auch die Bodenstrahlung des Ortes trägt Wesentliches zu den Kräften bei, die im Wasser gespeichert werden. Neben den gelösten Mineralien, deren Schwingungen vom Wasser aufgenommen werden, ist für solche Wässer typisch, dass es sich bei ihnen um Emulsionen oder Gel-artige Suspensionen (heterogenes Stoffgemisch auf wässriger Basis) handelt, natürlich in äußerst verdünnter Form. Die Emulsionen bestehen aus Ölbeimengungen im Wasser, wobei die ätherischen Öle von den Pflanzen ausgeschieden oder entsprechende Partikel aus den Bodenstrukturen mitgerissen werden. Auch Beimengungen von Mineralölen spielen bei diesen Prozessen eine Rolle, natürlich nur in homöopathischer Dosierung. Fein verteilte mineralische Beimengungen führen zu feinsten Suspensionen; oft sind auch metallische Beimengungen an der Suspension oder Kolloidbildung beteiligt. Suspensionen, Emulsionen und Kolloide bilden stabile energetische Systeme; wird das Wasser lediglich durch Bodenkräfte aufgeladen, ist es in der Regel nur begrenzt haltbar.

Die Wässer haben unterschiedliche „Reaktionsabstände", wie wir Rutengänger es nennen. Mit „Reaktionsabstände" ist die Reichweite der spezifischen Strahlung gemeint. Somit macht der Reaktionsabstand eine Aussage über die Intensität der Strahlungen im Wasser. Künstlich hergestellte heilige Wässer können weitaus größere Reaktionsabstände aufweisen als natürliche; aus ebendiesem Grunde bedient man sich auch ihrer; ihre Wirkungsweise ist damit auch verstärkt. Die heiligen Schwingungen können dann intensiver auf die Organismen wirken. Insbesondere zur Herstellung von

Weihwasser wurde die natürliche Strahlungsqualität des Ausgangswassers durch entsprechende Riten und künstliche Zusätze stets verstärkt. Die Strahlungsintensitäten lagen dann stets höher als die der verwendeten Ausgangswässer (Fotos 23 u. 24).

In Tibet, wo bis heute noch die besten heiligen Wässer hergestellt werden, wird folgendermaßen vorgegangen: Man benutzt ein möglichst gutes Ausgangswasser, das bereits alle wesentlichen heiligen Schwingungen enthält. Das Wasser wird dann in Tonschalen oder Tonkrüge gefüllt, die bereits heilige Frequenzen in ihrem Material aufweisen und diese an das Wasser weitergeben. Auf diesem Wasser lässt man auf einem Holzbrettchen Talgkerzen schwimmen und betet darüber. Wenn die Kerzen schmelzen, saugt sich das Brett mit Wachs voll und gibt kleine Partikel davon an das ebenfalls im Brett aufgesaugte Wasser ab. So entsteht im Wasser spurenweise eine Wachs- oder Ölsuspension, die besonders geeignet ist, auch die Gebetsschwingungen in verstärktem Maße aufzunehmen und zu speichern. Aus diesem Grund wird in der katholischen Kirche auch die geweihte Osterkerze dreimal, feierlich und mit Gesang begleitet, in das zu weihende Wasser getaucht. Die Weihe der Kerze geht dabei auf das Wasser über.

Um bestimmte Schwingungsqualitäten des Wassers zu erzielen, werden ihm mitunter noch Pflanzenextrakte zugefügt. Recht gern wird beispielsweise Safran dazu verwendet. Die Wachsemulsion wirkt als „Trägermaterial", sodass die neu hinzugekommenen Substanzschwingungen besser gespeichert werden können. An Kräuterextrakten stehen etwa 115 verschiedene Substanzen zur

Verfügung, mit denen man dem Wasser ganz bestimmte Schwingungen oder Schwingungskombinationen hinzufügen kann. Zu den Kräutern und Pflanzen gehören auch viele sogenannte Giftpflanzen, wie zum Beispiel Stechapfel und Bilsenkraut, die in früheren Zeiten auch für die Herstellung sogenannter Hexensalben oder fürs Bierbrauen verwendet wurden.

In der katholischen Kirche wird speziellem Weihwasser noch eine Spur Chrisam (auf Olivenölbasis) hinzugefügt.

Sämtliche Pflanzen haben unterschiedliche Frequenz- und Welleneigenschaften und damit verschiedene Wirkungen auf den Organismus.

Herstellung und Verwendung sogenannter Segen

Was ist damit gemeint, wenn man von einem Haussegen, einem Stallsegen, einem Reisesegen, einem Hochzeitssegen usw. spricht? Es handelt sich dabei um sogenannte Feldveränderungstechniken, die das schwingungsmäßige Umfeld von Räumen, Gebäuden oder Landschaften verändern können (Foto 25). Von Hand hergestellte Segen waren noch bis zu Beginn des 20. Jahrhunderts im Gebrauch; man erhielt sie bevorzugt an Wallfahrtsorten, bis die Kirche den Verkauf untersagte. Auch der Brauch, beim Einzug in ein neues Heim Brot und Salz zu schenken, könnte auf die Herstellung solcher Segen zurückgehen. Heute gibt es wieder einige geomantisch erfahrene Radiästheten, die ihr Wissen um die Herstellung solcher Segen zur Regeneration energetisch und biologisch „toter" Landschaftsgebiete einsetzen (z.B. *Marco Pogačnik*). Ein Hufeisen zum Beispiel, in der richtigen Position, also im Zentrum einer Wasserader, im Stallbereich angebracht, wäre bereits ein solcher Stallsegen. Das Hufeisen hat eine Eigenresonanz, die im Bereich der Frequenz einer Wasserader liegt, sodass es hier zu Wechselwirkungen kommt; man spricht dann von einer Abschirmung der Wasserader. In ähnlicher Weise wirken viele Feldveränderungstechniken segensreich (d.h. reich ausgestattet mit einem „Segen") auf den Organismus.

Es gibt auch solche „Segen", die auf mentalen Informationen beruhen, die mit Hilfe von Gesten, Gebärden, Gebet usw. hergestellt werden. Die Wirkung kann dann im gesegneten Objekt nachgewiesen werden. Auch Symbole finden vielfach Verwendung. Sie treten in Resonanz mit höheren geistigen Prinzipien oder Energien und erhalten von dort ihre Kraft. In der Regel müssen aber auch diese Kräfte zunächst durch geeignete Segenshandlungen aktiviert werden.

Im älteren Zeiten wurden materielle Segen ganz bewusst für die verschiedensten Verwendungszwecke hergestellt. In völkerkundlichen Museen findet man heute noch solche Segen. Oft handelt es sich dabei um ovale Spanschachteln, die mit verschiedenen Ingredienzien gefüllt sowie hübsch geschmückt und bemalt sind. Der Ellipsenform kommt dabei eine besondere Bedeutung zu: Sie hat zwei Brennpunkte, sodass unterschiedliche

Schwingungsqualitäten erzeugt werden können. (Das ist auch der Grund, warum die meisten antiken Theater in Form einer Ellipse gebaut sind.)

Mein verehrter Lehrmeister der Radiästhesie, der im Jahre 2001 verstorbene Physiker *Reinhard Schneider*, berichtete in seinen Lehrgängen von eigenen Erfahrungen mit einem solchen Segen, den eine befähigte Kursteilnehmerin für ihn persönlich hergestellt hatte. Es handelte sich dabei um eine Spanschachtel, die unter anderem im Brennpunkt der Ellipse eine Spirale sowie verschiedene Kräuter und Pflanzen enthielt und hübsch geschmückt war. Für seine Heimreise nach dem Schulungskurs packte Herr Schneider diesen Segen in seinen Koffer und stellte diesen hinter seinen Sitz im Auto. Bereits nach wenigen Kilometern auf der Autobahn bekam er akute Kreislaufprobleme mit Schwindel, Blässe und Übelkeit, die ihn zum sofortigen Anhalten veranlassten. Sobald er das Auto verließ, fühlte er sich wieder wohl. Als erfahrener Radiästhet brachte er diese Körperreaktion sofort mit den Instrumenten in Verbindung, die er in seinem Koffer bei sich führte. Es zeigte sich, dass er nur den Koffer umzudrehen brauchte, um dann unbehelligt weiterfahren zu können.

Dieser Beobachtung liegt folgendes Prinzip zugrunde: Wenn der Segen nur eine Flachspirale enthält, so erzeugt diese Spirale – je nach ihrer Lage in Bezug auf den Körper – einen Energiestahl mit einer ganz bestimmten Drehungsrichtung. Je nachdem, welche Seite nach oben oder zum Körper zeigt, resultiert ein rechtsdrehender oder ein linksdrehender Energiestrahl. Durch Umdrehen der Spanschachtel entstand so aus der lebensbejahenden rechtsdrehenden eine lebensfeindliche linksdrehende Schwingung. Es gibt aber auch eine Reihe von Spiraltypen (Kegelspiralen, logarithmische Spiralen, richtig gewendelte Spulen usw.), die beidseitig eine rechtsdrehende Schwingung ausstrahlen.

Diese Beobachtungen zeigen, dass es nicht nur wichtig ist, ob man einen solchen Segen bei sich trägt, sondern auch, womit er gefüllt ist und wo und wie dieser Segen platziert wird. Wenn sich ein solcher Haussegen nicht in der richtigen Position befindet, wenn er schief hängt, dann hängt im wahrsten Sinne des Wortes auch der Haussegen schief, weil die Ausstrahlungsqualität des materiellen Segens verändert wurde. Diese sprichwörtliche Redeweise vom schief hängenden Haussegen kommt also nicht daher, dass sich im Raum eine ungute Atmosphäre befindet, weil sich dort vielleicht zwei Personen miteinander streiten und so das Raumklima verschlechtern, sondern es ist genau umgekehrt: Eben weil der Haussegen schief hängt, seine Abstrahlungsfrequenz nicht mehr stimmt, breitet sich im Raum eine disharmonische Schwingung aus. Diese wirkt auf die Organismen, die sich im Raume befinden (Blumen, Tiere, Menschen), beunruhigt sie und führt dazu, dass die Menschen sich eigentlich ohne Grund zu streiten beginnen oder irgendwie Unlustgefühle entwickeln.

Ein Haussegen ist also ein Feldveränderungssystem, das ganz gezielt eingesetzt werden sollte, um Harmonie und Glück in ein Haus zu bringen und die Menschen zu friedlichen Geschöpfen zu machen und sogar um äußere schädliche Einwirkungen abzuwehren.

Energetische Beziehungen zwischen Priester und Gläubigen

Der gläubige Kirchenbesucher, der die heilige Messe besucht und dadurch aktiv am hier praktizierten Heilsmysterium teilnimmt, erwartet eine Stärkung durch den Heiligen Geist. Das Teilhaben am Opfertod soll bewirken, dass auch die energetischen Folgen der persönlichen Vergehen und Sünden in Christi Opfer integriert und damit ausgelöscht werden. Hauptziel ist aber der Empfang des Heiligen Geistes, einer inneren Stimme, einer inneren Führung, die den Menschen sicher durch das Leben geleiten und ihm Kraft geben soll. Die hier empfangene „Liebe Gottes" macht ihn damit bereit, diese Liebe auch nach außen zu tragen und auf den Umgang mit seinen Mitmenschen wirken zu lassen.

Dem nur bedingt religiösen oder „durchschnittlichen" Christen fällt es im Normalfall schwer, von seinem eher von der Ratio geprägten, aktiven Alltagsleben auf mystisch-beschauliche Passivität umzuschalten. In diesem Prozess wird der Priester zur hilfreichen Bezugsperson. Sein Wirken als Stellvertreter Christi dient *auch der intuitiven* Vermittlung von Glaubensinhalten. Das von ihm und den Gläubigen praktizierte Ritual soll diesen Beziehungsprozess aufbauen, vertiefen und zu einer regelrechten „mystischen Kommunikation" reifen lassen. Das sich damit aufbauende Kraftfeld schafft gewissermaßen eine Verbindung von Gott über den Priester zum

Gläubigen hin. Einige Priester haben die Gnade dieser Vermittlung, andere nicht. Das hängt vermutlich davon ab, wie weit sie selbst durch einen heiligen Geist geführt werden.

Der Aufbau des Kraftfeldes zwischen Priester und Gläubigen wird wesentlich erleichtert, wenn die natürlichen geologischen Gegebenheiten in diesen Prozess mit einbezogen werden. Für diese Energiefelder sind wir empfindsam, denn unter ihrer Einwirkung hat sich alles Leben entwickelt. Und an die durch sie übertragenen Informationen an unser physiologisches und psychisches System sind wir nicht nur gewöhnt, sondern wir sind lebensnotwendigerweise auch auf sie angewiesen. Der Entzug des Erdmagnetfeldes oder Schwerefeldes beispielsweise führt zu Erkrankungen. Das macht verständlich, dass diese Reizzonen uns so stark in einen kommunikativen Prozess einbinden können.

Dem Priester kommt in diesem Prozess die zentrale, entscheidende Rolle zu. Er steht vor dem Altar. Er ist es, der sich (zumindest in alten Kirchen) im Zentrum, im Ausgangspunkt des Kraftfeldes befindet. Sein Wille, seine Worte, sein Gefühl, seine Ausstrahlung werden über das geologische Reizliniensystem an alle Anwesenden weitergeleitet. Sicher ist die Ausstrahlungskraft eines Priesters auch eine persönlichkeitsbedingte und charismatische Eigenschaft. Sie kann aber ungemein verstärkt werden, wenn der Priester das Ritual an einem energetisch ausstrahlenden Kraftzentrum vollzieht. Der Positionswechsel des Priesters vom Hauptaltar zum Volksaltar und zum Ambo bringt erhebliche Verluste an übermittelbarem Informationsgehalt mit sich, wenn nicht auch jene

Positionen im Zentrum geeigneter energetischer Strahlungszonen liegen! Meist gibt es in einer Kirche aber nur *eine* solche, selten mehrere. Die mitreißende Kraft der großen Prediger ist nicht allein eine Angelegenheit der Persönlichkeit und Rhetorik, sie ist in wesentlichem Maße auch *vom Standort* des Redners abhängig. Deshalb sollten die Lesungen auch vom Priester selbst gehalten werden und nicht von einem Lektor aus der Gemeinde, denn die Person des Priesters ist geheiligt.

Es ist mehr als eine interessante Übereinstimmung, dass die energetische Abstrahlung der Zentralzone einer Wasserader (denn auf Wasseraderkreuzungen liegen die meisten Zonen der Beredsamkeit) die gleiche Wellenlänge aufweist wie die Energiestrahlung der geistigen Beeinflussung! Jeder, der selbst die Fähigkeit zum Rutengehen hat, wird sich leicht davon überzeugen können.

Doch scheint es nicht schlimm genug zu sein, diese jahrtausendealten Erkenntnisse bei Kirchenneubauten und liturgischen Reformen außer Acht zu lassen. Gerade in alten Kirchen wird durch Einbau von Elektrokabeln, Heizungssystemen und Lautsprecheranlagen schwer gegen die natürlichen Gesetzmäßigkeiten gesündigt. Pfeilerkonstruktionen stehen oft direkt auf Kreuzungszonen des globalen Gitternetzes (Strahlungszonen, die aus dem Luftraum zu kommen scheinen). Werden hier Lautsprecher angebracht, so wird deren elektrische und magnetische Komponente der Schwingungsfrequenz verstärkt in den Kirchenraum weitergeleitet. Statt der erwarteten heilkräftigen Frequenzen wird der Gläubige nun mit *pathogenen* Schwingungen „bestrahlt". Wen wundert es, wenn nun niemand mehr in die Kirche kommen will! Hier wird die Kirche zum Standort, der krank macht![18] Denn der gläubige Christ spürt diese Ausstrahlung. Auch wenn sie ihm nicht unbedingt bewusst wird, sie wirkt in ihm und zwingt ihn, zu seinem eigenen Schutz aktiv zu werden und zu handeln. Und das heißt dann einfach, der Kirche fern zu bleiben. Ein persönliches Erlebnis mag diesen Effekt veranschaulichen:

Im Wohnbezirk zog eine Priesterbruderschaft ein, die sich dem Ritual der heiligen Messe im traditionellen Ritus verpflichtet fühlte. Die Gottesdienste wurden zunächst in einem provisorischen Raum abgehalten, denn es sollte eine eigene neue Kirche gebaut werden. Die Bodenstrahlung im provisorischen Kirchenraum war nicht besonders gut, aber für mich akzeptierbar. Über längere Zeit hinweg habe ich die Baumaßnahmen in der neuen Kirche verfolgt und war mehrfach im neuen Kirchenraum während der Bauphase, in der zum Teil noch Gerüste aufgebaut waren. Hier habe ich in keinem Teil des Kirchenschiffes sonderlich unangenehme Gefühle empfunden. Als ich nach längerem Urlaubsaufenthalt in die neue, bereits geweihte, wunderschöne und funktionsfähige Kirche kam, erhielt ich sozusagen einen Schock: Den Mittelgang konnte ich kaum betreten, ohne dass mir in extremem Maße die Kräfte aus dem Körper gesogen wurden. Im rechten Teil des Kirchenschiffs, wo ich mich zuerst hinsetzte, konnte

---

18 Zu den geologischen Voraussetzungen vgl: Siegfried Grabowski: Standorte, die krank machen. Raum & Zeit 57 (1992), S. 58–64. Ehlers Verlag, Dietramszell.

ich es nicht aushalten und wechselte zur andern Seite. Was war hier geschehen? Unter diesen Umständen konnte ich die Kirche nicht mehr besuchen! Es war eine Fußbodenheizung eingebaut worden, die in Wechselwirkung mit regionalen (sonst unbedeutenden) Wasseradern und anderen Strahlungssystemen diese schlimmen Wirkungen hervorbrachte. Nun halte ich mich beim Betreten der Kirche bewusst links, den Mittelgang meidend, und habe Plätze im vordersten Bereich gefunden, die eine gute Ausstrahlung haben und wo ich mich wohl fühle.

Ein weiterer Effekt ist für die Beziehung zwischen Priestern und Gläubigen von besonderer Bedeutung, nämlich die Einrichtung einer Männer- und einer Frauenseite in der Kirche. Vor dem Vatikanischen Konzil von 1962 war es meist noch üblich, dass die Frauen sich (mit Blick zum Altar) auf die linke Seite im Kirchenschiff begaben und die Männer auf die rechte Seite. Diese Ordnung gibt es mittlerweile nicht mehr, auch nicht in Gemeinschaften, welche die Messe nach dem alten, tridentinischen Ritus feiern. Offenbar ist die Bedeutung dieser Handlungsweise nicht mehr bekannt. Es geht dabei nicht um die Trennung von Männern und Frauen in der Kirche unter dem Gesichtspunkt der leichteren Aufrechterhaltung der Andacht durch die Geschlechtertrennung, sondern um rein energetische Aspekte.

Wenn man in einer alten Kirche die beiden Kirchenseiten auf ihre energetischen Eigenschaften hin untersucht, stellt man Unterschiede fest: Die linke Hälfte, also die Frauenseite, enthält Energien, die aus medizinischer Sicht den Ovarien zugeordnet werden können; die rechte Seite, die Männerseite, dagegen Energien, die einen Bezug zur Prostata aufweisen. Das sind induktive, also auf die Physis der Menschen wirkende Energien. Das hat nichts damit zu tun, ob Menschen in der Kirche anwesend sind; das ist ein im Raum „eingebauter" Effekt mit dauerhafter Wirkung. Diese Beobachtung allein würde schon genügen, die Trennung nach Männer- und Frauenseite wieder aufleben zu lassen, zumindest in den alten Kirchen, in denen diese Effekte nachzuweisen sind.

Es kommt aber noch ein Effekt hinzu, der auch mit der Orientierung der Kirche nach Osten zu tun hat. Und zwar sind das die polaren Kräfte, die unter Bezug auf die Himmelsrichtungen in ummauerten Räumen auftreten. Die Orientierung der Kirche trennt nämlich die von Norden und Süden auftreffenden Energien, die eine vergleichbare Polarisierungsverteilung bewirken, wie die Trennung von Männern und Frauen in der Kirche in der Ausgerichtetheit nach Osten. Die alte Tradition bewirkt also eine Orientierung an kosmischen Kraftfeldern, wie es bei Naturreligionen üblich und wirkungsvoll war. Analoges leistet der Altar, wenn seine Platte aus einem Block gefertigt ist: eine Verteilung der Polaritäten gemäß den Himmelsrichtungen.

Wenn sich die Gemeinde nun auf die Männer- und Frauenseite aufteilt, kommt ein weiterer Effekt hinzu: Es baut sich eine Polarisierung auf, die naturgegeben einen besonderen Bezug zu den Lebenskräften des Menschen aufweist. Die linke Hälfte der Kirche wird durch die Anwesenheit der Frauen Yin-polarisiert, die rechte Hälfte mit den Männern wird Yang-polarisiert. Es baut sich also zwischen den beiden Gruppierungen ein starkes energetisches Kraftfeld auf, getrennt nach den Polungen Yin und Yang. Der Aufbau eines solchen Kraftfeldes macht Sinn, weil er mit dem Empfang kosmischer Kräfte in Zusammenhang steht. Zwischen Himmel und Erde existieren nämlich die gleichen polarisierten Kräfte; der Himmel ist Yang, die Erde ist Yin. Auch der einzelne Mensch selbst ist in sich polarisiert. Durch den Aufbau dieses Kraftfeldes in der Kirche gelingt es nun den Menschen besser, in den kosmischen Energiefluss zu kommen und damit die heilwirksamen Kräfte aufzunehmen.

Dem Priester am Altar kommt in diesem Zusammenspiel eine besondere Bedeutung zu. Der Priester ist männlich und steht, geometrisch gesehen, zwischen den beiden Polaritäten. In dieser Stellung, also wie alle Gläubigen ausgerichtet nach Osten schauend, erhält er die Polaritätenverteilung innerhalb des Kirchenraumes aufrecht, denn die rechte Seite des Mannes ist die mit Yang polarisierte „gebende" Seite, seine linke Körperseite die mit Yin polarisierte „nehmende" Seite. Der in gleicher Richtung wie die Gläubigen stehende Priester erhält also das zur Kraftaufnahme erforderliche Energiepotenzial aufrecht. Wenn der Priester nun mit dem Gesicht zu den Gläubigen stehen würde, dann würden seine Körperpotenziale das Kraftfeld in der Kirche „kurzschließen", sodass als Folge davon das Potenzial zusammenbräche und eine verstärkte Kraftaufnahme unmöglich würde.

Im heute üblichen Messritual steht der Priester mit Blickrichtung zu den Gläubigen am Altar, und Männer und Frauen sind nicht nach Geschlechtern getrennt. Das macht den Aufbau eines Kraftpotenzials unmöglich. In diesem Fall wäre es auch unter energetischer Sicht nicht von Bedeutung, wenn eine Frau als Priester amtieren würde. Würde bei getrennter Frauen- und Männerseite eine Frau als Priester wirken, so würde aufgrund ihrer Eigenpolarität ebenfalls ein energetischer „Kurzschluss" eintreten, wenn sie gleich den Gläubigen nach Osten schaut.

Biophysikalische und energetische Aspekte sakraler Elemente in der Liturgie

Liturgische Elemente basieren auf jahrhunderte- bis jahrtausendealten Traditionen, reichen also zum Teil weit in vorchristliche (heidnische) Zeiten zurück. Ihre Ausformung und Übernahme in die heilige Messe erfolgten im Wesentlichen in den ersten christlichen Jahrhunderten und zum Teil auch im frühen Mittelalter. Reformen, die in den letzten Jahrzehnten stattgefunden haben, sind leider nicht nur strukturell, sondern auch sachlich bedingt: Wesentliche energetische Aspekte wurden außer Acht gelassen oder verändert, neue hinzugefügt. Zaghafte Erneuerungsversuche auf der liturgischen Ebene geben erfreulicherweise aber auch Hinweise auf eine Orientierung am Althergebrachten, wirklich Alten und Unverfälschten. Das hat nichts mit Traditionalismus zu tun, sondern ist als Versuch zu bewerten, den unverfälschten Geist des Frühchristentums wieder aufleben zu lassen. Vielleicht kann diese Kehrtwendung sogar als intuitiver Versuch gewertet werden, im Zurück zum ursprünglichen Ritual auch wieder dessen Kräfte freizusetzen und spürbar werden zu lassen.

Stilles und gesprochenes Gebet

Das stille Gebet dient der geistigen Öffnung und inneren Sammlung zum Zweck der Anschauung geistiger Inhalte (Kontemplation). Die Abkehr von der Realität durch die mystische Versenkung macht den Gläubigen bereit zur Aufnahme von geistigen Schwingungen. Hellseher und Wahrsager nutzen die Versenkung zur Erlangung von Informationen, die auf normale Weise (mit den Sinnen) nicht zugänglich sind. Mystiker, Geistheiler und Gesundbeter entwickeln ihre eigenen mentalen Fähigkeiten oder lassen sich von geistigen Wesenheiten und Kräften lenken.

Im Danken und Bitten impliziert das Gebet eine Kommunikation mit höheren Sphären zu dem Zweck, eine bioenergetische Kräftekommunikation aufzubauen, die entweder der eigenen Person dienlich ist (Gesundheit, geistige Führung, spirituelle Entwicklung) oder sich auf andere richtet (Gesundbeten, Bittgebete etc.). Das stille Gebet bezweckt also in erster Linie, einen intuitiven Zugang zu geistigen Kräften und Wesenheiten zu finden, und ist darüber hinaus als Versuch zu bewerten, ebendiese Kräfte und Wesenheiten zu aktivieren und im Sinne einer autonomen Steuerung für sich und andere nutzbar zu machen.[1]

Im laut gesprochenen Gebet dagegen wirkt die Kraft des bloßen Wortes beziehungsweise Klanges. Esoterische und magische Wege der persönlichen spirituellen

---

1 Die altjüdische Glaubenslehre (Talmud) gibt auch Hinweise auf die Bedeutung des stillen Gebetes: Demnach verliert ein laut gesprochenes Wort (Gebet, Zauberspruch) an magischer Kraft, wenn es Unberufene und Uneingeweihte hören. Blau, S. 71.

Entwicklung beginnen mit Lautübungen, die zunächst aus Vokalen bestehen, die in eintöniger Weise gesprochen oder gesummt werden. Die Tonschwingungen versetzen den Organismus in spürbare Vibrationen, deren Wirkung erfühlt werden soll. Bestimmte Vokale, Silben und Worte erzeugen im Körper eine Resonanz, das heißt, sie versetzen gezielt Organsysteme oder energetische Kraftzentren (Chakren) in Schwingung, um latent vorhandene oder wenig entwickelte Kräfte zu aktivieren. Der Übende möchte diese Kräfte für sich nutzbar machen, denn sie ermöglichen es ihm, geistige Wesenheiten zu bezwingen und sich dienstbar zu machen.[2]

Wie der Übende die Wirkung der Worte am eigenen Körper spürt, so wirken sie auch im anderen Menschen, der durch die Tonschwingung in den Resonanzprozess mit einbezogen wird. Bedingt gilt dies auch dann, wenn das gesprochene Wort nicht gehört oder verstanden wird, denn die Schallfrequenzen erreichen immer zielgerichtet den entsprechend mitschwingenden Empfänger. So wirkt das Gebet, das in lateinischer Sprache gesprochen wird (auch wenn es nicht verstanden wird), vielleicht ebenso gut wie das in der Muttersprache gesprochene. Eventuell wirkt es sogar noch besser, denn für die bioenergetische Wirkung ist hauptsächlich die Aufeinanderfolge der Schallfrequenzen maßgeblich und weniger die mit der verstandenen Sprache verbundene Imagination.[3]

---

2   Spiesberger: Hermetisches ABC. Die laut ausgesprochenen sieben Vokale spielen bei den Mystikern eine bedeutende Rolle, da man sie zur Bezeichnung des die Welt beseelenden Göttlichen für geeigneter hielt als die Konsonanten.

3   Der Monotonie von Litaneien, Chorälen, Antiphongesängen, aber auch Gebetsformen wie dem Rosenkranz kommt dabei eine verstärkende Funktion zu. Franz von *Sales* empfiehlt in seiner *Philothea*, Gebete auch in lateinischer Sprache zu beten. Franz-Sales-

Damit wirkt das gesprochene Wort beziehungsweise das Gebet als Vehikel für den Aufbau einer neuen, autonomen Regulation der körperlichen Steuerungsfunktionen. Während das stille Gebet die geistigen Pforten öffnet und die Kraftzentren potenziell zugänglich macht, führt das gesprochene Wort in diesen Zentren zu veränderten oder neu gestalteten Anpassungsmechanismen.

Das Wort ist Fluch und Segen zugleich, es kann verdammen und heilen. Die Wirkung eines Fluches oder eines Bannes kann sich über Generationen hinweg in sämtlichen Familienangehörigen manifestieren, ist also auch nach dem Tode noch wirksam. Wird die Ursache entdeckt und „aufgearbeitet" (über bioenergetische Resonanzphänomene, psychoanalytisch oder mental), verschwinden die durch den Fluch hervorgerufenen Beschwerden schlagartig bei allen Betroffenen, auch wenn diese von jener Auflösung gar nichts wissen![4] Bleibt die Ursache unerkannt, verfolgt die Krankheit die Familie „bis ins dritte und vierte Glied".

Vom Abt St. Gregorius (Papst Gregor der Große) wird berichtet, dass er über einen Mönch einen Bann sprach, weil jener drei Geldstücke bei sich trug.

„Danach über kurze Zeit starb der Bruder, und Gregorius wusste es nicht; als er es aber vernahm, ward er zornig, dass man ihn ohne Ablass hatte sterben lassen, und schrieb ein Gebet auf ein Pergament, darin er den Bann von ihm nahm. Das

---

Verlag, Eichstätt 1990, S. 68 der deutschen Ausgabe.

4   Forschungsgemeinschaft Frequenzen, Karlsruhe. F. Ochsenreither, persönliche Mitteilung.

gab er einem Diakon und gebot ihm, es über dem Grab des Verstorbenen zu lesen. Das geschah, und in der Nacht darauf erschien der Tote dem Abt und sprach: ,Bis jetzt war ich in Banden, seit gestern bin ich frei.'"[5]

Analog zum Fluch oder Bann bewirkt das aufrichtig gesprochene, gut gemeinte Wort Gutes für den Menschen. Wird es ebenso emotional verstärkt wie ein Fluch, kann es auch ebenso lange wirken (Spontanheilung, Besprechung). Zahlreiche Klöster sind zu ebendiesem Zweck gegründet worden: um dort für bestimmte Anliegen oder Personenkreise beten zu können und so das „manipulierbare Schicksal", soweit es im Rahmen des individuellen Heilsplanes vorgesehen und möglich ist, positiv zu beeinflussen.

Gesang und Kirchenmusik

Der Gesang ist eine intensivere Form des gesprochenen Wortes. Er erweckt nicht nur lokalisiert Resonanzphänomene, sondern beeinflusst ganze Organsysteme, schafft übergeordnete Regulationen, „massiert" gleichsam das physiologische und psychische Empfindungsvermögen. Während das gesprochene Wort dem Bewusstwerden von Empfindungen dient, erfahren die Gefühle durch den Gesang eher eine Befreiung oder Verselbstständigung, die

---

5   Legenda Aurea, S. 231.

sie loslöst von den physiologischen Banden und emotionalen Hemmnissen. Bezeichnend für diesen Befreiungsakt ist die Beobachtung, dass ein Mensch, der stottert, oft fehlerfrei singen kann. Gesang oder Gelächter kann auch von psychischen Fremdbeeinflussungen befreien.

Die durch den Gesang hervorgerufene emotionale Losgelöstheit macht frei und offen für neue Empfindungen, frei für den Empfang der göttlichen Allmacht und Gewalt, die in Seinem Wort und Seinen nonverbalen schwingungsaktiven Botschaften offenbart wird. Dieses Wirken Gottes geschieht dann ohne Zwang, ohne Gewalt, ohne kreative, zielgerichtete und erzwungene Aufmerksamkeit und Aufnahmebereitschaft. Beim Singen geistlicher Lieder wird Gott als reine Liebe erfahren, ohne intellektuelle Distanz und unbewusste Hemmnisse. Der Gesang ist autonom; sein Wirken verselbstständigt sich und lässt keine Ausflüchte mehr zu. Der Gesang ist wie eine Umgehungsstraße, die an den Hindernissen vorbei direkt und leicht zum Ziel geleitet.

Wer sich einmal einer gesungenen Messe, zum Beispiel von Mozart oder Haydn, einem gregorianischen Gesang oder dem melodischen „Gospodi pomiluj" der orthodoxen Glaubensgemeinschaften (entspricht dem Kyrieeleison des römischen Katholizismus) hingegeben hat, kann sich dem Wirken Gottes in dieser Musik kaum entziehen. Er ist eingenommen, fasziniert, wird bis ins Innerste seiner Seele ergriffen. Es kann zu einer wahren Gotteserfahrung kommen.

Gesang und Kirchenmusik waren im Urchristentum verpönt und wurden als Störung der Andacht empfunden. Diese Geisteshaltung geht von einem Ego aus, das von sich aus auf die Suche nach Gotteserfahrung gehen muss. Eine solche zweckorientierte Definition der Andacht lässt keinen Raum für mystische Erfahrungen. Natürlich kann Kirchenmusik störend sein, wenn sie zum Beispiel das private Dankgebet nach der Kommunion zu früh unterbricht. Zur „Erhebung der Herzen" und Schaffung einer spirituellen Atmosphäre ist sie – zum richtigen Zeitpunkt – jedoch durch nichts zu ersetzen.

Musik ohne Gesang tendiert aber auch zur Verselbstständigung, wird zwanghaft und neigt dazu, die Kraft der Gedanken und Worte zu unterdrücken, ja sogar gänzlich unwirksam zu machen. Dafür schafft sie einen neuen Raum, der vom Individuum durch seinen Geist und seine Hingabe ausgefüllt werden will. Hier kann Musik wirken wie Meditation mit erlöster Erwartungshaltung oder, mehr noch, wie ein spiritueller Sog, der den neu geschaffenen Raum anfüllen will mit dem Wirken des Heiligen Geistes.

Lesung und Homilie

Wie die Musik als Wegbereiter für die durch den Gesang aufkommenden Empfindungen fungiert, so wirken die geologischen „Zonen der Beredsamkeit" auf das gesprochene Wort. Im Gegensatz zum Gebet geht es hier nicht darum, eine aktive Beziehung zum gehörten Wort aufzubauen, also selbst zu agieren, sondern um ein Zuhören, um ein andächtiges offenes Aufnehmen der

Rede. Eben um dieses Aufnehmen zu erleichtern, wurden jahrhundertelang die geologischen Reizzonen unter den Kirchenbauten als „Leitschienen" genutzt, die über „Frequenzen der geistigen Beeinflussung" das Wort vom Verkündigungsort direkt in die „mentalen Aufnahmezentren" der Gläubigen transferierten. Die geologische Situation unter dem Ort der Verkündigung ist dabei von entscheidender Bedeutung. Ideal ist ein Kreuzungssystem von rechtsdrehenden Wasseradern mit „heiligen Frequenzen", über das ausschließlich positive (aus der Erde kommende) Informationen übertragen werden. Steht der Priester bei der Verkündigung nicht auf einer solchen Zone, geht sehr viel von der mentalen Kraft seiner Worte verloren, die sich dann „wie Schall im Wind" verteilen und niemanden direkt ansprechen.

Das gesprochene Wort erhält durch die bündelnde und verstärkende Kraft der geologischen Leitlinien eine Art dogmatischen Charakter. Es wirkt beeinflussend und befehlend, aber auch charismatisch. Dieser Wirkung kann man sich kaum entziehen, da man ja quasi gezwungen wird, die Schallschwingungen und begleitende geistige Informationen aufzunehmen. Nicht ohne Grund wurde dieses Wirkungsprinzip auch zu Propagandazwecken genutzt: Beispielsweise waren auch die Verkündigungsstätten der Nazipropaganda an entsprechenden geologischen Orten zu finden.

Durch Verkennen oder Nichtbeachtung der Kausalzusammenhänge zwischen dem Wort und seiner Wirkung hat sich die moderne liturgische Bewegung selbst in ein Abseits manövriert, das der Institution Kirche und ihren Gläubigen zum Nachteil gereichen muss. Es wäre sehr wünschenswert, dass hier bald ein Umdenken einsetzt und sich die für liturgische Reformen Verantwortlichen die Wirkung der alten Traditionen bewusst machen, entsprechend handeln und das uralte Wissen für die moderne Liturgie erhalten.

Segen und Orationen

Die Kraft des Wortes, des Segens und des offiziellen liturgischen Gebets wird verstärkt beziehungsweise unterstützt durch sakramentale Handbewegungen, Handhaltungen beziehungsweise Handstellungen. Die akustische Wirkung des gesprochenen Wortes erfährt in der Gestik der Segnung eine Verstärkung ihrer mental-energetischen Begleitkomponente.

In der liturgischen Anrufung (Gebet, Oration) erfährt das Wort auch eine Verstärkung durch die Auswahl der Sprache (Latein) und die Stereotypie der Redewendungen. Die Monotonie eines bekannten, weil oft gesprochenen, überschaubaren Textes ermöglicht dem Priester eine größere Konzentration auf den zu überbringenden Inhalt und erleichtert damit die für die Wirkung notwendige Imagination.

Die Orationsstellung (Gebetshaltung) mit seitlich erhobenen, angewinkelten Armen (W-Form) stellt im Rahmen der Runenmagie eine Kombination der *Sig*- und *Tyr*-Rune dar und ist das Symbol für die Überwindung des Irdischen. Sie verkörpert Gott als den Herrn über Leben und Tod[6]. Runenstellungen dienen dazu, die durch sie angesprochenen Kräfte an sich zu ziehen, auf sich wirken zu lassen und entsprechend weiterzugeben.

Vor dem 2. Vatikanum war mit der Orationsstellung auch eine bestimmte **Fingerhaltung** verbunden. Daumen und Zeigefinger wurden nach der Brotbrechung mit den Spitzen in Form eines „O" aneinandergelegt. Diese Fingerstellung diente der Bewahrung von Hostienpartikeln, die nach Berührung der Hostie möglicherweise noch an den Fingern hafteten. Da die Liturgie bis zur Handwaschung nach der Kommunion und der Säuberung der Patene keine zusätzliche Reinigung vorsah, ist dieses Argument zwar sehr gut, aber nicht zwingend beweiskräftig, denn die angesprochene Fingerhaltung entspricht der *Os*-Rune (eine Form der *Othil*-Rune) als Symbol des Empfangenden. Ihre Stellung besagt: „Wissend um die *Os*-Runenkraft bin ich Empfänger hoher geistiger Ströme. Empfangend stelle ich mich ein auf den Einstrom fördernder Kräfte." Es heißt aber auch: „Magisch wächst die Kraft meiner Worte, die Gewalt meiner überzeugenden Rede."[7]

Wenn man sich vergegenwärtigt, dass ein Priester die Orationsstellung im Rahmen der zur Wandlung gehörenden Hochgebete einnimmt, wird deutlich, dass er hier ein Maximum externer (göttlicher) Kräfte anruft, um die Wandlung der Hostien in den Leib Christi zu ermöglichen.

Da die Hände der Übertragung empfangener Kräfte dienen, kommt der **Handstellung** ebenfalls eine

---

6   Spiesberger, Runenmagie, S. 57.
7   Spiesberger, Runenmagie, S. 26 ff.

besondere Bedeutung zu. Offene Handflächen (Orationsstellung, Handauflegen, Segnen) ermöglichen die Abstrahlung von Kräften, während aneinandergelegte (geschlossene, gefaltete) oder verschränkte Hände die Kräfte „kurzschließen", also im Innern bewahren. Während des Hochgebetes werden nach dem Sanctus bei den Worten „Sende deinen Geist auf diese Gaben und heilige sie …" die Hände segnend über Brot und Wein gehalten. Damit die ausstrahlenden Kräfte nicht „kurzgeschlossen" werden, sollten die Hände sich nicht berühren, und auch die Daumen sollten besser nicht überkreuzt werden.

Gefaltete Hände sind Symbole des Bindens von Kräften. Sie sollten wohl ursprünglich Dämonen daran hindern, Besitz von den Betenden zu nehmen oder negative Effekte auf die heiligen Objekte auszuüben, beziehungsweise sie zwingen, dem Betenden zu gehorchen.[8] So verhüllt der Ministrant die Hände, wenn er die Bischofsinsignien (Mitra, Krummstab) trägt. Selbst der Priester verhüllt seine Hände, wenn er die Monstranz mit dem Allerheiligsten segnend erhebt. Gleichzeitig ist mit dem Falten der Hände aber auch ein Huldigungsgestus als Zeichen der Ergebenheit in Gottes Willen verbunden.

Das **Handauflegen** und die Kraftübertragung durch Segnen entspricht uralten Heilriten der magischen Kraftübertragung durch Berührung. Begnadete Menschen (Wotan, Asklepios, Jesus) heilten durch Handauflegung. Von Christus ist diese Fähigkeit auf seine Jün-

---

8 Bächtold-Stäubli: Deutscher Aberglauben, Stichwort „Hand".

ger und später auf Heilige und verschiedene geistliche Würdenträger (Bischöfe, Priester) übertragen worden. Aber auch viele „einfache" (und im Sinne des römisch-katholischen Christentums nicht nur gottgläubige) Menschen haben die Fähigkeit, mit ihren Händen zu heilen. In der Kraftübertragung durch die Hand wirkt der Heilige Geist. Jeder Mensch, der diese Kräfte hat, kann sie weitergeben.

Diese Fähigkeit muss durch die Kraft des Gedankens und Glaubens unterstützt werden, denn einzig der Glaube bildet den „Informationskanal" für das Überfließen der heilsamen, geistigen, bioenergetischen Kräfte. Gute Gedanken vermitteln auch positive Kräfte. Es ist erstaunlich, wie man einen Menschen, der sich einem im Zorn nähert, durch gute und liebevolle Gedanken spontan entwaffnen kann, sodass sein Zorn in manchen Fällen buchstäblich verraucht.

Wandlungsepiklese (Anrufung des Heiligen Geistes) und Transsubstantiationslehre

Nun kommen wir zum wohl schwierigsten und emotionsgeladensten Kapitel nicht nur der Messfeier, sondern vielleicht der christlichen Dogmatik überhaupt. Denn immerhin verlangt dieses Dogma, an eine reale Umwandlung von Brot und Wein in Fleisch und Blut zu glauben.[9] Der kirchlicherseits geprägte Begriff „Wesens-verwandlung" schließt den Glauben an eine substanzielle Umwandlung aber wohl aus, denn gewandelt hat sich das *Wesen* der Materie und nicht der Gegenstand selbst. Da eine reale Umwandlung (bezüglich der Substanzeigenschaften) aber außerhalb jeder Diskussion steht und ein reiner Symbolcharakter von der Kirche entschieden bestritten wird, ist an einen Mittelweg (eben die Wesensverwandlung) zu denken. Nach dieser Definition behalten Brot und Wein ihre ursprüngliche Gestalt und ihre physikalischen und chemischen Eigenschaften unverändert bei und nehmen nicht die äußere Gestalt von Fleisch und Blut an. Damit drängt sich die Frage auf, ob unter dem phänomenologischen Aspekt der Wandlung ein bleibender (oder wahrer) Kern verborgen ist oder nicht – und, wenn ja, ob diesem Kern eventuell auch außerhalb der Glaubenssphäre eine reale, nachweisbare Eigenschaft zugeschrieben werden kann.

Gabenbereitung

Das Herbeibringen der Gaben (Brot, Wein, Kollekte) ist ein Opferritus. Durch Geben öffnet sich der Gläubige und wird bereit, aktiv am weiteren Geschehen teilzunehmen. Die Begleitung durch Musik und insbesondere Gesang vertieft die emotionale Hingabe der Teilnehmenden.

   Die Hostien werden vom Priester als Geste der Huldigung und des Dankes, wohl aber auch zur Lenkung

---

9   Das Transsubstantiationsdogma beruht auf dem Beschluss des vierten Laterankonzils 1215 unter Papst *Innozenz* III. Die Lehre ist vor dieser Zeit und damit auch im Frühchristentum nicht nachweisbar.

der Aufmerksamkeit und Konzentration erhoben. Nach Sprechung eines Dankgebetes und Lobpreis wird der Messwein mit etwas Wasser vermischt und einem analogen Ritual mit Gebeten unterzogen. Die anschließende Inszenierung (Beweihräucherung) des Altares und Priesters (an Festtagen auch der Gläubigen) dient dem Entfernen unerwünschter (böser) Mächte und Kräfte als Vorbereitung auf die eigentliche Wandlung.

Handwaschung

Das Übergießen der Fingerspitzen mit Wasser entspricht einem Reinigungsritus. Dabei spricht der Priester leise ein Gebet, in dem er um sittliche Reinigung und um Reinheit der Seele und des Leibes bittet, damit er daraufhin dem Herrn löblich und würdig dienen kann.

Die geistige und körperliche Reinigung vor magischen Handlungen ist ein uraltes vorchristliches Ritual, das heute noch unverändert als Vorbedingung für die Entfaltung der geistigen Kräfte gilt. Die Handlungsweise ist unabhängig von religiösen Richtungen und dient einzig der Befreiung von hinderndem „Ballast" (Parallele zum Opfergang). Fasten und Meditation bewirken ähnliche Reinigungseffekte.

Nach biblischer Überlieferung ist das Händewaschen ein Zeichen der Unschuld (z.B. bei Pilatus). Im Judentum wird es als Reinigungsritus dazu verwandt, an den Händen haftende böse Mächte zu entfernen. Das Lexikon „Deutscher Aberglaube" gibt für die Handwaschung 25 Begründungen an, die mit Reinigungsintentionen und heilenden Kräften verknüpft sind. Auch Heiler, die mit ihren Händen arbeiten, bedienen sich des fließenden Wassers, um aufgenommene Krankheitskräfte (pathologische Schwingungen) zu entfernen. Ich persönlich bediene mich gern dieses Verfahrens, um nach der Arbeit mit der Rute (bei Untersuchungen von Häusern oder Menschen) die dadurch aufgenommenen Schadstoffschwingungen (wenigstens teilweise) abzuleiten oder ganz zu entfernen.

Franz Anton *Mesmer* konstruierte das „Baquet", ein wassergefülltes Becken, in welches zu Heilzwecken Anteile der Körperenergien des Patienten abgeleitet wurden.[10] Wilhelm *Reich* verwendete ähnliche Konstruktionen in seinem *Cloudbuster* („Himmelsakupunktur" zur Wetterbeeinflussung).[11]

Gabengebet, Gebet allgemein

Nachdem sich Priester und Gläubige auf den weiteren Verlauf der heiligen Handlung vorbereitet haben, wird gemeinsam darum gebetet, dass Gott die dargebotenen Gaben annehmen möge.

Durch die Erwartungshaltung einer Erscheinung oder eines Wunders wird das Gebet zur magischen Handlung, bei der eine überstarke Macht durch vereinte

10 Mellor, S. 85–138. In: Moderne Universalgeschichte der Geheimwissenschaften, Bd. 5: Medizin und Esoterik.
11 Bernd Senf: Die Forschungen Wilhelm Reichs IV. Orgonenergie, Wetterbildung und Wetterbeeinflussung. EMOTION 3 (1981), S. 5–17. Ders.: Strahlenbelastung, energetische Erstarrung der Atmosphäre, Waldsterben und Smog. EMOTION 7 (1985), S. 51–80. Eva Reich: Erinnerungen an Oranur und Cloudbustering. EMOTION 9 (1989), S. 4–13. EMOTION ist eine Zeitschrift der Wilhelm-Reich-Initiative Berlin. Verlag für die Bände 1–9: Nexus, Frankfurt/M.

Kräfte (Priester und Gläubige) quasi zu einem Eingreifen gezwungen wird. Das „Wunder" wird umso eher eintreffen, je mehr der Betende mit einem besonderen Charisma gesegnet ist (Priester, Mystiker, Heilige). Fühlt sich der erfolgreich Betende einer Religion zugehörig, so spricht man bei Erhörung der Gebete von Wundern, ansonsten von Zauberei (rein entwicklungsgeschichtlicher Unterschied); in letzterem Fall wird das Gebet zum Zauberspruch.

Das Gebet steigert die Kraft des Betenden (sakramentale Wirkung), es kann ihn in ekstatische Zustände versetzen und bringt ihn in eine innige Beziehung zu Gott. Beten heißt Rufen (anrufen, herbeirufen), Loben (Verherrlichung), Klagen (Ausrufen der gestörten Beziehung zu Gott), Bitten, Suchen oder Danken. Durch das Gebet wird die innige Beziehung zu Gott gestärkt und zugleich die wirksame Kraft der Gottheit zum Zwecke der Mithilfe bei der Wandlung herbeigerufen (Übertragung der Gotteskraft).

Das Gabengebet ist jedoch noch kein Wandlungsgebet. Es dient lediglich dazu, eine Verbindung zwischen Gott und den Versammelten aufzubauen und um die Annahme der Opfergaben zu bitten. Das Gabengebet wird damit zur Vorbereitung auf Höheres, Wichtigeres. Es dient der Konzentration der Kräfte auf die heilige Wandlung selbst.

Eucharistisches Hochgebet und Wesensverwandlung

Das Hochgebet (liturgischer Kanon) gliedert sich in ein großes Dankgebet über Brot und Wein sowie die eigentliche Wandlung. Nach neuerer Liturgie sind die Gläubigen durch Gebete, Gesänge und gesprochene Worte stärker in den Ablauf der Wandlungsgebete einbezogen. Nach den Wandlungsworten (Das ist mein Leib … Das ist der Kelch …) ist die Konsekration (liturgische Weihung, Transsubstantiation) vollzogen. Mit Dank- und Bittgebeten wird das Hochgebet abgeschlossen und die Kommunion eingeleitet.

Was unterscheidet Christi Leib und Blut (nach der Wandlung) von Hostie und Wein vor der Wandlung? Bezüglich der Wirkung auf unsere bekannten Sinnesorgane ist sicher keine Veränderung festzustellen. Charismatisch begnadete Christen und medial veranlagte Personen spüren jedoch einen Unterschied. So ist von der Stigmatisierten Therese Neumann von Konnersreuth (1898–1962) gut bezeugt, dass sie selbst unter Verhältnissen, die modernen Doppelblindversuchen entsprechen, konsekrierte Hostien einwandfrei von nichtkonsekrierten unterscheiden konnte. Über ihre Fähigkeit der Hierognosie (Erkennen von Reliquien, heiligen oder geweihten Dingen) liegen nach Boniface zahlreiche Erfahrungen vor, und es konnte ihr niemals ein Irrtum nachgewiesen werden.

„Dies trifft besonders für Partikel des heiligen Kreuzes oder anderer Christusreliquien zu (Fäden des Schweißtuches, des heiligen Rockes usw.); Therese reagiert sofort, wenn echte Kreuzpartikel einem ihrer Wundmale (besonders der Seitenwunde) genähert werden; und nun ist es ganz eigentümlich, dass sie auch auf ähnliche Weise reagiert bei der Berührung der mit ihrem eigenen Blut getränkten Wäschestücke. Wiederholt hat sie im Verlaufe solcher Versuche ausdrücklich betont: ,Das ist nicht mein Blut!'[12] Auch auf das Blut von anderen Stigmatisierten (Louise Latou) reagiert sie so wie auf ein geheiligtes Objekt.[13]

Vergleichbare Phänomene aus dem Forschungsbereich der Parapsychologie finden sich auch bei Friederike *Hauffe*, Justinus *Kerners* „Seherin von Prevorst" , Ursula *Benincasa*, Anna Katharina *Emmerich*, Louise *Latou*, Viktoria *Hecht*, Marie Rose *Ferron*, Marie-Julie *Jahenny*, Barbara *Brütsch* und vielen anderen Personen.

Aus magischen Ritualen, Beschwörungen und Besprechungen ist bekannt, dass Kräfte auf Objekte mental übertragen werden können, diesen Objekten lange Zeit anhaften und dort jederzeit von sensitiv veranlagten Personen wahrgenommen und erfühlt werden können. Mit der Rute ist diese „Imprägnierung" ebenfalls leicht nachweisbar (physikalische Radiästhesie).

In gleicher Weise können also auch Hostie und Messwein durch das Ritual eine wirkliche Wesensver-

---

12   Boniface: Therese Neumann, S. 117.
13   Höcht, S. 380.

änderung, eine anders geartete Ausstrahlungskraft erhalten. Sie werden durch die Konsekration mit den heiligen Schwingungen versehen, die auch im Altarbereich nachweisbar sind, wobei die drei Kräfte der Heiligen Dreifaltigkeit einzeln nachgewiesen werden können.

Die vom Gläubigen aufgenommene Hostie wirkt dann ähnlich wie ein Homöopathikum, nämlich bioenergetisch. Sie macht den Körper aufnahmebereit für die heiligen kosmischen Kräfte, welche die Natur beseelen und von spirituellen Menschen als göttlich bezeichnet werden.

Denn „die Lebenskraft des Menschen stammt aus seiner Verbindung mit der Allkraft. Sie kann ihn nur (dann) durchfluten und so mit Leben und Gesundheit, Gedeihen und Erfolg segnen, wenn diese Verbindung ungestört vor sich geht. Wo aber widrige Kräfte oder Mächte Eingang gefunden haben, kann die gute Kraft ihre Wirksamkeit nicht entfalten; es sei denn, dass Reinigung dem Menschen wieder seine ursprüngliche Integrität zurückgegeben habe."[14]

Demnach ist wohl die wichtigste Aufgabe eines jeden, durch dauernde Reinhaltung (Lebensweise, Beichte, Buße) der Leben spendenden Macht das Eingehen in den Körper zu ermöglichen.

Das gesamte ritualisierte Umfeld der Messfeier und die gläubige Lebensweise eines Christen sind eigentlich nur auf ein Ziel ausgerichtet: die Aufnahme der

---

14   Bächtold-Stäubli: Deutscher Aberglaube, Bd. 4, Spalte 1084 f.

kosmischen Kräfte und die eigene Integration in ihre Ordnung. Wenn jemand sich durch Sünde, chemische Substanzen (Drogen), Umweltgifte (Verbrennungsprodukte von Kunststoffen) oder bewusste Hinwendung zu dämonischen Kräften von der kosmischen Kraftzentrale abkoppelt oder abgekoppelt wird (Fluch), kann es dazu kommen, dass er abgrundtiefe Angstzustände erlebt, verkümmert, dahinvegetiert und bald ohne erkennbare äußere Ursache stirbt (Beispiele auch aus dem Bereich der Schwarzen Magie).

Der gläubige Christ lebt im Grunde nur für ein Ziel: die Erfüllung des Willens Gottes und die Vereinigung mit diesem. In ihm wirkt die heilige Eucharistie besonders: Die Aufnahme der gewandelten Hostie schafft in ihm ein Schwingungsfeld, das ihn vorbereitet zur Aufnahme der „göttlichen Resonanz". Und von dieser Resonanz war auch das Blut der Stigmatisierten (Therese *Neumann*) erfüllt (Wasser und Salze als Trägermedium für die Schwingungen); deshalb wurde es von ihr als ebenso heilig erkannt wie beispielsweise eine geweihte Hostie oder andere heilige Objekte, die auf die gleiche Weise von dieser Resonanz erfüllt waren.

Transsubstantiation und Kirchenlehre

Die Frage, ob Vegetarier die heilige Kommunion empfangen können, ist eine ebenso leidenschaftlich diskutierbare theologische Spitzfindigkeit wie die Frage, ob eine Maus „heilig" geworden sei, wenn sie eine geweihte Hostie gefressen habe.[15] Hier stehen sich Dogma und Wissenschaft scheinbar unvereinbar gegenüber. Das Dogma spricht von realem Fleisch und Blut unter wundersamer Beibehaltung aller bekannten Eigenschaften von Brot und Wein, wobei Christus in jedem Partikel vollständig gegenwärtig sei. Ein reiner Symbolcharakter des Eucharistischen Mahles wird seitens der katholischen Kirche entschieden bestritten. Damit stellt sich die Frage, ob das Dogma überhaupt mit dem normalen Menschenverstand vereinbar ist oder ob es vielleicht auch gar nicht damit vereinbar sein soll.

Das Problem scheint gelöst, wenn man sich von weltlichen Überlegungen und Ansichten abwendet und auf theologisches Gebiet begibt, auf dem mit Glaube und Weltanschauung operiert wird. Im theologischen Sinn handelt es sich nämlich nicht um grobmaterielle Umwandlungen, sondern um feine geistige Wirkungen der gewandelten Substanzen. Diese, allen Parteien gerecht werdende, Erklärung zielt unbewusst auf die oben erläuterte energetische Veränderung des Eucharistischen Brotes. Eine wirkliche energetische Veränderung geht jedoch noch über die theologische Interpretation hinaus, sie ist wirklich und wesenhaft auch im Sinne der Naturwissenschaften. Wenn Materie vom Geist beeinflusst werden kann (jeder Rutengänger kann das leicht überprüfen), dann wird auch die wissenschaftliche Forschung nicht ewig hintanstehen können. „Alternative" Gerätehersteller und Arzneimittelfirmen arbeiten bereits

---

15 Die Maus wird durch den Genuss der geweihten Hostie tatsächlich geheiligt. Die entsprechenden Energien sind dann in ihr nachweisbar. Aber nur für gewisse Zeit, denn sobald der Stoffwechselprozess das Hostienmaterial aufgelöst hat, bleibt die heilige Schwingung nur noch begrenzte Zeit bestehen und erlischt bald ganz.

seit vielen Jahren erfolgreich mit Frequenzmodulations-
geräten, um am Patienten pathologische Schwingungen
zu erkennen und diese durch konvertierte Schwingungen (Heilschwingungen) auszulöschen. Nach meiner
persönlichen Erfahrung ist es nicht abwegig, zu behaupten, dass in absehbarer Zeit auch mit „wissenschaftli-
cher" Methodik eine geweihte von einer ungeweihten
Hostie unterschieden werden kann!

Kultische Symbole und Handlungen mit eigenständiger Bedeutung

Über den Rahmen der Heiligen Messe hinaus soll hier die Bedeutung verschiedener Kulthandlungen aus deren historischen Anwendung heraus dargestellt werden.[1] Unter Berücksichtigung der jahrhunderte- bis jahrtausendealten Entwicklungsstufen und Anwendungsformen wird die Bedeutung der liturgischen Verwendung von kultischen Elementen deutlicher und in Bezug auf ihren bioenergetischen Gehalt einprägsamer als aus den offiziellen Interpretationen vonseiten kirchlicher Bewusstseins- und Glaubenslenkung. Dennoch sind die hier darzustellenden liturgischen Elemente nicht in isolierter Verwendung zu betrachten, sondern stets im Zusammenhang mit dem gesamten Ritual der Messfeier oder analoger sakramentaler Handlungen. Ohne die Integration in ein Gesamtkonzept würde jede kultische Handlung in sich selbst an Bedeutung verlieren und für das Erleben des Menschen bedeutungslos bleiben. Eine Transformation des Symbolelements in Energieformen zur Verwendung in der persönlichen spirituellen Entwicklung kann nur unter ihrer Anwendung im einbettenden und strukturierenden Charakter (Matrix) des Rituals erfolgen, das gleichsam als „Gebrauchsanweisung" oder „Wesenslenkung" der dem Symbol inne-

---

1   Zum Quellenmaterial dieses Kapitels vgl. das Werk von Bächtold-Stäubli, Deutscher Aberglaube, unter Zuhilfenahme der in den Abschnittsüberschriften verwendeten Stichworte.

wohnenden bioenergetischen Kraft verstanden werden
kann und nur mit seiner Hilfe an Bedeutung gewinnt.

Magische Kraft des Wortes und Namens

Ist es der Sinn,
der alles wirkt und schafft?
Es sollte stehn:
Im Anfang war die Kraft!
(Goethe, Faust)

Dem menschlichen Wort wurden stets große Kraft und
Wirksamkeit zugeschrieben, denn mit ihm weckt der
Mensch die um ihn und in ihm herrschenden Kräfte. So
sagt man, dass der Mensch nicht den Mund dem Satan
öffnen solle, denn durch das Aussprechen des Bösen
werde der Satan geweckt, „denn das Wort aus meinem
Mund kommt nicht leer zurück" (Jes 55,11). Analog
wirken Gebet, Anrufungen des Schöpfers, Nennung
Gottes mit verschiedenen kraftvollen Namen (*Adonai*,
Zebaoth, *Jehovah* etc.) als Erweckungen für die göttlichen Kräfte, die in und um uns sind, denn das Reich
Gottes besteht nicht aus Worten (Philosophien), sondern
aus der Kraft, die darin liegt (1. Kor 4,19–20).

Der Name einer Gottheit wird also mit seiner
Kraft gleichgesetzt, was dazu geführt hat, dass in den
Hinduschriften etwa 1000 Namen für Gott existieren
(„Gott der 1000 Namen"), von denen jeder eine etwas
andere philosophische Bedeutung hat.

Der Name *Beelzebub* für den „Lichtbringer"
(nach Mt 12,24) ist möglicherweise vom keltischen Sonnengott *Belenos* ableitbar. *Bhel* ist
gleichzusetzen mit „leuchtend". *Bal* gilt als ein
Sonnengott und Schöpfer des (materiellen) Weltalls. *Al* ist das All und das Licht. *Bal* wurzelt in der
Vorstellung, dass die Sonne eine feurige Kugel
(Ball) ist; andererseits wird der Sonnengott als
Stier (Bulle) dargestellt, was wir auch in der Anbetung des Goldenen Kalbes der Baalspriester
wiederfinden.

Der Name Gottes als Bezeichnung für die
Schöpfungsintelligenz ist die Bezeichnung für die
aus der Urschwingung hervorgehende Kraft, für
den kosmischen Laut, aus dem alles geschaffen
ist. Die Inder und Tibeter sprechen diesbezüglich
von der Silbe OM beziehungsweise HUM; das ist
das Schöpfungswort als Zeugnis der göttlichen
Gegenwart, auf die man sich durch Resonanz
einschwingen kann. „Das sagt, der AMEN heißt,
der treue und wahrhaftige Zeuge, der Anfang der
Kreatur Gottes" (Offenb. 3,14), denn „im Anfang
war das Wort, und das Wort war bei Gott, und Gott
war das Wort … Alle Dinge sind durch dasselbe
gemacht, und ohne dasselbe ist nichts gemacht,
was gemacht ist" (Joh 1,1–3). Das OM der Ve-
den wurde so zum heiligen Wort HUM der Tibeter,
dem AMIN der Mohammedaner, dem AMEN der
Ägypter, Griechen, Römer, Juden und Christen.
Name (Wort) und Kraft werden zu einer Einheit, wie
Johannes es ausdrückte in der Offenbarung (19,

11–21): „… und er hatte einen Namen geschrieben, den niemand wusste, denn er selbst … sein Name heißt ‚das Wort Gottes'".

Namen gehen vielfach auf unvorstellbar alte Zeiten zurück, die nur noch in den Mythologien in unsere Kultur Eingang finden. So berufen sich Ägypter, Sumerer und Kelten in ihrem Ursprung auf Lichtgötter aus Atlantis, welche die uns überlieferte Kultur und Namen prägten. Hier werden der ursprünglich indogermanisch-sumerische *Artus* und sein Volk als Begründer unserer Zivilisation beschrieben. *Artus* zeugte mit *Guinevere* (Namensursprung für *Eva*) einen Sohn namens *Mikli* oder *Miok*, der später vom Christentum als Erzengel *Michael*[2] (der Erzengel des Lichtes und des Feuers) adaptiert wurde und mit dem bösen *Loki* (*Luzifer*) kämpfte, so wie es *Horus* mit *Set* tat. Später wurde die Artusfigur in der Edda zum Gott erhoben und taucht als *Indra*, *Zeus*, *Thor*, *Lugh* und in der Person des heiligen *Georg* wieder auf.[3]

Die bioenergetische Vorstellung der Wirksamkeit des gesprochenen Wortes geht dahin, dass die Worte gleichsam als Schwingungen in der Luft schweben (vergleiche die besondere Akustik in bestimmten Kirchen, „Engelsharfe"), einen Anknüpfungspunkt (Resonator[4]) suchen und dann an diesem haften bleiben.

2 *Macha-El*, Sanskrit/hebräisch: höchste Gottheit.
3 Hope: Magie und Mythologie der Kelten (3. Auflage), S. 59.
4 Resonanz ist ein physikalisches Phänomen, bei dem Schwingungen (z.B. Schall) auf einen diese Schwingungen energetisch umsetzenden Körper treffen. Stimmt die Schwingungsfrequenz des Körpers mit der Erzeugerfrequenz überein, kommt es zu einem Mitschwingen (Resonanz). Das Mitschwingen gelingt nur, wenn der Körper auf die

Die Aufmerksamkeit und bewusste Öffnung für das Wort moduliert die körpereigenen Resonanzstrukturen, sodass eine wirkungsvolle Aufnahme des Wortes möglich wird. Deshalb kann ein Fluch auf einen Menschen ebenso zerstörend wirken wie das Wort Gottes segensreich und aufbauend. Im Wort sitzt die Kraft, die sich im Lied steigert und im Tanz zur Vollendung kommt. Damit erschöpft sich die Wirksamkeit des Wortes nicht in seiner physikalisch messbaren Leistungskomponente der Schallschwingung. Nicht die Schallenergie soll übertragen werden, sondern die Intention des Wortes. Die Schallschwingung soll das übermitteln, was ausgesagt werden soll: eine Absicht, eine Lektion, ein Gefühl, eine Lehre, eine Information auf geistigem Wege. Die physikalische Schallschwingung ist dafür nur eine Trägerkomponente. Für die Aufnahme des geistigen Gehaltes vom gesprochenen Wort müssen dem Menschen vielfach erst die Ohren „geöffnet" werden, wie es im Taufritus geschieht. „Wer Ohren hat, der höre" war ein häufiger Ausspruch Christi (Mt 11,15).

Die Wirkung eines Wortes oder Spruches beruht aber auch auf dem Glauben an die Wirksamkeit eines gesprochenen Wortes, z.B. dem Glauben daran, dass ein drohendes Unglück oder Unheil durch einen (Zauber)spruch abgewendet werden kann. Wenn also schon das einfache Wort oder der einfache Spruch eine derart wirksame Kraft

Erregerfrequenz „abgestimmt" ist (Angleichung an die Wellenlänge der Schwingung im physikalischen Sinne). In Organismen wirken molekulare Strukturen, Nervenfasern, Organe, Organsysteme und sogar Gliedmaßen als Schwingungen empfangende Resonatoren. Es gibt auch eine „mentale Abstimmung" für Schwingungen, ihr Resonanzort ist unbekannt (Chakren?). Vgl. auch: Siegfried Grabowski: Über natürliche Radiästhesie und Antenneneffekte molekularer Strukturen. Grenzgebiete der Wissenschaft, 41 (1992), S. 51–79, Resch-Verlag, Innsbruck.

besitzt, wie groß muss dann erst die Kraft eines ritualisierten Wortes (Gebet, Zauberspruch) sein, in welches vom Verkünder alle emotionale Kraft gelegt wird?

Aus bioenergetischer Sicht ist es keinesfalls positiv zu werten, dass die Messfeier heute überwiegend in deutscher Sprache statt in Latein abgehalten wird. Kein Magier wird auch nur im Traum daran denken, Anrufungs- und Beschwörungsrituale aus der historischen Entwicklung in deutscher Sprache anzuwenden, weil er um ihre Unwirksamkeit weiß. Die Absicht des Sprechers und seine emotionale Kraft können ein magisches Wort wohl verstärken oder brechen, kaum aber dessen ursächliche Wirkung begründen, die in erster Linie auf dem unverfälschten Wort*klang* basiert.

Auf dem Wortklang basiert auch die Wirksamkeit der transzendentalen Meditation (Mantra-Meditation, begründet 1956 durch *Maharishi Maresh Yogi*). Diese lehrt die verbale oder schweigende Rezitation eines Wortes (z.B. des altindischen Gottesnamens OM). Auch hier ist der Laut entscheidend und nicht der Sinn. Der so Meditierende gewinnt dadurch an Sammlung und Tiefe, die ihn wandeln und ihm den göttlichen Ursprung zugänglich machen können.

Gebete oder Mantras sind heilige Formeln, die in sich die Macht des Wortes tragen, eine Verbindung von Silben, die einem bestimmten Zweck dienen. Das Mantra-Gebet wird nur wirksam, wenn bei seinem Aussprechen nicht nur die Intonation, der Rhythmus und die Betonung genau beachtet werden, sondern wenn ihm auch die erforderliche innere Sammlung und Konzentration vorangeht beziehungsweise diese das Gebet begleitet.

So kann man mit dem Mantra durchaus übersinnliche Fähigkeiten erwecken. Beispielsweise setzt die ständige Wiederholung eines Gottesnamens die Seele in Verbindung mit ihm. *Sri Rama Krishna* pflegte zu sagen, der Name Gottes und Gott selbst seien identisch. Auch von *Pater Pio* ist das Mantra-Gebet bezeugt; er sprach entsprechend (unverständliche) Worte vor der sakramentalen Lossprechung im Beichtstuhl.[5]

Die Wirksamkeit des Wortes scheint auf einem Grundprinzip zu basieren, das wir aus der Homöopathie kennen. Das dort geltende „similia similibus curantur" besagt, dass ein Mittel nur dann heilt, wenn es in seiner Arzneimittelwirkung ähnliche (oder sogar gleiche) Symptome hervorruft oder Wirkungen hervorbringt, wie sie von der zu heilenden Erkrankung ausgehen. Auf das Wort bezogen bedeutet das, dass ein schädigendes Wort das Beschädigte heilt und dass Schädigendes gleichsam vor Schaden schützt. Ist ein Mensch also durch die Wirkung eines schädigenden Wortes belastet, so kann diese zunichte gemacht werden, wenn man gegen dieses belastende Wort ein neues schädigendes Wort richtet, das die Wirkung des ursprünglichen Wortes aufhebt. Auf diesem Prinzip basiert auch die Wirkung des Exorzismus, auf die später noch eingegangen wird.

5   Pater Derobert: Pater Pio, S. 596 ff.

Gebet und Zauberspruch

Das Gebet als Kulthandlung ist eine Erscheinungsform aller Religionen; in ihm äußert sich das Verhältnis des Menschen zum Göttlichen. Gebete von Personen, die keiner Glaubensgemeinschaft angehören beziehungsweise keine christliche Intention haben, gelten als Zauberei, dienen aber ebenfalls dem Zweck, mit übernatürlichen Kräften in Verbindung zu treten bzw. schädigende Einflüsse durch eine entsprechende Wortwahl abzuwehren.

Für das Unterscheiden zwischen Gebet und Zauberspruch gilt als sicherstes Merkmal das Verhältnis des Beters zur Religion, aber auch zum Willen des Gottes, an den das Gebet gerichtet ist. Das private Gebet im außerliturgischen Rahmen dient heute weniger der Aufrechterhaltung eines Kontaktes mit der Gottheit, sondern beschränkt sich auf Bitten um leibliches oder geistiges Wohlergehen, also um eher materielle Werte, und nähert sich damit von der Intention her dem Zauberspruch – im Sinne eines „Erzwingenwollens" bestimmter Ziele. Unter diesen Gesichtspunkten dient das private Gebet:

- dem Erzwingen einer magischen Handlung. Damit soll die Kraft einer höheren Wirksamkeit gezwungen werden, bestimmte Erscheinungen oder Wunder im Menschen selbst oder seiner Umwelt zu bewirken;
- der Vertreibung von bösen Geistern, Kräften und Dä-

monen. In allen sakramentalen Handlungen des Christentums spielt diese Funktion im Exorzismus eine bedeutende Rolle;

- dem Hervorbringen einer sakramentalen Wirkung. Dabei soll das Gebet die Kraft des Gläubigen steigern und ihn in innige Beziehung zur angebeteten Gottheit setzen;
- dem Zweck, die Kraft der angebeteten Gottheit zu verstärken. Durch Lobpreise und Opfergaben wird versucht, die Beziehung zwischen Mensch und Gottheit zu festigen, sodass Gott geneigter wird, gütig und großzügig zu sein.

Gebete gelten in weiten Kreisen als Gott wohlgefällig und wunderkräftig, sodass man davon ausgeht, durch sie Heilungen von schweren Leiden bewirken zu können.[6] Im sogenannten „Gesundbeten" kann zweifellos die Grenze zwischen christlichem Gebet und Zauberei überschritten werden, wenn das Gebet (wie bei Martin *Luther)* einen beschwörenden, zwingenden Charakter annimmt. Redewendungen, wie beispielsweise „höre mich", wird man sowohl in Gebeten als auch in Zaubersprüchen finden, sodass eine eindeutige Abgrenzung unmöglich wird. Das Totbeten allerdings wird man immer in den Bereich des Zaubers verweisen, weil es mit einer Zuwiderhandlung gegen die Gesetze Gottes verbunden ist. Aber ist nicht auch Satan eine Schöpfung Gottes, uns zur Seite gestellt, damit wir das Heil durch die Gegenwart der Opposition erkennen?

---

6   „Weder Kraut noch Wundpflaster machte sie gesund, sondern dein Wort, Herr, das alles heilt." (Weish 16,12).

Noch heute erteilt die Kirche ihr „Imprimatur" (Genehmigung zur Drucklegung theologischer Werke) für Gebete, in denen das Wort „Beschwörung" explizit ausgesprochen wird: So heißt es in einem Rosenkranzgebet zur Gottesmutter als Königin der Engel: „Seligste Jungfrau Maria, du Siegerin im Kampfe gegen Satan und seine Macht, ich beschwöre dich im Namen dessen, den du vom Heiligen Geist empfangen und in Bethlehem geboren hast: Befreie uns von seiner Gewalt.[7]

Auch Gebete mit der eindeutigen Intention des Exorzismus (nicht wie oben als Bittgebet formuliert, sondern um die Kraft des Wortes zu erzwingen) können die Grenze zwischen Gebet und Zauberei überschreiten.

Die Kraft eines Gebetes wie auch des Zauberspruchs kann durch Wiederholungen gesteigert werden (Litaneien, Kettengebete, Rosenkranz, Gebetsmühlen). Das laut gesprochene Gebet ist in der Regel wirkungsvoller als das geflüsterte oder stille Gebet. Leise wurde ursprünglich gebetet, wenn man Wert auf die Geheimhaltung des Gebetsspruches beziehungsweise des Zauberspruches legte.

Die durch das Gebet freigesetzte Kraft richtet sich aber nicht nur auf die Kommunikation mit globalen kosmischen oder göttlichen Kräften. Durch das Gebet wird es auch möglich, Kräfte auf Gegenstände zu übertragen, die dann heilsame Wirkungen auslösen (Amulett, Agnus Dei, Wachsbilder von Heiligen usw.). In diesem Sinn kann auch das Tischgebet verstanden werden. Durch Gebet und Segnen der Speisen werden göttliche Kräfte auf die Speisen übertragen. Die Übertragung ist radi-

---

7 Holböck/Isenegger, S. 323.

ästhetisch nachweisbar. Durch Essen und Trinken kann man dann die Kraft des Gebetes in sich aufnehmen.

Exorzismus, Benediktionen

Exorzismus ist der Kampf zweier einander widerstrebender Kräfte. Es ist die Anwendung einer (positiven) Kraft einer anderen (negativen) gegenüber, wobei die stärkere Kraft des Exorzisten unter Zuhilfenahme der Anrufung Gottes die Kraft der Dämonen besiegt und diese vertreibt. In diesem Sinne sind auch Benediktionen (Segnungen) Exorzismen, da mit dem Beschwören der göttlichen Kraft dämonische Mächte vertrieben werden.

Exorzismen sind kultische, religiöse oder magische Handlungen, mit denen böse Geister, negative Einflüsse, dunkle Mächte oder Gewalten ferngehalten oder vertrieben werden sollen. Der Abwehrzauber ist demnach das zentrale Element des Exorzismus. Er kann durch Anrufung der dämonischen Macht bewirkt werden (denn durch die Belegung des Dämons mit einem Namen kann man seinen Gehorsam erzwingen), aber auch durch die Anrufung Gottes als kämpfende und kraftspendende Gegenpartei.

Die Kenntnis des Namens eines Dämons verleiht dem Exorzisten Macht über ihn und zwingt ihn, seinen Befehlen zu gehorchen. Auch die Anwendung diverser

Zauberwörter beruht auf der Kraft des Wortes in Verbindung mit einem Namen. Wörter wie *Abrakadabra*, *Abraxas* oder *Abrasax* sind keine Zauberwörter im eigentlichen Sinn, sondern leiten sich von alten Gottesnamen ab.[8]

Exorzismen können angewendet werden in Form von akustischen Mitteln (Lärm, Glockengeläut, Musik), durch Worte (Beschwörungsformeln, Gebete, Sprüche, Namen), Körperbewegungen (Gebärden, Kreuzzeichen, Hauchen, Tanz) oder Anwendung geheiligter Gegenstände (Amulette, Kräuter, Kreuz, Heiligenbilder, Bibeln, Reliquien, Weihwasser, Hostie, Salz, Feuer, Räucherungen usw.).[9] Entscheidend für die Wirksamkeit eines Exorzismus sind neben dem Segen, der auf dem dabei verwendeten Gegenstand ruht, vor allen Dingen das Charisma des Exorzisten beziehungsweise Priesters, seine Kenntnisse im Umgang mit Heilmitteln und dem Wirken dämonischer Mächte sowie seine psychischen und physischen Fähigkeiten.

Die geistige Grundlage des Exorzismus ist die tatsächliche Dämonenaustreibung mit der Intention der Befreiung und Heilung (Pastoralmedizin). Der Glaube an die Wirklichkeit und Wirksamkeit der Besessenheit ist zwar kein erklärter Glaubenssatz, gilt aber doch nach den Aussagen aller Päpste und Synodalbeschlüsse als

---

8 Das Wort *Abraxas* stammt aus dem System des gnostischen Philosophen *Basilides* (2. Jahrhundert n. Chr.), wo es der Name des Herrschers der 365 Himmel ist (Kakosy: Zauberei im Alten Ägypten, S. 216). Nebenbei sei darauf hingewiesen, dass heute bereits Dämonennamen in (hochgiftige) Kosmetikartikel etc. Eingang gefunden haben. Das Böse (Gift, Obsession) ist hier explizit bezeichnet und wird dennoch vom Käufer akzeptiert.

9 Von St. Barnabas, dem Apostel, wird berichtet, dass er durch Auflegen des Matthäusevangeliums Kranke und Schwache mit der Kraft Gottes heilte (*Legenda Aurea* des Jacobus de Voragine, S. 402).

offenbartes Dogma (päpstliche Unfehlbarkeit). Die kirchlichen Anweisungen für Exorzismen sind im Rituale Romanum niedergelegt.

Historisch gesehen werden Exorzismen überall dort angewandt, wo der Glaube an schädigende unreine Kräfte und böse Geister lebendig ist. Dabei richten sich die Bannsprüche stets nur gegen Geister, die jemanden persönlich bedrohen, setzen also den Glauben an solche voraus. Die protestantische Kirche kennt offiziell keinen Exorzismus. Dennoch wurden gelegentlich auch von protestantischen Pfarrern Exorzismen durchgeführt (Johann Christoph *Blumhardt*, Gottliebin Dittus).[10] Die katholische Kirche unterscheidet „ihren" Exorzismus streng vom magischen oder dem des Volksglaubens, das heißt, sie verwirft alles, was nicht von einem ihrer Priester vorgenommen wird, welche als Einzige die Befugnis haben, über Gut und Böse zu entscheiden. In Ermangelung diesbezüglicher Aufklärung hat der Gläubige kaum Möglichkeiten, ihre Aussage nachzuprüfen.

Räucherungen, Weihrauch

Räucherungen mit Weihrauch werden heute im kirchlichen Rahmen oft nur noch bei besonderen Festlichkeiten beziehungsweise an Feiertagen angewendet. Dieses in der Bevölkerung sehr beliebte liturgische Element hat

10 Vgl. Blumhardts Kampf.

mittlerweile nur noch einen schwachen Abglanz seiner ursprünglichen Verwendungsvielfalt und Prachtentfaltung. Dass nur noch selten Weihrauch benutzt wird, hat den festlichen Charakter der Messen sehr geschmälert, sodass schon aus diesem Grund eine häufigere Verwendung wünschenswert erscheint.

Wie Blitz und Donner innerhalb der Naturgewalten sind auf der Ebene des sinnbildlichen, magischen und religiösen Denkens Feuer und Rauch nicht voneinander zu trennen. Das auserwählte Volk wurde im Exodus bei Nacht von einer Feuer- und tagsüber von einer Rauchsäule geleitet. Der Heilige Geist erschien zu Pfingsten in Form von Feuerzungen. Die Seele entweicht bei Verstorbenen als Rauchwolke oder helles Licht. Geister erscheinen und verschwinden in Rauchform. Die Pest wird durch Rauch, schwarze Wolke oder Nebel versinnbildlicht. Glühende Kohlen und Weihrauch dienten spätestens seit dem ausgehenden Mittelalter als Mittel zur Wahrsagung (Kapnomantie). Formen des Kerzenorakels benutzen ebenfalls Feuer und Rauch. Dem Kerzenrauch wird nachgesagt, dass er den armen Seelen im Fegefeuer zugute komme. Auch das Erscheinen von Dämonen wird mit Feuer, Rauch und Gestank belegt.

Vielleicht geht die Praxis der Beweihräucherung des Altares aber auch auf Berichte aus dem Alten Testament zurück, laut denen eine Rauchsäule über der Bundeslade die Anwesenheit des Herrn im heiligen Zelt verkündete. Der nahe liegende Gedanke, den Rauch mit den alten Rauchopfern in Verbindung zu bringen und damit Weihrauch als eine reine Opfergabe anzusehen, lässt sich kaum aufrechterhalten, weil die Praxis der Weihrauchanwendung dagegen spricht. Ursprünglich war wohl die übel riechende, aber auch konservierende Kraft des Rauches Anlass für eine Räucherung.

Bei sympathetischen Krankheitskuren[11] kann man Dinge, die stellvertretend für den Leidenden oder das Leiden sind, entweder verbrennen oder in den Rauch hängen. Räucherungen gelten generell dem Abwehrzauber, wie auch ihre Verwendung im Brauchtum der Rauchnächte, Notfeuer, Jahresfeuer, Freinächte, schwarzen Nächte usw. zeigt. Noch heute üblich ist das Ausräuchern des Hauses und der Ställe mit Weihrauch oder geweihten Kräutern nach Krankheiten und insbesondere an den Vorabenden hoher Feste (Christnacht, Dreikönig, Fastnacht, Thomasnacht, Nikolausnacht, Walpurgisnacht, Andreasnacht, Hubertusnacht, St. Ruprecht, Klöpfelnächte, Luziennacht, Silvester). Dabei werden Gebete gesprochen, um Hexen und böse Geister zu vertreiben, was die ursprüngliche Absicht des Räucherns als Abwehrzauber zeigt.

Jeder Rauch wirkt in irgendeiner Form bannend und schützt sowohl den Anwender als auch das beräucherte Objekt. Aus diesem Grund werden Särge mit Weihkräutern ausgeräuchert und bei sakralen Handlungen geweihte Kerzen aufgestellt. Rauch gilt aber auch als

---

11 Sympathetik, Sympathie (sympatheia = Mit-leiden) bezeichnet im Neuplatonismus ein kosmisches Prinzip, nach dem alle Teile über das Ganze spirituell oder materiell (energetisch) miteinander verbunden sind. Bei einer sympathetischen Krankheitskur werden Ausscheidungen des Kranken oder Dinge, die mit dem erkrankten Körperteil in Berührung kamen, eventuell auch nur Modelle erkrankter Gliedmaßen oder Organe, unter einem magischen Ritual vernichtet. Mit der Vernichtung dieser Dinge soll dann auch die Krankheit schwinden. Sympathiekuren bezwecken aber auch die Herstellung einer symbolischen Gemeinschaft. Die gemeinsame Speise (vgl. Eucharistie) gilt als ältestes Mittel, um eine solche Einheit herzustellen.

Zitierzauber, mit dem gute wie böse Mächte herbeigerufen werden können. Aus diesem Grund wurde die früher häufigere medizinische Anwendung von Tabakrauch vielfach von den kirchlichen Behörden bekämpft. Viele ältere Menschen kennen vielleicht noch die Praxis, bei Gewitter das Feuer zu löschen oder kein Herdfeuer neu anzuzünden. Dem liegt der Gedanke zugrunde, dass der Rauch als „Informationskanal" für dämonische Kräfte (Gewitter) dient, die auf diese Weise in das Haus eindringen könnten. Das Aufstellen von Wetterkerzen dagegen hat wohl weniger mit dem Rauch zu tun als mit der Kerze an sich; diese Thematik wird später noch genauer behandelt.

Rauch verändert die emotionale Wirkungssphäre eines Menschen (Reaktionsabstand, Yin/Yang-Prinzip). Sie wird verkürzt oder verlängert, was auch eine Frage des Materials und der Konzentration ist. Bei Verkürzung besteht eine Tendenz zur Aktivierung des sympathischen Nervensystems (Sympathikotonie). Eine Folge davon ist eine erhöhte Reaktionsbereitschaft des nervalen Systems, einhergehend mit einer ebenfalls erhöhten Entzündungsbereitschaft von Körpergeweben (sensible Personen können sich durchaus eine Weihrauchvergiftung zuziehen, denn Verbrennungsprodukte von Harzen enthalten toxische Substanzen). Wenn ein introvertierter, unter Umständen verkrampfter Mensch Weihrauch einatmet, kann er durch eine Erweiterung des körpereigenen Reaktionsabstandes vorübergehend zum Gegenteil gewandelt werden. Er wird aufgeschlossen und wirkt sympathischer (Wirkung auch von Parfüms). Die

Räucherung bei kirchlichen Handlungen bewirkt Ähnliches, der Reaktionsabstand wird erweitert, was psychisch einem Abwenden vom rein Verstandesmäßigen und einem Hinwenden zum Gefühlsmäßigen entspricht. Volksstämme in Äquatorialgebieten (hier herrscht aufgrund der Witterung ein kurzer Reaktionsabstand) tragen Metallreifen, um den Reaktionsabstand zu verlängern; sie wirken damit der Entzündungsbereitschaft entgegen.[12]

Wir können uns dieser Thematik auch von einer anderen Seite aus nähern: Rauch und Dämpfe werden verwendet, um schädigende Kräfte und Wirkungen zu vertreiben, zu zerstören oder aufzulösen. Das gilt für den kirchlichen Gebrauch ebenso wie für die außerkirchliche Anwendung und magische Praxis. Doch führt uns erst der medizinische Anwendungsbereich der Räucherungen zu einem wirklichen Verstehen dieses Prozesses, nämlich in seiner Auswirkung auf bioenergetische Regulationsprozesse: Energetisch gesehen ist Krankheit (hervorgerufen durch substanzielle Toxine oder geistige Ursachen) immer eine Störung beziehungsweise zielgerichtete störende Beeinflussung biokybernetischer Regulationsprozesse, die nur durch Aufhebung der durch die Störung bewirkten Regulationsstarren gelöst werden kann. Sieht man das Krankheitsphänomen als einen rein energetischen Prozess, wird klar, dass dieser auch durch energetische Vorgänge wie Räucherungen (fein verteilte, hochwirksame Substanzpartikel) beeinflusst werden kann.

12 Hartmann: Krankheit als Standortproblem, Bd. 1, S. 69 f.

Ein Wohnraum kann beispielsweise durch ein Holzschutzmittel belastet sein, auch wenn die verursachende Quelle längst beseitigt wurde, weil die toxischen molekularen Schwingungen sich den anderen Möbeln mitgeteilt haben und hier haften bleiben (Prinzip auch der „Psychometrie" im parapsychologischen Rahmen). Räuchert man nun mit einer homöopathischen Potenzierung des verursachenden Schadstoffes, ist der Rauch beziehungsweise Dampf in der Lage, die verbliebene Belastung über energetische Wechselwirkungen zu kompensieren und so zu beseitigen, dass nun auch auf energetischer Ebene kein Schadstoff mehr nachzuweisen ist (z.B. mit Rute oder Pendel, deren Auslenkung letztlich auf feinen Körperreaktionen beruht).

Das also sind die Gründe für die vielseitige Verwendung von Weihrauch in der Kirche. Man braucht nicht unbedingt die Angst vor Dämonen zu zitieren. Das Vorhandensein böser Gedanken oder Sünden der anwesenden Gläubigen reicht aus, um das Messopfer störend zu beeinflussen und die sakramentale Wirkung der Eucharistiefeier zu mindern oder gar unmöglich zu machen. Auch dies ist ein Kampf der Mächte des Heiligen Geistes gegen die mentale Kraft der Gläubigen. Der Weihrauch dient also einfach als Schutzfaktor für das Messritual und als Lebenshilfe für die Anwesenden. Nur wenn sich die Wirkung des Heiligen Geistes voll entfalten kann, können auch alle Gläubigen optimal davon profitieren. Gebetserhörungen und Wunderheilungen finden hauptsächlich in Wallfahrtskirchen statt, in denen nicht an Räucherungen gespart wird. Damit wird eine heilige, Kraft spendende Atmosphäre geschaffen, die sensible Personen sofort spüren. Der Weihrauchdampf ist jedoch nicht selbst Informationskanal für die göttlichen (kosmischen) Kräfte, sondern reinigt diesen lediglich, sodass die segensreiche und Leben spendende Kraft in den Menschen einfließen und ihn durchströmen kann.

Glocke, Glockenläuten

Die Wirkung des Glockenläutens in Volkssage, Aberglaube und Brauchtum basiert möglicherweise auf dem innigen Verhältnis der Landbevölkerung zu ihren Kirchen, deren Glockenläuten das Leben des Menschen von der Wiege bis zum Grabe begleitet. Auf diese Weise wurde der Volksglaube in Bezug auf die Wirkungen des Glockenläutens eng mit dem christlichen Kult verknüpft.

In der deutschen Volkssage erscheint die Glocke als ein beseeltes, ja sogar vernunftbegabtes Wesen, eine Herrin mit Stimme und Bewegung. So kann sie von selbst erschallen, aber auch eigensinnig schweigen (Glockenwunder[13]). Auch gilt sie als Pflegerin der Gerechtigkeit, die Missbrauch bestraft. In diesen Rahmen der Beseelung gehört auch die verbreitete Vorstellung, dass die Glocken beziehungsweise deren Seelen in der Nacht zum Karfreitag nach Rom „fliegen" und erst am

---

13 Vergleichbar mit dem Glockenwunder sind ältere Berichte aus dem Kloster St. Walburg in Eichstätt. Hier soll sich ein drohendes Überlaufen des Auffanggefäßes des heiligen Walburgisöles durch ein hörbares Lärmen in jenem Kasten des Klosters anzeigen, in dem die Geschirre mit bereits abgefülltem Öl aufbewahrt werden. Vgl. Siegfried Grabowski: Das „Ölwunder" zu St. Walburg, Grenzgebiete der Wissenschaft 40 (1991), S. 45–56, Resch-Verlag, Innsbruck.

Karsamstag zurückkehren, um die Auferstehungsfeier einzuläuten (weil während der Kartage das feierliche Läuten verboten ist).

Glockengeläut, die Glocke selbst und Dinge, die mit ihr in Berührung kamen, fanden reichlich Verwendung in der Volksmedizin oder im Zauber. So soll das Waschen mit Wasser, in welchem der Glockenschwengel gewaschen wurde, gegen Seitenstechen helfen. Besondere Heilwirkung soll die Glockenschmiere, aber auch der Glockenstrang haben. Die eigentliche Kraft der Glocke liegt jedoch in ihrem Ton und ist von ihm auf das Glockenmaterial übergegangen.

Im Vordergrund steht die dämonenabwehrende und entzaubernde Kraft des Geläuts. So wird bei Krankheit geläutet, um Krankheitsdämonen abzuhalten. Wenn jemand stirbt, wird die Seele heimwärts geläutet; Benedikt-Schellen wurden geläutet, um böse Geister von Sterbenden fernzuhalten.[14] Auch im Wetterläuten, einem Brauch, der bis ins frühe Mittelalter zurückgeht, kann man die Abwehrfunktion der (angeblich) von Dämonen oder Hexen erzeugten Unwetter erkennen.[15] Nach kirchlicher Ansicht soll das Läuten der Glocken bei Gewitter allerdings nicht das Gewitter abwehren (dies gilt als Aberglaube), sondern es habe als Zeichen zum Gebet zu gelten, in dem man bei Gewitter verharren soll. Überhaupt hat die Kirche die Wirkungen des Glockengeläuts aus der Sicht des Volkes immer wieder in den Bereich des Aberglaubens verbannt: Sogar das Läuten des Loretoglöckchens, dem eine besondere Heilwirkung zu-

---

14   Heilige und Namenspatrone, S. 347.
15   Insbesondere in ländlichen Gegenden Österreichs wird selbst bei neu erbauten Häusern heute noch auf dem Dachfirst ein kleiner Glockenstuhl errichtet.

kommen soll, wurde als Aberglaube verdammt. Das Läuten während der Heiligen Messe wird dahin gehend interpretiert, dass es die Aufmerksamkeit auf bestimmte Handlungen ziehen soll. Wenn man aber bedenkt, dass nur in bestimmten (regional unterschiedlichen) Phasen der Wandlungszeremonie geläutet wird, fällt es schwer, dieser Interpretation Glauben zu schenken. Verständlicher ist dagegen die „magische" Interpretation, nach der die Wirkung einer Handlung erhöht wird, wenn sie unter Glockengeläut vollzogen wird.

Die Glocke behütet, was sie beschallt. So weit ihr Schall reicht, kann kein Schaden angerichtet werden. Wo ihr Ton nicht mehr hörbar ist, haben die Dämonen Macht. Damit wird das Läuten während der Heiligen Messe zu einem Schutz vor bösen Mächten, die den heiligen Wandlungsprozess stören könnten. Geläutet wird zumeist unmittelbar vor oder während entscheidender Handlungsabläufe, wie etwa vor der Vermischung von Wasser und Wein (hier besonders wichtig, da wässrige Systeme Fremdschwingungen jeglicher Art leicht aufnehmen) oder vor den Wandlungsworten.

Glockentürme sind oftmals (wie der Altarbereich) dort positioniert, wo sich energetische Kreuzungssysteme befinden. Das dreidimensionale, säulenförmig strukturierte Schwingungsgebilde der geologischen Strahlung sendet den Schall (und mit ihm übertragbare Informationen) wie ein Sendemast aus. Der Glockenton wird somit erheblich deutlicher und über weitere Entfernungen gehört. Analog wächst damit der Radius, in dem die Böses abwehrende Wirkung des Geläuts und bioenergetische Nebeninformationen (z.B. heilige Schwingungen aus Wasseradern) übertragen werden.

Kerze, Kerzenwachs, Osterkerze

Licht – und damit auch das Kerzenlicht – ist mit der Erscheinung von Feuer und Rauch (Abwehrzauber) und auf diese Weise auch mit übernatürlichen Kräften aufs Engste verknüpft.

Der Ursprung des „ewigen Lichts" in katholischen Kirchen geht möglicherweise auf die im Alten Testament beschriebene Praxis zurück, in der dem Herrn ein „immerwährendes Brandopfer" als Lobpreis dargebracht wurde. Von einer „Lichtsäule" wird im Zusammenhang mit dem Exodus aus Ägypten, aber auch in vielen Heiligenlegenden berichtet: So soll der Ort, an dem sich der heilige *Gregorius* verborgen hielt, durch eine Säule aus klarem Licht angezeigt worden sein, die bis zum Himmel emporreichte und in der die Engel auf und nieder stiegen.[16] Auch bei Wunderheilungsphänomenen wird von „einschießenden Lichtsäulen" berichtet, welche die Heilung bringen, indem sie die schwarze, böse Macht (Krankheit) ebenfalls sichtbar verdrängen.

Licht gilt sowohl als Erscheinungsform der Seele als auch als Indiz paranormaler Phänomene (Irrlichter); deshalb ist die Kerze als Lichtbringer ein Symbol und Werkzeug beim Umgang mit geistigen Mächten und

16 Legenda Aurea, S. 223.

Wirksamkeiten. Im Brauchtum ist das Lebenslicht mit einer Kerze verknüpft. Die Kerze brennt neben Kranken und Sterbenden, aber auch bei jeder Andacht, Messe und anderen kirchlichen Handlungen. Kerzenflamme, Docht, Rauch, Knistern und Veränderungen des Lichttalgs wurden vielfach zu mantischen (weissagenden) Zwecken herangezogen (Kerzenorakel).

In neuere Bahnen gelenkt wurde die Verwendung von Kerzen im Rahmen der christlichen Kerzenweihe und ihrer liturgischen Verwendung (Lichtmess, Tag der Reinigung Mariä und der Darstellung Jesu im Tempel, 2. Februar). Die Kerzenweihe geht auf das 10. Jahrhundert zurück und entwickelte sich wohl im Anschluss an römisch-heidnische Reinigungs- und Sühnefeiern. Aus der ursprünglich feierlichen Handlung der (heidnischen) Lichtsymbolik trat nun immer mehr die Benediktion der Kerze als Leuchtmaterial für den kirchlichen und häuslichen Bedarf heraus, wobei Christus im Licht der Osterkerze versinnbildlicht wird. Im Volksbrauchtum entstand darauf aufbauend in Übertreibung des kirchlichen Zweckes eine Entwicklung, die das Kerzenwachs als eine Art Fetisch betrachtete, sodass die Kerze und ihr Licht bis heute im Heil- und Schadenszauber eine große Rolle spielen.

So werden der Kerze und dem Kerzenwachs höchste Schutzkräfte zugeschrieben, wie beispielsweise der Schutz des Sterbenden beziehungsweise seiner Seele vor den Angriffen der Dämonen. Das Agnus Dei (Lamm Gottes) und Heiligenbilder beziehungsweise -figuren werden aus Kerzenwachs hergestellt. Die Anfertigung des Agnus Dei basiert vermutlich auf dem Ritus des

Austeilens der zerstückelten Osterkerze und geht bis ins 5. Jahrhundert zurück. Es hat heute die gleiche Bedeutung wie die Osterkerze. Aus rotem Lichtmesswachs wurden einst auch Drudenfüße, Wachskreuze und andere Schutzamulette hergestellt.

Ein liturgischer Brauch ist heute noch, die Blasiuskerzen kreuzweise an den Hals zu legen (*Blasius*, 3. Februar) und damit einen Schutz vor Krankheiten und insbesondere vor Halsleiden zu erflehen (Symbolik des Kreuzes mit heilender Wirkung). Der Blasiussegen wurde einst auch dergestalt erteilt, dass Kerzenrauch „im Namen des Vaters …" dem zu Segnenden in den Mund geblasen wurde (vgl. Räucherung). Die heutige Praxis der Erteilung des Blasiussegens folgt – vermutlich aufgrund von Zeitmangel – nicht mehr dem klassischen Ritual. Die Wirkung ist somit eingeschränkt. Der Kopf des zu Segnenden muss sich *zwischen* den gekreuzten Kerzen befinden, also in deren Kraftfeld; die Segnung sollte durch das Auflegen der rechten Hand auf den Kopf erfolgen. So wird die Segenskraft direkt in den Kopf „hineingezwungen". Für die linke Hand mit den Kerzen gilt eine besondere Handhaltung. Zwischen den überkreuzten Kerzen sollte ein kleiner Abstand gehalten werden. Daumen, Zeigefinger und Mittelfinger sind vorgestreckt und zeigen genau auf das Halschakra. So wird eine besonders hohe Kraftübertragung gewährleistet, was radiästhetisch einwandfrei nachzuprüfen ist. Mit dem Blasiussegen können auch beliebige andere Dinge gesegnet beziehungsweise energetisch gereinigt und aufgeladen werden. Seine Heilungswirkung kann jederzeit herangezogen werden, nicht nur am Blasiustag.

Der geistliche Rahmen, der heute den liturgischen Gebrauch der Kerzen einbindet, basiert auf dem Entzünden der Osterkerze in der Osternacht, ein besonders feierliches und wahrhaft ergreifendes Ritual, dessen psychologischer Wirkung sich wohl kaum jemand entziehen kann. Die Osterkerze versinnbildlicht den auferstandenen Christus als das Licht der Welt. In den Benediktionen des Weiherituals wird ausgesagt, dass die Osterkerze durch ihre göttliche Kraft die teuflischen Anschläge zunichte macht. Der Amulettcharakter des Kerzenwachses im Volksbrauchtum lässt sich damit direkt auf die eindeutigen Aussagen des Weiherituals zurückführen. Über ihre heilende Wirkung hinaus wurde das Wachs der Osterkerze zu Räucherungen im Haus, für die Segnung von Äckern und Weinbergen und zum Schutz gegen Unwetter und allerlei andere Gefahren verwendet.

In ländlichen Gegenden vereinzelt noch üblich ist das Aufstellen von Gewitterkerzen (Wetterkerze). Vom Kerzensymbol her scheint dieser Brauch auf einem Abwehrzauber zu beruhen (Schutz vor Wetterdämonen). Zur Erklärung ihrer Wirksamkeit gibt es aber noch einen anderen Ansatzpunkt: Ansammlungen von Wachs (Kerzenwachs, Stearin, Paraffin) erzeugen starke energetische (Mikrowellen-)Kraftfelder, ähnlich einer Wasserader. Mit Kerzen kann man also künstliche Reizzonen schaffen. Was seinerseits aber Reizzonen aufbaut, kann auch mit natürlichen, zum Beispiel geopathischen, Reizzonen in Verbindung treten und erhält damit (bei gekonnter Anwendung) eine Funktion als Abschirmobjekt (Schutz vor geopathogener Strahlung). Die Einschläge von Blitzen orientieren sich an geologisch global auftretenden „Blitz-gittern" (in der Radiästhesie das sogenannte „3. Gitter"). Das sind Kraftfeldzonen, ähnlich denen von Wasser-adern, welche die Erdoberfläche mit einem unregelmä-ßigen Netz überziehen. In die Kreuzungspunkte dieses Netzes schlagen Blitze bevorzugt ein, auch wenn unmit-telbar daneben ein funktionsfähiger Blitzableiter steht, denn das Blitzgitter hat die bessere „Erdung", und sein „Informationskanal" reicht in weit größere Höhen. Die Aufstellung von Gewitterkerzen wirkt nur in bestimmten Positionen, nämlich solchen, die durch Wechselwirkung der Zonen (Kerze und Blitzgitter) das Blitzgitter streuen oder ablenken, es also als Informationskanal unwirksam machen. Die Menschen wussten, wohin die Kerzen ge-stellt werden mussten, damit sie wirkten. Ob es mit der schwarzen Farbe der Kerzen ebenfalls eine energetische Bewandtnis hatte, ist meines Wissens nicht untersucht. Ruß (Kohlenstoff) als Färbematerial verändert auf jeden Fall den Brechungsindex der Kerze, das heißt, die Kerze wird durch das Färben in größeren (längeren) Wellenlän-genbereichen wirksamer.

Diese Beobachtungen zeigen, dass Kerzen über ihren Symbol-, Feuer- und Rauchcharakter hinaus eine massi-ve bioenergetische Wirksamkeit haben und damit auch pathologisch wirken können (künstliche Wasserader). Dies ist vielleicht auch die Erklärung dafür, dass die Osterkerze zur „Herstellung" von Weihwasser dreimal unter Benediktionen in das Wassergefäß getaucht wird. Die (Strahlungs)kraft der Kerze wird dabei dem Wasser mitgeteilt und in ihm gespeichert. So wirkt Weihwasser wie ein Homöopathikum. Bezüglich der biologischen Wirksamkeit von Weihwasser (Übermittlung der Kraftstrahlung) sollte man allerdings bedenken, dass diverses Kerzenmaterial auch unterschiedliche biologische Wirkungen haben dürfte. Der echten Wachskerze wäre hier vor Stearin und Paraffin (mit diversen chemischen Beimengungen) sicherlich der Vorrang einzuräumen. Wenn man bedenkt, wie häufig Kerzen in der Liturgie verwendet werden, und die biologischen Wirkungen ihres Materials berücksichtigt, die durch ihre Strahlung auf den Menschen übertragen wird, zwingt sich einem der Gedanke auf, ob die heutige Kerzenverwendung (materialbedingt) der Aufnahme göttlicher (kosmischer) Kraftstrahlung nicht eher hinderlich sein könnte. Doch zeigen Experimente, dass auch von schlechtem Kerzenmaterial gute Geister angezogen werden.

Anwendung von Wasser, Weihwasser

Die Verwendung von Wasser in der Liturgie basiert (auch in übertragener Anwendung) auf seiner reinigenden Wirkung. Dämonen werden als schmutzig angesehen und halten sich gern an entsprechenden Orten auf, sodass sie in Form von rituellen Waschungen mit entfernt werden. Hauptansatzpunkt für die Wasseranwendung in kirchlichem Rahmen ist damit die auf einem Abwehrzauber basierende Entfernung von schädlichen Mächten. Sich die Hände mit Wasser zu waschen galt schon im alten Griechenland als Schutzmittel gegen Behexung. Das Waschen eines Leichnams geht auf den Brauch zurück, diesen von Leichendämonen zu befreien. Auch Spucken und Speichel sind in diesem Sinne zauberkräftig, worauf der Ritus basiert, den Täufling mit Speichel zu bekreuzigen.

Inwieweit die Vermischung des Messweines mit Wasser auf magische Praktiken und antikes Brauchtum zurückgeht, konnte ich nicht ermitteln.

Im „Deutschen Aberglauben" fand ich unter dem Stichwort „Wasser" lediglich den Hinweis, dass es in Frankreich und Württemberg üblich gewesen sei, etwas Wasser in die Milch zu gießen, um sie vor Behexung zu schützen.

Von einer Mischung aus Wasser und Wein im Zusammenhang mit Opferhandlungen berichtet das Missale Romanum: „Während der sieben Tage des Laubhüttenfestes schöpfte jeden Abend ein Priester Wasser aus dem Teiche Siloe, trug es in feierlicher Prozession zum Brandopferaltar und goss es, mit Wein gemischt, langsam aus.[17] Dabei handelte es sich höchstwahrscheinlich um ein geheiligtes Wasser analog zu unseren heutigen Gnadenbrunnen.

Von der Fußwaschung am Gründonnerstag einmal abgesehen findet sich eine regelmäßige rituelle Waschung während der Messfeier nur in der Handwaschung bei der Zubereitung der Gaben. Hier werden die Fingerspitzen gewaschen, denn das sind die Punkte der stärksten bioenergetischen Kraftausstrahlung. Der Priester spricht dabei die Worte: „Herr, wasche ab meine Schuld, von

17 Römisches Messbuch 1962, S. 271.

meinen Sünden mach mich rein." In dieser Form ist der dämonenvertreibende Charakter der Waschung bereits mit der Bitte um Reinheit von Sünden (= Dämonen) modernisiert worden. Denn Sünden entfachen in uns wirksame böse Kräfte, die es hier zu entfernen gilt.

„Wenn ich dich nicht wasche, hast du keinen Anteil an mir", sagte Jesus am Vorabend des Paschafestes. Und Petrus antwortete ihm: „Herr, dann nicht nur meine Füße, sondern auch die Hände und das Haupt" (Joh 13,8–9). Petrus wusste offenbar, dass das Böse im Menschen durch Hände, Füße und Haupt nach außen drängt und hier am besten entfernt werden kann. Damit verstehen wir auch das Gebet der Abendmahlsliturgie vom Gründonnerstag, in dem es heißt: „Wie hier an uns und durch uns die äußeren Befleckungen abgewaschen werden, so mögen durch dich bei uns allen die inneren Makel der Sünden abgewaschen werden".[18] Jesus wird also gebeten, analog zur äußeren Reinigung die innere vorzunehmen, also gleichsam einen Exorzismus durchzuführen, ein Phänomen, das mit Heilungsbeobachtungen übereinstimmt, bei denen durch einen hellen Lichtstrahl Heilkraft in den Körper eindringt und das Böse (Krankheit) als schwarzer Strahl oder schwarzes Gebilde aus den Gliedmaßen oder dem Kopf austritt. In der Gründonnerstag-Liturgie wird im Eucharistischen Hochgebet darauf hingewiesen, dass ehemals auch die Laster der Welt durch das reinigende Wasser der Sintflut (Sündflut) gesühnt wurden.[19]

---

18 Römisches Messbuch, S. 367.
19 Römisches Messbuch, S. 491.

Häufiger als die Waschung mit „normalem" Wasser ist in der kirchlichen Praxis die Anwendung von Weihwasser.[20] Im Weiheritual wird zur Wasserweihe Wasser mit geweihtem Salz (Kochsalz) versetzt und einer Benediktion unterzogen. Salz gilt als konservierend und damit als schützend.

Die Salzzugabe basiert möglicherweise auf der Praxis des *Eliseus* (Schüler des Propheten *Elias*), der im Namen des Herrn eine verdorbene Quelle genießbar machte, indem er unter Gebeten etwas Salz hineingab. Wir finden den Salzgebrauch aber auch im Voodoo-Kult Haitis. Hier verliert der böse Wille des Zauberers, der einen „Zombie" beseelt, seine Wirkung, wenn der Gestalt gesalzene Speisen verabreicht werden.[21]

Salz macht eine Weihe tragfähiger und haltbarer und schützt gleichzeitig vor fremden energetischen Einflüssen. Geweiht wird das Wasser hauptsächlich in der Osternacht (Osterwasser). Ihm wird durch Verwendung der Osterkerze (Eintauchen, Einbringen des Kraftstromes) besondere Wirkung nachgesagt, weshalb sich viele Menschen beeilen, gerade dieses Wasser in reichlichem Maße nach Hause zu tragen. Es gibt aber auch das Karfreitagswasser (Gloriawasser). Weitere Tage zur Wasserweihe sind der Dreikönigstag (6. Januar), Annatag (Mutter der Gottesmutter, 26. Juli), Jordanstag und Hubertustag (3. November).

Wasser, insbesondere leicht gesalzenes oder mit etwas Alkohol versetztes, ist für die Aufnahme physikalischer (bioenergetischer) Schwingungen besonders geeignet.

---

20 Der zeitliche Ursprung der Weihwasserverwendung ist ungewiss. Früher erzählte man, sie gehe auf den Apostel *Matthäus* zurück (Heilige und Namenspatrone, S. 491).
21 Biedermann, S. 231.

Durch die Weihe empfängt das Wasser die Schwingungsinformation des Heiligen Geistes, eine kosmische Kraftschwingung, ohne die Leben auf der Erde nicht möglich ist. Durch Sünde koppelt sich der Mensch immer mehr von dieser Kraft ab und erkrankt dadurch seelisch und physisch. Die Anwendung von Weihwasser wirkt wie ein Homöopathikum: Sie vermittelt dem damit Benetzten die Kraftschwingung, die er zum Leben braucht, und eröffnet in ihm über Resonanzphänomene einen Informationskanal zur kosmischen Allmacht, die Leben spendend und konservierend (schützend) zugleich ist.

Das heute übliche Weihwasser in Kirchen enthält nach meinen radiästhetischen Untersuchungen in der Regel keine lebenspositiven Kräfte mehr. Das Ausgangswasser ist bereits minderwertig, das Weiheritual wird oft nur mechanisch vollzogen und ist ohne Wirksamkeit. Es wäre wünschenswert, dass unsere Priester wieder lernen, wirksames Weihwasser herzustellen.

Bedeutung des Fastens, Nüchternheit

Das Fasten gehört zum religiösen Brauchtum nahezu aller Völker. Im christlichen Sinn hofft man, durch die Entsagung, die man mit dem Fasten auf sich nimmt, etwas Gutes herbeizuführen. Man fastet, um Gott wohlgefällig zu sein oder sich ihm dankbar zu erweisen. Fasten kann aber auch als Akt der Buße (Sühne) gelten. Die Fastenzeit gilt als eine Zeit der Reinigung, der Heilung und der Vorbereitung auf die großen Feiertage und den Empfang von deren Sakramenten. Es gibt Indianervölker, die sich durch Erbrechen und Einnahme von Abführmitteln von den Sünden zu reinigen glauben.

Mit der Aufnahme von Nahrung wirkt zwangsläufig eine fremde Macht in uns, denn verschiedene Nahrungsmittel haben unterschiedliche Wirkungen auf den Organismus. Da man Nahrung (Pflanzen und Tiere) weithin als beseelt betrachtete, enthielt man sich der Speisen, um damit keine unheimlichen Mächte, Dämonen oder auch Substanzen aufzunehmen und vor der Aufnahme sakramentaler Speisen gereinigt zu sein.

Historisch gesehen ist das Verzichten auf Fleischgenuss möglicherweise mit der Scheu vor dem Lebensgeist getöteter Tiere zu erklären, doch weiß auch heute jeder meditativ Veranlagte, dass der Entzug von tierischem Eiweiß die spirituelle Entfaltung ungemein erhöht. Das Fasten zu gewissen Zeiten kann aber auch mit der Furcht vor einem Tabu zusammenhängen, denn zu gewissen Zeiten gehen die Dämonen besonders häufig um (Fastenzeit = Geisterzeit).

Die römische Volksmedizin wies darauf hin, dass man in nüchternem Zustande sowohl guten als auch schlimmen Einflüssen eher zugänglich sei. Daraus resultierte die Forderung, in dieser Verfassung Heilmittel einzunehmen, Zauberhandlungen vorzunehmen etc. Viele Heilmittel werden auch heute noch bevorzugt nüchtern eingenommen. Aus diesem Zusammenhang heraus ist verständlich, dass Fasten auch als Vorbereitung auf magische und religiöse Handlungen dient. So muss der Austreibung von Dämonen ein Fasten des Exorzisten vorausgehen. Der Fastende steigert sich in ein übernormales Selbstvertrauen, aus welchem er ungeahnte Kräfte freisetzen kann. Andererseits ist der Fastende selbst verstärkt den Anfeindungen böser Mächte ausgesetzt.

Fasten bewirkt eine Öffnung für die uns umgebenden (kosmischen) Kräfte und Mächte. Es erleichtert die Aufnahme der uns umgebenden bioenergetischen Schwingungen. Gute Schwingungen können ebenso verstärkt aufgenommen werden wie schädliche. Fasten sollte also stets einhergehen mit sittlicher Reinheit, Spiritualität und einer positiv ausgerichteten Intention. Im christlichen Rahmen fastet man also, um die guten, heiligen Schwingungen empfangen zu können (zur Fastenzeit ist Gottes Gnade am intensivsten) beziehungsweise um überhaupt erst in Verbindung mit Gott zu kommen. Fasten öffnet die Seele und macht bereit zum Empfinden und Empfangen. Deshalb sollte auch die Hostie stets in nüchternem Zustand genommen werden, wie es ältere Fastenordnungen vorschreiben, denn es gilt, den Heiligen Geist zu empfangen. Entsprechend der Wirkung der Hostie ähnlich der von homöopathischen Mitteln wäre es sogar zu empfehlen, sie nicht zu verschlucken, sondern möglichst lange im Mund zu behalten, denn die Substanzschwingungen wirken nur so lange, bis die Verdauung einsetzt. Von der Stigmatisierten Columba *Schonath* wird berichtet, dass es ihr unmöglich war, am

Kommuniontag noch zusätzlich normale Nahrung zu sich zu nehmen.[22]

In der vierzigtägigen Fastenzeit vor Ostern übt man Verzicht, um dadurch das Leiden des Herrn umso intensiver mitempfinden zu können, und gleichzeitig als Vorbereitung auf den Auferstehungstag (Ostertag), an dem einem Christen die volle Kraft des Heiligen Geistes zuteil werden kann. Auch aus bioenergetischer (und nicht nur liturgischer) Sicht ist die Messe der Osternacht wohl die ergreifendste des gesamten Kirchenjahres. Selbst spirituell Ungeübten ist es hier möglich, die Kraft und Wirkung des Heiligen Geistes intensiv und hautnah zu empfinden.

Hände falten, Hand auflegen, Handgebärden

In der Symbolik ist die erhobene Hand einem Stab gleichzusetzen und wird ebenso wie jener zum Symbol der Gewalt und des Besitzens (etwas in der Hand halten oder etwas aus der Hand geben). Der Handschlag besiegelt Rechtsgeschäfte, die Schwurhand (Eid) steht stellvertretend für die gesamte Persönlichkeit.

Aufgrund der hohen Bedeutung der Hand als Teil der Persönlichkeit werden Götter und Helden (aber auch Dämonen) oft vielhändig dargestellt (*Buddha*, *Shiva*, *Kali* etc.), wobei jeder Hand eine besondere „Schwin-

---

22   Höcht: Träger der Wundmale Christi, S. 279.

gung" oder Eigenschaft zugeordnet werden kann (*Kali* beispielsweise hat zwei wohltätige und zwei zerstörerische Hände, die das dualistische Wesen der Schöpfung zum Ausdruck bringen). Bereits in der Bibel finden sich mehrere Hinweise auf eine Verselbstständigung der Gewalt der Hand in Form von rhetorischen Personifizierungen (die Hand schlug, die Hand verderbte). Hände können erzeugen und empfangen, segnen, heilen und verderben.

Durch die Hände können Geister in den Menschen eindringen. Für Geisterhände und deren Spuren (eingebrannte Hand) gibt es in parapsychologischen und kirchlichen Kreisen zahlreiche Beispiele.[23] Das Motiv von der Hand, die aus dem Grabe hervorwächst, ist in Mythen, Märchen und Sagen weit verbreitet.

Die Aussagefähigkeit der Hand wird auch heute noch zu mantischen Zwecken verwendet (Chiromantie = Wahrsagen aus der Hand), indem Form und Gestaltung der Hände Hinweise auf Charakter und Lebensweg (Schicksal) geben sollen.

Die geöffnete Hand ist ein Symbol für das Empfangen oder Geben, eine emotionale Öffnung. Das Schließen der Hand beziehungsweise das Ballen der Faust ist ein Ausdruck des inneren Sich-Zurückziehens als Abgrenzung von der Umwelt. Der alte Brauch, zum Kommuniongang die Hände unter einem Taschentuch gefaltet zu halten, beruht auf der Vorstellung, durch die Verhüllung keine niederen Kräfte auf die Hostie zu übertragen. Noch vor wenigen Jahrzehnten war es üb-

---

23   Grabinski: Das Phänomen der eingebrannten Hand. Grabinski: Beweise aus dem Jenseits, S. 133–170. Siegmund: Das Fortleben nach dem Tode. In: Resch, IMAGO MUNDI, Bd. 7, S. 473–503.

lich, zur Kommunion die Hände unter der Abdeckung der Kommunionbank zu verschränken. Verhüllt man die Hände zum Pflücken von Heil- und Zauberpflanzen, schützt man sich auf diese Weise vor deren Einfluss. Die figürliche oder zeichnerische Darstellung der Hand entspricht heute noch einem Schutzmittel gegen Zauberer und böse Geister. Künstliche kleine Hände werden gern als Amulette getragen. Man begegnet solchen Amuletten bereits im alten Ägypten.[24]

Das Handauflegen oder „Streichen" mit der Hand ist ein uralter Heil- und Segensritus, eine magische Kraftübertragung durch Berührung, denn die Hand gilt als Sitz wunderbarer Kräfte. Der Gestus des Handauflegens ist oft mit gesprochenen Beschwörungen verbunden, im christlichen Ritus auch mit der Ölsalbung.

Außerdem hat das Handauflegen Ähnlichkeiten mit dem Gestus des Besitzergreifens durch Berühren (Berührungszauber). Im Alten und Neuen Testament wird das Handauflegen auch als Aufnahme- beziehungsweise Einweihungsritus bei der Übertragung von Ämtern erwähnt.

Der Vasall huldigte dem Lehnsherrn, indem er seine gefalteten Hände in die seines Gebieters legte; ebenso tat es die niedere Geistlichkeit vor dem Bischof. Seit dieser Zeit ist das Händefalten im Christentum üblich. Heute gilt es allgemein als Zeichen der Demut und Ergebenheit in Gottes Willen.

Die Handstellung des Segensgestus bei der Segnung durch den Bischof (die ersten drei Finger erho-

---

24 Kakosy, S. 213.

ben, der vierte und fünfte eingezogen) ist ursprünglich Symbol des römischen Gottes *Sabazios* und entspricht einer Darstellung der heilenden Kraft seiner rechten Hand (Ursprung der Votivhand). Dieser Fingerhaltung entspricht auch der Gestus der Eidesleistung (Eid = Selbstverfluchung, Verwünschung). Dabei wurde angenommen, dass die drei Finger Gott, Christus und den Heiligen Geist symbolisieren (Vorstellung der Anwesenheit Gottes beim Eid) oder wenigstens, dass diese drei Mächte unmittelbar auf den Schwörenden wirken und seinen Eid lenken.

Da durch die Handflächen (kosmische) Energien aufgenommen und abgegeben werden können, ist die Handstellung beim Gebet von Bedeutung. Verschränkte Finger, eine ehemals rein protestantische Form der Gebetshaltung, machen die Aufnahme der göttlichen Kraft unmöglich, denn die Kreuzform wehrt ab und bindet. Diese Handstellung ist bestenfalls für rhetorische Bitt- und Dankesäußerungen tolerierbar, niemals aber für ein wirkliches Gebet, in dem der Kontakt zur Gottheit in Form eines Dialogs gesucht wird. Denn dabei muss man auch empfangen können, und das gelingt nur mit geöffneten Handflächen (nach oben gehalten). Auch das An einanderlegen der Hände (katholische Gebetshaltung) ist nur ein Kompromiss zum Idealfall, der Orationsstellung des Priesters. Die Gläubigen legen beim Gebet während der Heiligen Messe deshalb die Handflächen aneinander, damit ihnen innewohnende negative Kräfte nicht die heilige Handlung stören können. Dennoch bleibt eine mentale Öffnung zur Gottheit hin möglich.

Dieses gelingt aber nicht mehr, wenn die Finger verschränkt werden, weil die hemmende und blockierende Kraft des hier real dargestellten Kreuzes aus den Fingergliedern in seiner Wirkung über die eigene geistige Kraft dominiert. Ein Verschränken der Arme oder ein Übereinanderlegen der Beine hätte die gleiche negative Auswirkung.

Obgleich auch für die Gläubigen die Orationsstellung optimal wäre, birgt sie doch auch Gefahren, denn mit geöffneten Handflächen kann man sowohl Gutes als auch Böses empfangen. Entscheidend ist dabei die exakte mentale Programmierung und emotionale Öffnung.

Auch in der Bioenergetik nehmen die Hände als Ausströmungsort biologischer Kräfte eine Sonderstellung ein. Kirlianfotografie und ähnliche Verfahren können sichtbar machen, dass die Fingerspitzen besonders stark strahlen. Die Ausstrahlung eines Menschen kann in seinen Händen konzentriert werden, und es gelingt, diese Kräfte auf andere Personen oder Gegenstände zu übertragen (magnetisiertes Wasser, Übertragung des Heiligen Geistes bei der Firmung usw.). Wenn der Priester unmittelbar vor den Wandlungsworten die Hände über Brot und Wein ausbreitet, überträgt er die ihm von Gott gegebene Kraft auf diese Gaben und heiligt sie. Damit seinen Händen keine hindernden Schwingungen anhaften, reinigt er zuvor in der rituellen Waschung die Fingerspitzen, die seine Kraft hauptsächlich ausstrahlen.

Symbolik des Kreuzes und Bekreuzigens

Das historische Ereignis der Kreuzigung Jesu machte das Kreuz zum alles beherrschenden Symbol der christlichen Kirche und ihrer Weltanschauung. Das Kreuzzeichen wurde zur wichtigsten sakralen Gebärde des Abendlandes.

Die zauberischen Kräfte des Kreuzes basieren auf dem christlichen Kult. Auf diese Weise geriet das Symbol in Zusammenhang mit der dämonischen Erklärung zahlreicher Lebenserscheinungen und entwickelte sich zum wirksamsten und meist verbreiteten Schutzzeichen und Amulett, dessen Geschichte eine reiche Entfaltung abergläubischen Brauchtums aufweist.

Obwohl das Kreuz schon aus vorchristlicher Zeit bekannt ist, gewann es seine umfassende Bedeutung erst mit der Anknüpfung an das Sinnbild des Todes Christi. Das Kreuzzeichen wurde durch das Christentum an die Stelle der älteren heidnischen Schutzzeichen und Amulette gesetzt. Es ist schwer, die kultisch-liturgische und symbolisch-spirituelle Bedeutung des Kreuzes von einer magisch-realistischen zu unterscheiden und abzugrenzen; die Überschneidungen haben bereits in das Brauchtum Eingang gefunden.

Aus dem ursprünglichen Zusammenhang heraus entwickelte sich das Kreuz im Volksgebrauch mehr oder minder rasch zu einem magisch wirkenden Zeichen und Amulett. Im Abwehrzauber dient das Kreuz als Schutz gegen die das Christentum bedrohenden Geister und zur Beseitigung von Krankheit. In Prozessionen wird es vorangetragen, damit die bösen Geister entfliehen. „Wo die Teufel das Zeichen des Herrn sehen, fliehen sie es als den Stab, mit dem sie sind geschlagen".[25]

Mit dem Bezeichnen des Kreuzes stellt man eine Person oder einen Gegenstand unter Gottes Schutz. Etwas bekreuzigen beziehungsweise segnen soll Heiligung und Weihung bedeuten. Das Dreikönigskreuz, mit geweihter Kreide an die Haustür gemalt, ist ähnlich dem Wetterkreuz ein Schirmkreuz, das vor Unglück und Nachstellung böser Mächte schützen soll. Die Buchstaben C+M+B sollen bedeuten: Christus Mansionem Benedicat, d.h. Christus segne unser Haus. Das über der Brust getragene Kreuz bei geistlichen Würdenträgern (und neuerdings auch bei Messdienern) geht möglicherweise auf das bereits in der Bibel beschriebene Orakel-Brustschild des Hohepriesters zurück, das zu dessen Amtstracht gehörte (2. Mose 28,15 f). Es zeigen sich aber auch Parallelen zu den bei ägyptischen Mumien gefundenen Kopftafeln, deren Herstellung auf Gottheiten zurückgeführt wird.[26]

Kreuzweise vorgenommene Handlungen schützen, sichern, helfen und heilen, können aber auch etwas verhindern. Die kreuzweise Verschränkung von Händen und Armen beziehungsweise die kreuzweise Faltung eines Bandes oder Ähnlichem ist als Bindezauber zu erklären. Gekreuzte Schwerter dienen der Bannung von Geistern. Bereits das kreuzweise Verschränken der Finger ist ein solcher Zauber. Das Verschränken von Ar-

25 Legenda Aurea, S. 363.
26 Kakosy, S. 219.

men oder Beinen ist aber auch ein Ausdruck des Sich-Zurückziehens, des Fesselns der eigenen Lebenskräfte, damit sie nicht verströmen. Der Kreuzknoten dient zum Schutz gegen Teufel, Gespenster und Hexen, weil diese den Knoten nicht lösen können. Bei der kirchlichen Zeremonie der Eheschließung werden die Hände des Brautpaares kreuzweise (nach Art eines Malkreuzes, einer Rune) mit der Stola umschlungen. Der Priester trägt bei der Messe die Stola, deren Streifen sich unter dem Messgewand auf seiner Brust überkreuzen. Auch im Rahmen der Messfeier selbst werden dem Kultus dienende Elemente (z.B. Brot und Wein) mit mit einem Kreuzzeichen versehen.

Die heutige Anwendung des Kreuzes und Kreuzzeichens in Liturgie und Brauchtum vermischt die spirituelle Komponente des Kreuzes mit seiner energetischen. Bioenergetische Effekte überlagern sich mit geistigen Anschauungen und Ausdruckshandlungen. Im Folgenden soll versucht werden, beide Aspekte zu differenzieren und auf ihre Bedeutung in der meist unbedachten Anwendung hinzuweisen. Was geschieht zum Beispiel, wenn der Priester Brot und Wein mit dem Kreuzzeichen versieht, wir selbst mit dem Messer ein Kreuzzeichen zeichnen, bevor wir das Brot anschneiden, unsere Nahrung beim Tischgebet oder uns selbst bekreuzigen?

Spiritueller Aspekt: Durch Christi Kreuzestod trat neben dem magischen Aspekt des Bindens das Leiden durch das Kreuz in den Vordergrund, aber damit auch das Gefühl für Heil, Leben, Hoffnung und Auferstehung. Den Sinn des Leidens, die Heil bringende Botschaft des Kreuzes, begreift nur der Gläubige, den das Kreuz in eine vertiefende Beziehung zu Christus führt.

Das Kreuz als Zeichen der Verachtung und des Todes ist auch Zeichen einer ohnmächtigen Liebe. Aber gerade daraus erwächst für den Gläubigen die Kraft einer Liebe, die ihm Frieden und Versöhnung bringt und die die ganze Welt verwandeln kann. Jesus selbst sagt, dass gerade im Leiden, im Tragen des Kreuzes, seine Nachfolge bestehe (Mk 8,34). Selbstverleugnung und Askese können deshalb nur aus einer persönlichen Beziehung zu Christus heraus verstanden werden. Das Kreuz verweist uns aber auch auf die Leidensgeschichte der Welt, die nur verstanden werden kann, wenn man im Kreuz auch die Hoffnung sieht.

Das Mysterium des Kreuzes zwischen Leid und Auferstehung brachte den spirituellen Zweig der Kreuzesmystik hervor, nach der die Kreuzesnachfolge durch schweres Leid (Stigmata, Passionsgemeinschaft usw.) zu einer besonders engen Gemeinschaft des Mystikers mit Christus führt: „Herr, du hast für uns gelitten … und was tue ich für dich?" Hier kann die Liebe zum Leiden zu einer neuen Erfahrung führen, die den individuellen Entwicklungsweg und den der gesamten Menschheit verständlich werden lässt. Durch die Identifikation mit Christi Schicksal nehmen wir, wie er, das Schicksal der Menschheit auf uns. Damit folgen wir ihm nach, der uns zur Auferstehung und zum ewigen Leben führt.

Nach Heinrich *Seuse* (ca. 1295–1366) ist Leiden („unser Kreuz tragen") ein Zeichen göttlicher Auserwählung und hat nur den Sinn, zu einem tieferen Verständnis des Leidens Christi zu führen. Dies zeigt auch die Erfahrung, dass sich der Mensch in Zeiten der Not zu Gott wendet. Erst, wenn er sich selbst aufgegeben hat, kann er bereit sein, sich von der Liebe Gottes tragen zu lassen, die ihn in jeder Beziehung auf sicherem Weg zu seinem Heil führt.

Das muss aber nicht immer so sein. Unser Leid ist keineswegs vorprogrammiert. Gott ist das Leben und die Gesundheit; die Krankheit ist das Böse. Gott will auch unser körperliches Heil und schenkt es uns, wenn wir uns nicht gegen ihn oder gegen seine Natur versündigen. Nur wer darüber hinaus freiwillig zur Kreuzesnachfolge bereit ist, der kann das Leid anderer auf sich nehmen und, wie Christus selbst, zur Rettung der Welt beitragen.

Energetischer Aspekt: Was geschieht nun energetisch, wenn Opfergaben oder Nahrungsmittel mit dem Kreuz bezeichnet werden? Das Zeichen des Kreuzes bannt (verscheucht) Kräfte, die den Dingen innewohnen. Sie müssen weichen, die Nahrung oder andere Objekte verlassen. Von zahlreichen ehemals Besessenen ist bezeugt, dass der Dämon beziehungsweise das Böse über die Nahrung in ihren Leib Einzug gehalten hat. Um seine Nahrung nach dem Exorzismus durch das Kreuzzeichen zu segnen, hält man die offenen Hände (Handflächen nach unten) über die Speisen, betet und konzentriert sich auf die göttliche Kraftübertragung. So kann man Nahrung und Objekte mit reiner, göttlicher Lebensenergie anreichern. Es gibt auch eine sehr wirksame, kreuzweise durchgeführte Segnung; diese bedarf aber besonderer Kenntnisse.

Es ist Brauch, bei der Austeilung des Aschekreuzes den Gläubigen mit der Asche (den verbrannten Palmzweigen des vergangenen Palmsonntags) ein Kreuz auf die Stirn zu zeichnen (Aspekt der Buße). Auch wenn Kinder selbst noch nicht kommunizieren dürfen, wird ihre Stirn bekreuzigt, wenn sie mit zur Kommunionbank genommen werden.

Auf Lebewesen angewandt wirkt das Kreuzzeichen blockierend und hemmt die geistige Entwicklung. In früheren Zeiten wusste man sehr gut über die energetische Wirkung des Kreuzzeichens Bescheid. Dieses Wissen ist jedoch nahezu vollkommen in Vergessenheit geraten, sodass man es heute keinem Priester mehr übelnehmen kann, wenn er wohlwollend jemand bekreuzigt, um ihn vermeintlich zu segnen oder überhaupt, um ihm damit etwas Gutes zu tun. Die energetische Wirkung dieses Bekreuzigens hat sich aber in all den Jahrhunderten nicht geändert: Wenn ich den Gedankengang einer Person unterbrechen will, so brauche ich nur ein Kreuzzeichen auf ihre Stirn zu denken und schon wird sie im Gedanken- und Redefluss spontan innehalten und nicht mehr wissen, was sie eigentlich sagen wollte. Wir kennen alle dieses Phänomen, dass „etwas" unsere Gedanken „durchkreuzt" hat und wir den Faden verloren haben. Diesen energetischen Knoten kann ich aber auch wieder auflösen, indem ich der betreffenden Person Wellenlinien (Sinusform) auf ihre Stirn denke. In dem Moment, in dem ich die individuelle geistige Entwicklung eines Menschen durch das Kreuzzeichen blockiere, wird er bereit, meine Gedanken aufzunehmen. Das ist die große Gefahr und Wirkung des Bekreuzigens, der das Christentum möglicherweise ihren „Erfolg" verdankt. Bewusst eingesetzt, kann das Kreuz also zum Machtmittel werden.

Mich selbst bekreuzige ich, wenn etwas Böses auf mich zukommt, ich mich vor etwas erschrecke, böse Reden höre oder Ähnliches. Das ist quasi eine Schutzfunktion für mich selbst. Ich blockiere mich selbst, um das Böse nicht in mich hineinzulassen. Aber hier geschieht mehr, als ich eigentlich bezwecken will: Ich bekreuzige mich, um mich unter Gottes Schutz zu stellen – so jedenfalls meine Intention. Dabei passiert Folgendes: Das Kreuzzeichen hemmt meine Gedanken und Emotionen. Es blockiert, macht mich in gewisser Weise willenlos, sodass fremde – gute und böse – Kräfte auf mich einwirken können, um mich zu lenken. Da das Kreuzzeichen aber auch einen Exorzismus darstellt, böse Kräfte abwehrt und gleichzeitig spirituelle Aspekte beinhaltet, werde ich überwiegend die Führung der guten, göttlichen Kräfte erhalten, und das ist es ja, was ich mit dem Kreuzzeichen eigentlich bezwecken will: Gott, die gute Kraft, soll in mich einziehen und meine Wege lenken. Und das gelingt auch, wenn ich mich ihm emotional öffne und seinen Willen annehme. Es hat also durchaus einen Sinn, sich selbst zu bekreuzigen, wenn dies mit geistiger Aufnahmebereitschaft für das Gute einhergeht. Wenn ich es aber „übertreibe" (die Arme verschränke oder die Beine übereinanderschlage), schotte ich mich von externen Kräften vollkommen ab und kann nichts mehr aufnehmen, also auch keine guten, Leben spendenden Kräfte. Dieses ist dann eine Geste der Isolation, die ich anwende, um etwas Ungutes, mir Unpassendes abzuwenden und es nicht in mich hineinzulassen. So kann ich auch tatsächlich böse Kräfte abwehren und mich selbst vor spontanem Energieverlust schützen (denn das Böse entzieht Lebensenergie). Die Blockade ist dann allerdings so groß, dass auch keine guten Kräfte mehr an mich herankommen und ich deshalb immer schwächer, mutloser, energieloser und kränker werde.

Das Prinzip des Bekreuzigens ist also Exorzismus und energetische (Teil)-Blockade, das Ausschalten des Eigenwillens und das Unterwerfen unter die göttliche Kraft im Vertrauen darauf, dass das Gute immer stärker ist als das Böse. Dennoch ist es sinnvoll, die Kraftaufnahme bewusst und emotional zu steuern, denn das Böse schläft nicht – es wartet nur auf einen unachtsamen Moment, um wieder in uns einzudringen. Wenn ich mich selbst bekreuzige, kann ich diese Energien steuern; doch Vorsicht, wenn ich mich bekreuzigen lasse: Es kann gut gemeint sein und Erfolge zeigen, wenn ich an eine begnadete Person gelange, die mir gleichzeitig die göttliche Lebenskraft vermitteln kann. Schützen sollte man sich allerdings vor Personen, die mit dem Kreuzzeichen unachtsam, unwissend oder gar selbstherrlich umgehen!

Sakramente und Weihen

Der Empfang der kirchlichen Sakramente ist nach theologischer Deutung ein Akt der Eingliederung des Menschen in Christus sowie in die Institution der Kirche.

Insbesondere durch die drei grundlegenden Sakramente der Eingliederung (Initiationsriten) Taufe, Firmung und Eucharistie soll ein Christ Anteil am Tode Christi erhalten. Die Sakramente der Beichte, Priesterweihe, Ehe und Krankensalbung stellen „Hilfsmittel" dar, die die Beziehung zu Gott festigen und seine Geschöpfe an seiner Kraft teilhaben lassen sollen.

Sakramente und Weihen sind aber auch rituell sehr wirksam: Sie öffnen den Organismus für den Empfang der heiligen kosmischen Schwingungen. Es liegt dann an der individuellen Lebensweise eines jeden, ob er diesen „Informationskanal" und Kraftquell offenhalten will oder sich ihm durch Sünde verschließt. Die hier angewandten Rituale entsprechen im Wesentlichen denen, die auch bei der Feier der Heiligen Messe vorgenommen werden, sodass im Folgenden nur noch auf Besonderheiten und bioenergetische Wirkungen hingewiesen werden soll.

Der spirituelle Aspekt der Sakramente besteht darin, den Gläubigen in eine besonders enge Beziehung zu Christus zu bringen, um von ihm in seiner neuen Lebensphase geleitet zu werden, beziehungsweise damit der Gläubige die immerwährende Leitung durch Gott nun verstärkt erfahre. Sakramente dienen der Heilsvermittlung, der Rückführung in Gottes Plan und der Integration in die ewigen kosmischen Gesetze. Die Heilkraft des Sakramentes ist Realität, physisch fassbar, auch wenn dieser Aspekt heute immer öfter verleugnet wird. Die Einbindung der Sakramente in ein Glaubensgefüge dient lediglich der Schaffung einer verstärkten Bereitschaft zur Aufnahme der vom Sakrament ausgehenden Kraft. Nur wo es möglich ist, das Sakrament beziehungsweise die ihm innewohnende Kraft real zu erfahren, kann dem Christen in seinem Leben Heil im Sinne von Ganzheit, Ordnung, Teilhabe an Christus und Heiligung geschenkt werden. Mit Sakramenten leben bedeutet, das Eingreifen Gottes durch Christus in allen Lebensphasen zuzulassen, zu erfassen und mit seiner Hilfe den Heilsplan zur Vollendung zu führen. Durch die Spendung der Sakramente greift eine höhere Ordnung in das Heilsgeschehen ein. Der Christ wird aufgerufen, in Christi Nachfolge zu treten und mit ihm eine Schicksalsgemeinschaft zu bilden.

Weihen dienen letztendlich dem gleichen Zweck wie Sakramente: Auch in ihnen oder durch sie soll Gottes Kraft (eine höhere Ordnung) im Menschen wirken. Personen wie auch Gegenstände erhalten durch die Weihe die Kraft, die notwendig ist, um auch andere Menschen zum Heil zu führen.

Weihen haben über ihren sakralen (beziehungsweise spirituellen) Aspekt hinaus auch einen realen, physikalischen Charakter. Bei der Weihe wird eine organisierte Kraft übertragen (Orenda, Mana), die sich im geweihten Objekt nachweisbar manifestiert. Durch sogenannte Reaktionsabstands-Messungen mit der Rute oder durch Auspendeln kann die Kraftübertragung in ihrer Intensität bestimmt werden. Die Fragen „Wie stark ist eine Weihe?" oder „Wie weit reicht sie?" können eindeutig beantwortet werden, wenn es gelingt, die Weihe als solche sicher nachzuweisen. Da die Imprägnationskraft einer Weihe vom Ritual, von den Worten, der Imagination und der mentalen Kraft des Weihenden abhängt, steht das einzige Fragezeichen hinter der Person des weihenden Priesters. Es ist nicht allein die Gnade Gottes, die hier wirkt! Sie ist zwar der Ursprung der Kraft, die es zu vermitteln gilt, aber der Mensch hat den freien Willen zu entscheiden, was mit dieser Kraft passiert, ob sie überhaupt transformiert und weitergegeben werden kann und ob die zu weihende Person oder Sache überhaupt in der Lage ist, die Weihe anzunehmen.

Stärker als Weihen im üblichen Sinn sind die Kräfte, die geheiligte Personen aus sich selbst heraus wirken lassen können, da hier ein höheres Prinzip durch diese Personen wirkt. Heilige haben einen besonders weitreichenden Reaktionsabstand und damit eine verstärkte Kraft, um die ihnen zuteil gewordene „Heiligkeit" auch auf andere Objekte oder Personen zu übertragen. Fotos solcher Personen „strahlen" ebenfalls heilige Schwingungen aus, deren Intensität auch hier über ihre Reichweite feststellbar ist. Diese Kraft ist übertragbar. Stellt man ein Glas Wasser auf solche Fotos, nimmt dieses die heiligen Schwingungen in geringer Intensität an und wird so zu einem Heilwasser. Es gibt auch Personen, die „unheilige" Energien übertragen.

Im Prinzip weisen alle Fotos lebender Personen eine mehr oder weniger große energetische Ausstrahlung („Lebenskraft-Schwingung") auf. Sie erlischt in der Regel, wenn die Person stirbt, ein Zeichen der bioenergetischen geistigen Verbundenheit zwischen dem Menschen und einem ihn darstellenden Objekt. Darauf beruht beispielsweise die Verwendung von Fotos für den Heil- oder Schadenszauber, weshalb viele Naturvölker sich nicht fotografieren lassen und Spiegelbilder meiden.

Taufe

Nach altkirchlicher Praxis versammelten sich die Katechumenen (Personen, die am Taufunterricht teilgenommen haben) vor dem Kirchenportal und wandten sich nach Westen, in die Richtung des Sonnenunterganges und der Finsternis, erhoben die Hände (Empfang von Energien aus bestimmten energetischen „Schichtebenen") und legten das Taufgelübde ab (die Widersagung an den Satan). Nach Westen richteten sie sich deshalb, weil von dort recht zweifelhafte Energien einstrahlen. In der Kirche, schworen sie, nach Osten gewandt, das Glaubensbekenntnis, legten die Kleider ab, wurden mit Katechumenenöl gesalbt und dreimal im Taufwasser untergetaucht. Dann trockneten sie sich ab und legten das weiße Taufkleid an. Der Bischof legte ihnen die Hand auf (nur er war als „Eingeweihter" befähigt, den Heiligen Geist auszuteilen) und salbte sie mit Chrisam, dem heiligen Salböl – womit auch die Firmung vollzogen war. Die heilige Kommunion durfte nicht sofort empfangen werden, sondern erst am Weißen Sonntag, nach einwöchigem Kommunionunterricht.

Die Taufe ist laut kirchlicher Deutung eine Entscheidung für die Teilnahme an der Gemeinschaft der Christen. Sie hat jedoch an spiritueller Bedeutung verloren, da man in der Regel nicht mehr bewusst als Erwachsener, sondern als unmündiges Kind getauft wird. Es fällt uns heute schwer, im Taufakt das „Sterben und Auferstehen mit Christus" (2. Tim 2,11) nachzuvollziehen, wie es die kirchliche Lehre besagt. Das Taufsakrament soll uns an ein göttliches Versprechen erinnern, welches besagt: „Ich werde mit dir sein, wohin auch immer dein Weg dich führt." Damit tritt die Kirche in die Verpflichtung, sich des jungen Menschen anzunehmen und ihm bei schweren Entscheidungen beizustehen. Sie darf ihm seine Mitgliedsrechte nicht verwehren. Aus dieser Sicht werden auch die späteren Erneuerungen der Taufversprechen (Erstkommunion, Firmung, Osternacht, besondere Messen) verständlicher, wenn man in ihnen eine Festigung des gemeinsamen Bundes sieht. Damit wird dann die Zusage, unter Gottes Schutz zu stehen, zu einem Akt der Berufung und Entfaltung des Getauften.

Die Taufe ist ein altes Ritual für eine Aufnahme in die Gemeinschaft. Sie bildet ein kirchliches Symbol, das Heidentum und Christentum scharf unterscheidet. Vor der Taufe gehört der Mensch zu der dämonisch fremden Gesellschaft jenseits der Grenzen der Christenheit. Deshalb stehen die Taufbecken in älteren Kirchen auch stets im Eingangsbereich der Kirche oder in separaten Gebäuden. Das Böse soll nicht in die Nähe des Altars gebracht werden.

Der wohl wesentlichere Aspekt der Taufe, die Reinigung des Menschen von ihm anhaftenden geistigen Energien, die als unwürdig befunden werden, ist heute weitgehend in den Hintergrund getreten. Altjüdische Reinigungsrituale beweisen, dass die spirituelle Reinigung des Menschen einst einen ganz wesentlichen Aspekt des Taufrituals dargestellt hat. Zentrales Thema des Taufrituals ist nämlich auch heute noch die Bekräftigung des Glaubens an Gott, den allmächtigen Vater, und das Widersagen des Satans und all seinen Verlockungen als Urheber des Bösen. Der Täufling wird von bösen Mächten

befreit und darf an der stärkenden Allgewalt Gottes teilhaben. Der Exorzismus vollzieht sich im Täufling selbst.
Er wird von anhaftenden bösen Mächten (Schwingungen)
befreit, die eine Aufnahme der kosmischen Lebenskraft
behindern könnten.

Das ungetaufte Kind gilt als „Heide"[27] und ist als
solcher den bösen Mächten fast schutzlos preisgegeben;
stirbt es vor der Taufe, wird es friedlos. Die Taufe gilt
als das beste Mittel gegen Behexung. Da sie mit ihrem
Exorzismus die Sünden des vergangenen Lebens abwäscht, wurde sie mitunter bis ins hohe Alter hinaus-
geschoben. Nach kirchlicher Lehre dient die Taufe allerdings vornehmlich der Befreiung von der Erbschuld.
Der mit der Taufe verbundene Ritus ist ein Reinigungsritus, er dient dem Abwaschen alter Befleckungen, die
den Menschen hemmen. Deshalb auch hier die Verwendung von Weihwasser, das durch seinen Salzgehalt
und die Segnung dem reinigenden Meerwasser gleicht:
„mit ewiger Frische und himmlischer Kraft". Nur Feuer
und Rauch wirken noch gewaltiger als Weihwasser. Zur
Reinigung gehört auch das Salben mit Chrisam, ein ge-
weihtes heiliges Salböl der orientalischen und römisch-
katholischen Kirche, das als Dämonen vertreibendes
Mittel gilt. Chrisam ist also Schutzmittel, Mittel der
Entsühnung und Mittel zur Vertreibung des Bösen.[28] So
heißt es im Taufexorzismus des Missale Romanum:

„Ich beschwöre dich, unreiner Geist, und jeden
Angriff Satans und jedes Blendwerk im Namen des

27 Römisches Messbuch, S. 236.
28 Römisches Messbuch, S. 355 u. 357.

Vaters und des Sohnes und des Heiligen Geistes: Weiche von diesem Öle, damit es eine geistige Salbung werden kann, um stark zu machen den Tempel des lebendigen Gottes, auf dass in ihm wohnen kann der Heilige Geist ..."[29]

Im sakramentalen Weiheritus soll die übernatürliche Kraft des Heiligen Geistes durch das Anhauchen dem Öle mitgeteilt werden.[30] Auch den Aposteln wurde der hl. Geist „eingehaucht" (Joh 20,22) und zwar mit Vehemenz (= vaeh adimens, das Weh hinwegnehmend), da ihnen damit nach kirchlicher Auffassung die Kraft verliehen wurde, Sünden zu vergeben sowie das Weh, die Belastung und die Krankheit hinwegzunehmen.

Der Ausspruch „welchen ihr die Sünden erlasst, denen sind sie erlassen" aus dem Johannes-Evangelium (Joh 20,23) könnte nach Aussage des medial veranlagten Priesters Johannes Greber durch eine falsche Übersetzung bzw. die Auslassung eines Wortes eine Sinnentstellung erfahren haben, denn das griechische Wort für „ihnen" bedeutet auch „selbst". So könnte es ebenso heißen: „Wenn ihr die Sünden anderer vergebet, so werden sie euch selbst vergeben".[31]

Jede Taufe ist ein Sieg über die Unreinheit. Es ist deshalb nur normal, wenn bei der Taufe auch körperliche Heilungen geschehen, wie die bei Michael *Marsch* zitierte Heilung von Taubheit.[32] Sinn der Taufe ist es ja, einem Menschen neues Leben (das Leben in Christi)

29 Römisches Messbuch, S. 349.
30 Römisches Messbuch, S. 353.
31 Greber: Der Verkehr mit der Geisterwelt Gottes, S. 19 der deutschsprachigen Ausgabe.
32 Marsch: Heilen.

einzuhauchen, sodass man damit nicht nur Sünden tilgen, sondern auch böse Mächte wie die der Krankheit und des Todes austreiben kann. Der sogenannte Salzsegen eines noch vor einigen Jahrhunderten praktizierten Taufritus verbindet Heilung und Taufsakrament ausdrücklich miteinender:

> „Ich exorziere dich … dass du kraft der heiligen Dreieinigkeit Heil bringendes Sakrament werdest, zum Banne des Bösen. Darum bitten wir dich, Herr unser Gott … dass es zu einem vollkommenen Heilmittel werde allen, die es erhalten, und ihnen erhalten bleiben möge in ihrem ganzen Sein."

Mac Nutt berichtet aus persönlicher Erfahrung, dass ein von ihm getauftes Kind nach vollständigem Untertauchen von einem Ekzem geheilt wurde, das ärztlicher Behandlung wochenlang widerstanden hatte. Man vergleiche dort auch weitere zitierte Fallbeispiele.[33]

Im alten römischen Taufritus wurden Nase und Ohren des Täuflings nach dem Exorzismus vom Priester mit Speichel berührt, damit durch diese Öffnungen künftig kein unsauberer Geist einfahre; ein Brauch, der auch noch in Luthers Taufbüchlein erwähnt wird. Zweck der Ohröffnung ist es, zu erreichen, dass auch ankommt, was im Ritus ausgesagt wird. Dazu müssen dem Hörenden die Ohren geöffnet werden. Es soll eben nicht nur der Schall (nur Tonschwingungen) das Ohr erreichen, sondern der im Wort übertragene Inhalt selbst muss aufgenommen werden.

---

33 Mac Nutt: Die Kraft zu heilen, S. 210 f.

Bis zum frühen Mittelalter wurde in Rom noch der Brauch praktiziert, bei einem großen Skrutinum den Taufanwärtern zeremoniell die Ohren zu öffnen. Der Priester berührte dazu die Ohren mit Speichel und sprach „Effeta – tu dich auf."[34] In diesem Ritual wurde also eine besondere Kraft übertragen, die sich im heutigen Taufsakrament widerspiegeln soll, eine Kraft, die alle Blockaden löst und den Kontakt mit geistigen Schwingungen herstellt.[35]

Die paarigen Sinnesorgane sind nämlich besondere Od-Träger (Lebenskraft-Träger) im Sinne Reichenbachs, *Aufnahme-* und Sendeorgane besonderer Arten von Lebensenergie, getrennt nach Yin- und Yang-Energien. Auf diesem Prinzip beruht auch die Wirksamkeit des Lebensodems (Gott hauchte Adam Leben ein) und des heilenden Blickes. Fähige Personen können eine Blutung stillen, indem sie mit dem richtigen Auge im richtigen Abstand und der entsprechend eingeübten Energieausstrahlung eine Wunde ansehen, ein Heilen, das nahezu jeder erlernen kann, der seine „inneren Sinnesorgane" dafür aktiviert und trainiert. Damit das Erlernen überhaupt möglich wird, muss der Übende aber erst einmal die be-

---

34 Der Speichel als Lebensspender und Schutz vor Bösem findet bereits in den *Isis*-Mythologien der Ägypter Anwendung. So konnte dem nichts Böses geschehen, den *Horus*, der göttliche Falke, mit Speichel aus seinem Munde berührte (Kakosy, Zauberei, S. 227).

35 Einen interessanten Hinweis über das Ohr als Eingangspforte göttlicher Kraft liefert uns die Lehre der später als Ketzer verfolgten Katharer, die Jesus als Engel und Verkünder der göttlichen Botschaft ansahen. Maria galt ebenfalls als Engel, deren Befruchtung über das Ohr erfolgte, also durch das Wort, gemäß der Botschaft des Verkündigungsengels. Bei den Kelten gab es einen ähnlichen Mythos bezüglich des Gottes der Beredsamkeit Ogmios-Ogma, der durch das Wort gezeugt wurde.

treffende Energieform kennenlernen, mit der er dann umgehen soll.

So ist es dann auch beim Öffnen des geistigen Ohres. Die „Weihe" brachte die betreffende Schwingungsinformation zur Öffnung der inneren Ohren. Der Anfang war damit gemacht, den geistigen Sinn der Worte zu verstehen, doch „üben" musste jeder selbst, durch Meditation, durch Gebet, durch Zuhören und Konzentration auf seine eigene innere Stimme.

Die Übertragung einer besonderen Kraft zum Vermitteln einer besonderen Fähigkeit ist also die wahre Bedeutung des alten Zeremoniells der Ohröffnung, doch muss es fraglich erscheinen, ob noch im Mittelalter die Priester die Fähigkeit hatten, mit diesen Energien umzugehen, die man ja selbst erst einmal erlangt und durch Üben vertieft haben musste. Vielleicht waren (von Ausnahmen abgesehen) die Apostel die letzten Befähigten, denn sie erhielten von Jesus selbst den „Pfingstgeist", die Kraft, zu wirken und geistige Energien umzusetzen, das heißt aufzunehmen und zu übertragen. Doch was man selbst nicht kann, was man nicht laufend sieht und was nicht richtig praktiziert wird, das gerät in Vergessenheit, wird zur Folklore degradiert oder gar als Aberglaube abqualifiziert. Die größte Gegnerschaft und das größte Unvermögen entsteht dabei oft in den eigenen Reihen – der heutigen Priesterschaft.

Das Tragen des Täuflings (nach der Taufe) um den Altar, durch das symbolisch eine Bindung des Kindes an diesen Mittelpunkt erreicht werden soll, ging von griechisch-römischen Kulten auf das Christentum über. Das Umgehen soll aber auch eine Reinigung des Täuflings und die Bindung der Dämonen bewirken. Dieses Brauchtum ist eine alte magische Handlung, die an das Bannkreiszeichen der Schamanen erinnert und durch die Bindung an einen geheiligten Mittelpunkt schädigende elementare und psychische Kräfte fernhalten soll. In der Antike wurden die Tempelstätten nach dem Sonnenlauf, also rechtsherum umschritten. Die ganzheitliche Beziehung zwischen Mensch und kosmischen Abläufen ist aber heute weitgehend verlorengegangen – der Altar wird heute linksherum umschritten, dem Verlauf der Erdrotation (den niederen Erdkräften) folgend. Der Brauch des Umgehens ist jedoch noch nicht ganz ausgestorben. In Thurn (Osttirol) liegt das Helenenkirchlein über einer alten Kultstätte. Hier wird, als Gelöbnis zur Abwehr von Unwettern, am Karsamstag mit einer Jesusfigur dreimal ein altes Grab umkreist. Häufiger ist heute noch die dreimalige Umrundung von Kirchen und Altären bei Prozessionen, Wallfahrten oder Weihen sowie bei Totenritualen.

Mit der Befreiung des Täuflings von den ihm anhaftenden irdischen, niederen Energien wird eine Umwandlungsphase eingeleitet: Der Geist Christi zieht in den Körper ein und soll sich durch den Körper als Instrument verwirklichen. Diese Umwandlungsphase geschieht im oder am achteckigen Taufbecken, weil die Acht Umwandlung, Auflösung und das Unendliche bedeutet. Der achte Buchstabe im hebräischen Alphabet steht für das Wasser, die Gebärmutter, das Ende einer Begrenzung oder die Aufgabe eines verflossenen Lebens zur Wiedergeburt.[36] Die Taufe soll eine Wiedergeburt bewirken, daher sind viele Taufbecken achteckig. Der Taufstein wirkt als Vermittler zwischen Quadrat und Kreis, zwischen Erde und Himmel.

Der Täufling selbst muss nüchtern sein und trägt ein weißes Taufkleid. Weiß ist die Farbe der Lichtgottheiten. Weiße Gewänder (vgl. auch Priesterbekleidung) verleihen dem Träger einen besonders starken Schutz. Die weiße Gewandung der Priester geht auf die Praxis der keltischen Druiden zurück. Man sah vonseiten der Kirche keinen Anlass, bestimmte Bräuche, Sitten und Begriffe der Druiden abzuschaffen, und so wurde auch deren traditionelle weiße Tracht beibehalten.

Firmung

Die Firmung gilt als Vollendung der Taufe und stellt eine moderne Form des erneuten Initiationsritus dar, in dem sich der heranwachsende Mensch freiwillig in den Dienst für Christus stellt. Um dafür gerüstet zu sein, werden die Gefirmten reich ausgestattet, nämlich „durch eine besondere Kraft des Heiligen Geistes". Die Firmung ist also eigentlich eine Gabe Gottes, die den Getauften ganz durchdringen soll und ihn von innen her aufschließt für das, was Christus von diesem Menschen erwartet. Der Heilige Geist selbst gibt die Kraft, dieses zu vollbringen.

Damit werden die bioenergetischen Wirkungsmechanismen der Sakramente direkt offenbar: die Öffnung

---

36 Mit überkreuzten Händen kann eine Energieübertragung durchgeführt werden, wenn man in Form einer Acht über den aufzuladenden Gegenstand streicht. In anderen Fällen wirkt die Kreuzform immer blockierend.

des Menschen als Resonanzboden für die göttlichen (kosmischen) Schwingungen zum Heil des Individuums und der Menschheit.

Im Firmsakrament wird wiederholt eine christliche Initiation gefeiert, die bei der Taufe im Säuglingsalter nicht bewusst nachvollzogen werden konnte. Sie ist also kein Sakrament der *Reife*, sondern der persönlichen *Reifung*, der Entdeckung und Erfahrung des Lebens im Heiligen Geist. Die Firmung vermittelt die Kraft des Geistes, die den Menschen mit Christus verbindet (1. Kor 12,13). Sie ist nach kirchlicher Lehre eine von Gott geschenkte Selbstmitteilung an den Menschen. Nur wer sich dieser Gnade und Kraft würdig erweist, kann auf ihre Wirkung hoffen und sie zu seinem Heil umsetzen.

Die Firmung wird von einem Bischof oder von einem von ihm beauftragten Priester beziehungsweise Weihbischof als „höherem" (bioenergetisch kräftigeren) Würdenträger vorgenommen. Das Herabrufen des Heiligen Geistes geschieht durch Kraftübertragung, indem die rechte (gebende) Hand auf den Kopf aufgelegt wird. Salbung und Segen ergänzen das Ritual. Sie „reinigen" den Firmling und bereiten ihn dergestalt auf die lebenslange Kommunikation mit dem Heiligen Geist vor. Die im Ritual mehrfach wiederholte Redewendung „ich glaube" bekommt den Charakter einer Eidesleistung, die den Firmling verpflichtet, den göttlichen „Informationskanal" offenzuhalten und Vergehen gegen die göttlichen (kirchlichen) Gesetze, die den Betroffenen von der Kraftströmung isolieren würde, als Sünde zu empfinden. In alter Zeit wurde der Chrisam, das entscheidende

Agens für die innere Öffnung in Bezug auf Gottes Segen, nicht sogleich weggewischt, sondern dem Firmling wurde eine Binde um die Stirn gebunden, welche erst nach einer Woche abgenommen wurde.

Bei der Betrachtung alten Brauchtums ist interessant, dass das *Pontificale Romanum* vorschrieb, dass der Firmling seinen Fuß auf den rechten Fuß des Firmpaten stellt. Dies ist keineswegs eine Symbolisierung der Zusammengehörigkeit des Firmlings mit dem Paten. Der Ritus basiert auf der Vorstellung, dass man sich die übernatürlichen Eigenschaften eines Menschen aneignen kann, indem man ihm auf den Fuß tritt. Man will also, dass dem Firmling die Eigenschaften des (nach kirchlichen Gesichtspunkten ausgewählten) Firmpaten zuteil werden. Auch die Gottessymbolik ist in der Verehrung des Fußes vertreten: Der von Ägyptern, Griechen und Römern verehrte Heilgott *Serapis* wurde zum Teil einfach als rechter Fuß mit einem Kopf darauf dargestellt; den Kopf fügte man hinzu, um zu verdeutlichen, dass es sich nicht um einen gewöhnlichen Fuß handelte. Vielleicht kann deshalb auch der Kuss auf den rechten Fuß des heiligen Petrus in der Peterskirche zu Rom als Bitte um Heilung aufgefasst werden. Die Statue steht nur deshalb auf einem erhöhten Podest, damit man bequem ihren Fuß küssen kann. Auch der Pantoffel des Papstes wird geküsst. Zudem sei daran erinnert, dass die Berührung des Rocksaumes Christi heilte. Es entspringt daher einer ähnlichen

Grundvorstellung, wenn man in Osteuropa jemandem nicht die Hand zur Begrüßung gibt, sondern den Ärmelsaum, Mantelsaum, das Beinkleid am Knie oder den Saum des Damenrocks küsst.

Analog zum Heilungsbericht der Bibel berichtet *Yogananda*[37] von seinem Onkel, dem die besondere Gnade zuteil wurde, den christusähnlichen *Yogi Trailanga* zu erblicken. Es gelang ihm, sich dem Meister zu nähern und seine Füße zu berühren. Zu seiner eigenen Überraschung wurde er augenblicklich von einer schmerzhaften chronischen Krankheit geheilt. Die vom Meister ausgehende Kraft erinnert an die Worte Jesu (Mk 16,17–18): „Die Zeichen aber, die da folgen werden denen, die da glauben, sind die: In meinem Namen werden sie Teufel austreiben, mit neuen Zungen reden, Schlangen vertreiben; und so sie etwas Tödliches trinken, wird es ihnen nicht schaden; auf die Kranken werden sie die Hände legen, so wird es besser mit ihnen werden."

Fußsohlenbilder als „Fußspur der Gottheit" werden noch in vielen Teilen der Welt verehrt. Von ihnen soll eine magische Kraft ausgehen, welche die einstige Anwesenheit der Gottheit noch heute spürbar werden lässt. Auf dem Adamsberg in Ceylon werden die Spuren *Shivas* oder *Adams* als „Fußstapfen der Sonne" verehrt. *Herodot* berichtete von einer Fußspur des *Herakles* am Dnjestr. Auf dem Ölberg bei Jerusalem bildet die Fußspur der Himmel-

37   Nach Yogananda, Autobiografie eines Yogi, S. 404 f.

fahrt Christi den Mittelpunkt einer Kirche.[38] Der Heiler Bruno *Gröning* wies darauf hin, dass der Boden, auf dem er gegangen sei, Heilkraft beinhalte. Das wird verständlich, wenn man bedenkt, dass die Heilkraft von Personen nachweislich auf Objekte übergeht, mit denen sie in Berührung kommen. Man vergleiche dazu auch die vielen Spursteine, die im deutschen Wallfahrtsbrauchtum verehrt werden. Sie weisen in der Tat vielfach heilsame Energien auf, doch ist nicht anzugeben, ob sie diese schon von Natur aus (aufgrund des Standortes) beinhalten oder erst später angenommen haben.

Der „Ohrfeige" (Backenstreich) des Bischofs kommt heilende und erlösende Kraft zu. Es ist eine Analogie zum Friedenskuss, was durch die Worte „Friede sei mit dir" unterstrichen wird. Der Backenstreich soll aber auch die Erinnerung an das Ereignis, bei dem die Ohrfeige gegeben wurde, wachhalten. Der Backenstreich mag wohl am ehesten als Zeichen für die Kraftübertragung durch Berührung gelten, in Anlehnung an vergleichbares Brauchtum, wie beispielsweise Herzogseinsetzung, Handwerksbräuche, Belehnung, Hochzeitsritual oder Ritterschlag. Die reale Wirkung eines Schlages mit offener Handfläche ist in jedem Fall eine wesentlich stärkere Kraftübertragung als die einer bloßen Berührung. Tibetische und schamanische Heiler benutzen das Schlagen mit Ruten, um dem Menschen anhaftende böse Mächte zu entfernen.

---

38   Nach Veltheim-Ostrau: Tagebücher aus Asien (2. Auflage), S. 116.

Eucharistie (Abendmahl)

Die Eucharistiefeier der katholischen Glaubenslehre bezieht sich auf das letzte feierliche Mahl Jesu mit seinen Jüngern; er soll in der Eucharistie wirken und uns durch sie zum Heil führen. Christi Leben und seine geistige Kraft sind in der Eucharistie gegenwärtig; deshalb wird sie als unerlässlich für das Heil des Menschen betrachtet. Die Menschen sollen aus ihr die Kraft für ein Leben in Liebe, Hingabe und Aufopferung gegenüber der Welt ziehen. Auf ihr basiert die Verbindung der Glaubensgemeinschaft mit dem Auferstandenen.

Unabhängig von der Kirchenlehre ist Christi Gegenwart während der Eucharistiefeier für feinfühlige Personen eine Erfahrungstatsache. Über die Hostie wirkt die Christuskraft auf die energetische Struktur des Menschen und beeinflusst sie in Seinem Sinne, das heißt, der die geheiligte Hostie Empfangende wird zum Resonanzboden für höhere geistige Kräfte.

Das Eucharistiesakrament ist Mittelpunkt der Messfeier, Quelle der Kraft für den Gläubigen und sammelnder Mittelpunkt allen kirchlichen Tuns. Spirituell veranlagte Menschen, die „reinen Herzens" (frei von Sünde) zur Kommunion gehen, spüren physisch die stärkende Kraft des Heiligen Geistes, sodass sie dieses Leben spendende Sakrament nicht mehr missen möchten. So empfand auch Pater Pio, als er seinem Seelenführer schrieb:

„Das Herz fühlt sich wie von einer höheren Kraft hingerissen, bevor es sich mit Ihm am Morgen im

Sakrament vereint. Ich empfinde einen solchen Hunger und einen solchen Durst, bevor ich Ihn empfange, dass nur wenig fehlt, dass ich nicht vor Atemnot sterbe. Eben weil ich nicht mehr [leben] kann vor der Tatsache, dass ich noch nicht mit Ihm vereint bin. Manchmal bin ich mit Fieber im Leib gezwungen, hinzugehen, um mich mit seinem Fleisch zu ernähren." Denn wenn Pater Pio zu krank war (schreibt der Biograph Pater Derobert), um die Messe feiern zu können, musste er mit aller Gewalt kommunizieren.[39]

Viele Stigmatisierte und Mystiker ernähren sich Jahre ihres Lebens ausschließlich von der Hostie beziehungsweise von der durch sie vermittelten Lebenskraft, ohne andere Nahrung zu benötigen. Vom Einsiedler *Nikolaus von Flüe* heißt es:

„Wenn ich nahe bei dem Priester knie und ihn erblikke, wie er die göttliche Speise zu sich nimmt, oder wenn ich sonst gewürdigt werde, dieselbe zu empfangen, wird mein ganzes Gemüt so von himmlischem Trost und von Lust überschüttet, dass ich gleichsam darin schwimme und der Überfluss sich in den Leib ergießt. Das ist's, was mich nährt und mich alle andere Nahrung vergessen macht."[40]

Wer die himmlische Süßigkeit gekostet hat, den dürstet nicht mehr nach irdischen Genüssen. Wer im Geiste lebt

39   Pater Derobert: Pater Pio, S. 61 f.
40   Schamoni: Das wahre Gesicht der Heiligen, S. 136.

und sich von der Eucharistie ernährt, bedarf auch keiner irdischen Nahrung mehr, denn „der Herr lässt den Gerechten keinen Hunger leiden" (Spr 10,3). Ergänzend muss jedoch angemerkt werden, dass Nahrungslosigkeit nicht an ein Leben nach kirchlichen Regeln oder Glaubensdogmen gebunden ist. Die Eigenschaft, nahrungslos leben zu können, hat nichts mit der Konfession zu tun. Es gibt zahlreiche Menschen, die von „Lichtnahrung" leben und die erforderliche Lebenskraft. (Prana) mit der Luft einatmen – von den dem Verfasser bekannten Personen würde sich aber niemand als gläubigen Christen bezeichnen.

Der Empfang der Eucharistie macht leicht und frei, stärkt und sichert; er gibt die Kraft, die Liebe Gottes weiter zu anderen Menschen tragen zu können. Es handelt sich um eine vergleichbare Kraftströmung, wie sie beispielsweise ein Rutengänger an Orten heiliger Kraft empfindet. Da das Eucharistiesakrament den entsprechend vorbereiteten Personen tatsächliche Kraft gibt, ist es verständlich, dass die Ostkirche sofort nach der Taufe eines Kindes mit dem Spenden der Kommunion beginnt, wohingegen bei uns die Kinder dieses Sakrament erst im Alter von etwa acht Jahren empfangen dürfen.

Der Verzehr von Brot und Wein könnte historisch auf den Riten der Dionysosfeste beruhen, bei denen das Trinken von Wein als „Blut des Gottes" bereits als echtes Sakrament galt. Die Teilnehmer der Feste wurden so der Seele ihrer Gottheit teilhaftig. In Opferriten tritt Wein oft an die Stelle des Blutes. Geweihtem Brot kommt aber auch außerhalb des kirchlichen Rahmens eine Bedeutung zu.

So wird in Deutschland heute noch in vielen Ortschaften zu bestimmten Anlässen (z.B. Namenstagen von Heiligen) Kultgebäck gebacken (und vom Priester gesegnet), dem im Volksbrauchtum eine Schutz- und Heilwirkung für Mensch und Tier nachgesagt wird.

Zur Verstärkung der energetischen Komponente des eucharistischen Mahles wurde vielfach versucht, durch Einnahme von Rauschmitteln ein verstärktes Gefühl für die Anwesenheit der Gottheit zu erlangen (Elysianische Mysterienkulte). Die Droge kann die Gotteserfahrung durchaus beschleunigen und intensivieren, indem sie das Wachbewusstsein dämpft und die inneren Fesseln beseitigt, die der Aufnahme des göttlichen Energiestromes entgegenstehen. *Hildegard von Bingen* überlieferte uns ein Rezept zur Rauschmittelherstellung. Nach diesem werden drei Mutterkornpilze nach dem Trocknen zusammen mit einem Kilogramm Weizenmehl sehr sorgfältig gemörsert und diese Mischung zu Oblaten ausgebacken. Kleinere Partikel dieser Oblaten konnten dann an geeignete Personen zur Erweiterung des Bewusstseins und zur Kommunikation mit der Gottheit ausgeteilt werden.

Die mystischen Erfahrungen, die dergestalt an „Orten der Kraft" gemacht wurden, sollten jedoch in keiner Weise die Gotteserfahrungen ersetzen, erzwingen oder gar in ein physikalisches Prinzip umformen. Die äußerlich angewandten Hilfsmittel (Kraftorte, Drogen) dienten lediglich als wirksame Einflüsse auf das Nervensystem des Menschen, die das Gemüt berühren, die Seele öffnen und von belastenden Schwingungen beziehungsweise von einem „rationalen Verschluss", der einer Gotteserfahrung entgegenstünde, befreien. Auf diese Weise kommen eine verstärkte Öffnung und eine verstärkte Kommunikation mit der Gottheit zustande, weil der Mensch sich demgegenüber nicht mehr verschließt.

Analoge Verwendungszwecke dürften einst auch der Messwein (mit dem Myrrhezusatz nach Mk 15,23) und die geheiligten Salböle gehabt haben. Das ihnen innewohnende Wirkungsprinzip ist nicht der Rausch, sondern die Erfahrung der subtilen Substanzschwingungen, mit denen diese Sakralspeisen so versehen wurden. Beim Chrisam gilt das gleiche Prinzip wie bei der Hexensalbe: Die Wirkung basiert auf den substanziellen Schwingungen der Ingredienzien und den durch spezielle Weihen künstlich hinzugefügten Schwingungen. Es wirken also die Schwingungen auf den Organismus, die – auf welche Weise auch immer – in das Salböl hineingebracht wurden.

Mutterkorn-Alkaloide fanden auch im *Demeter*-Kult Verwendung. Im Zuge der Christianisierung wurden dann die alten Erdgottheiten für heidnisch erklärt und durch die Zentralfigur der Maria, die als „Mutter Gottes" gilt, ersetzt. Die an Marienstatuen, Marienbildern und Marienwallfahrtsorten erfahrbaren Wellenlängen haben sich aber bis heute nicht verändert; es sind immer noch die klassischen Frequenzen der alten Erdgottheiten. Während „Gottvater", „Gottes Sohn" und der „Heilige Geist" durch jeweils eine einzige kennzeichnende Wellenlänge nachgewiesen werden können, enthalten die Gottesmutter-Darstellungen stets mehrere „Götterfrequenzen".

Das Abendmahl war einst ein einfaches Gedächtnismahl, gemäß dem üblichen jüdischen Hausgebrauch.

Berichte der jüdischen Urgemeinde (Mk 14,22 ff; Mt 26,26 ff; Lk 22,15 ff; 1. Kor 11,23 ff) lassen diesen ursprünglichen Sinn noch deutlich erkennen. Eine Stiftung des Abendmahls als *Sakrament* durch Jesus selbst ist historisch zweifelhaft. Erst der stark im Hellenismus verwurzelte *Paulus* verband die Idee des Sakraments mit dem Abendmahlsritus. Von ihm stammt auch die Verknüpfung des Abendmahls mit den uralten Vorstellungen von der mystischen Vereinigung mit der Gottheit durch Essen und Trinken.

Mit der heiligen Handlung des Abendmahls wurden rasch Momente des Zaubers und Aberglaubens verbunden, weil feinfühlige Personen Wirkungen spüren konnten, die von diesem Sakrament ausgingen. So bewirke der Empfang des Abendmahls, dass die Dämonen und der Teufel keine Gewalt über den Menschen haben (Reinigungsritus) – eine Annahme, die unter bioenergetischen Gesichtspunkten voll aufrechterhalten werden kann. Der Reinigungsaspekt durch die Kommunion entspricht auch der heutigen Kirchenlehre, laut der die Kommunion von „lässlichen Sünden" befreit. Eine Reinigung in diesem Sinne ist aus bioenergetischer Sicht das Auslöschen einer pathologischen (bösen) Schwingung durch eine physiologische, gute, heilige Schwingung. Letztere ist insbesondere im konsekrierten Messwein gespeichert, der den Gläubigen in der katholischen Kirche allerdings nur zu besonderen Anlässen gereicht wird.
Der Messkelch ist in der Regel innen vergoldet. Gold ist eines der wenigen edlen Metalle, welche auf die in

einer Flüssigkeit gespeicherten Schwingungen kaum oder keinerlei auslöschende (katalytische) Auswirkungen zeigen. Unter diesem Gesichtspunkt wären Glas oder Keramik geeigneter. Gold ist aber von der Eigenschwingung her „rechtsdrehend" und beinhaltet somit die wichtigen Schwingungen der Lebenskraft und vor allen Dingen die des Heiligen Geistes. So ist es auch kein Wunder, dass Gold beziehungsweise Goldverbindungen generell Heilwirkungen nachgesagt werden.

Die gesamte Eucharistiefeier beruht auf der Vorstellung eines Gemeinschaftsopfers, in dem man sich die Kraft des Geopferten einverleibt (Theophagie[41]). Da bei der heiligen Handlung der Opferung eine Kraftübertragung beziehungsweise Krafteinsetzung stattfindet, muss man nach herkömmlicher Vorstellung während des Rituals (durch Läuten, Abdecken, Bekreuzigen) verhüten, dass böse Geister in die Opferspeisen eindringen. So kann kein Schadenszauber auf die Speisen einwirken und ihnen nicht ihre Kraft entziehen, die ja den Gläubigen zukommen soll. Letztlich beruht das gesamte Ritual der Messfeier auf diesen Gedanken.

Das Sakrament der Buße

Die Gemeinschaft mit Gott und den Menschen wird aufgebaut durch das Gute, sie wird zerstört durch die Sünde. Sünde ist eine freiwillige Tat, für die der Mensch ver-

---

41 Theophagie = Gott-Essen. Akt der Gemeinsamkeit mit der Gottheit. Darstellung oft als Wunsch der Gottheit, gerade auf diese Weise mit dem Menschen in Verkehr zu sein (vgl. Einsetzungsberichte). Das Gott-Essen wird in altem Brauchtum stets als sakramental betrachtet.

antwortlich ist. Durch die Sünde macht sich der Mensch schuldig vor Gott, weil er dessen Schöpfungsordnung (dargelegt in den Geboten) missachtet. Da die Gebote Anweisungen für unseren Weg zum ewigen Heil sein sollen, muss jegliche Missachtung als Hindernis, als Sünde empfunden werden, die uns von dem Heilsweg abbringt und uns der Liebe Gottes verschließt. Der Sünder handelt seiner Berufung entgegen und wird letztlich an seiner eigenen Sünde erkranken.

Durch einen reinen, heiligen Geist öffnet man sich der Liebe Gottes und empfängt dessen stärkende kosmische Kraftschwingungen. Das Böse beziehungsweise die Sünde verändert die Schwingungen im eigenen Organismus, sodass der Organismus nicht oder nicht mehr in idealem Maße als Resonanzboden für die kosmischen Schwingungen dienen kann. Durch Sünde koppelt sich der Mensch selbst vom göttlichen Kraftstrom ab. Bereuen wir unsere Sünden, vergeben wir einander unsere Schuld und streben wir eine Umkehr zu Gott an, dann *können* uns die Sünden vergeben werden. Die pathologischen Schwingungen werden gelöscht, und der Organismus ist wieder bereit zur Aufnahme der göttlichen Kraft. In diesem Sinne wirkt das Bußsakrament, das vom Priester bei der Beichte oder zu anderen besonderen Anlässen gespendet wird – es öffnet das Tor zur Gnade Gottes. Durch die Sünde geht das Leben im Sinne der Unsterblichkeit verloren, das Bußsakrament weist uns wieder den rechten Weg.

Buße bedeutet Besserung, einem Übel abhelfen. Buße ist eine Abtragung der Schuld, die eine Eigeninitiative und die Bereitschaft zur Änderung voraussetzt. Buße kann aber auch die Bedeutung von „Besprechen" im Sinne von Heilen haben, eine Deutung, welche die erlösende (heilende) Wirkungsannahme voll unterstützt. Büßen kann auch als Kultakt dargestellt werden, der die Vertreibung oder Versöhnung des Krankheitsdämons zum Ziel hat. In jedem Fall handelt es sich um die gleichen bioenergetischen Mechanismen, nämlich die Auslöschung pathologischer Schwingungen. Dass allerdings besonders harte Bußen im Sinne von Selbstkasteiung unter Erduldung körperlicher Schmerzen dem Heilszweck förderlich sind, muss bezweifelt werden, da der Wille mehr als die Tat in der Lage ist, eine energetische Situation im eigenen Organismus zu verändern. Wer meint, als sündiger Mensch auch ohne Buße recht gut leben zu können, weil er keine nachteiligen Auswirkungen auf seinen Organismus verspürt, unterliegt einem verhängnisvollen Irrtum. Die Sünde ist in jedem Fall bioenergetisch im Organismus manifestiert und kann sogar vererbt werden, womit dem Ablebenden eine Teilschuld genommen werden kann. Grundsätzlich gilt jedoch, dass das, was in diesem Leben nicht gebüßt wurde, nach dem Tode (oder in einem neuen Leben) gesühnt werden muss. Die kosmischen Lebensgesetze vergessen nichts.

Buße erleichtert das Gewissen. Sie ist eine Sühnehandlung, die Ruhe und Glück bringt. Durch Buße scheint Gott (im Sinne des Schicksals) gnädig gestimmt zu werden und öffnet im Menschen wieder das Tor zu seiner Kraftquelle. Die Lossprechung durch den Priester während der Beichte besiegelt den Bußakt und bringt die bioenergetische Situation sozusagen „auf den

Punkt", sodass mit einem spontanen „Einschießen" des Heiligen Geistes (eventuell unter Tränen und Erschaudern) gerechnet werden kann.

Die Buße ist keine Strafe im (kirchen)rechtlichen oder spirituellen Sinne. Die vom Priester aufgetragenen Bußübungen sind meist verschwindend klein angesichts der Schuld. Die Bußübung soll nur einen Anstoß zur Besinnung geben, eine Hinführung zur wirklichen Reue, ohne die eine erneute Aufnahme des Heiligen Geistes nicht möglich ist. Hat man sich gegen Gott direkt versündigt (Sakrileg), bleibt einem mitunter keine Zeit mehr zur Buße. Hinweise auf das strafende Eingreifen Gottes sind im Volksglauben tief verwurzelt und scheinen nicht jeglicher Realität zu entbehren.

Buße setzt voraus, dass im Menschen eine Grundordnung angelegt ist, die um Gut und Böse weiß. Ziel der Buße ist es dann, Einsicht in die Verschuldung zu gewinnen, um daraus eine Veränderung des zukünftigen Verhaltens zu bewirken. Durch Beeinträchtigung seines Wertebewusstseins scheint sich der Mensch heute oft zum Bösen hin zu entwickeln; dennoch bleibt sein Gewissen offen für die Stimme Gottes und die Möglichkeit zur Umkehr, der Änderung seines Verhaltens und der Abtragung beziehungsweise Wiedergutmachung seiner Schuld. Schuld ist eine Undankbarkeit gegenüber Gott und kann nur durch eine „Umkehr des Herzens" wirklich gesühnt werden. Nur wer sich offenen, reumütigen Herzens wieder Gott zuwendet, darf mit dessen Gnade rechnen und wird fähig zu echter Umkehr. Die Tendenz zur autonomen Selbstverwirklichung des Menschen führt häufig zu Verfehlungen bis hin zu Selbstzerstörung und dem Verlust an Lebenssinn, Gerechtigkeit, Wahrheit und Liebe. Als gottähnliches Wesen kann der Mensch nur in der Bejahung seines Schöpfers und der ewigen Schöpfungsordnung zur Wahrheit des Lebens und zur Liebe, dem Schlüssel zu seinem Heil, finden. Gottes Liebe befreit von der Schuld, ergreift den Suchenden und führt ihn wieder auf den Weg des Lebens.

Weihen, Priesterweihe

Das Wort „weihen" geht auf das gotische „weihs" zurück und bedeutet in etwa „zu gottesdienstlichen Zwecken absondern". Etymologisch gehören zur Weihe auch die Begriffe „heilig" (hailag, hail = Kraft, Tüchtigkeit), „Opfer" und „rein". Durch eine Weihe wird also etwas vom gewöhnlichen, profanen Gebrauch abgesondert und zu heiligen, gottesdienstlichen Zwecken erhoben.

Die Weihe basiert auf einem Abwehrzauber (gegen böse Mächte, Hexerei usw.), wobei sie aber nicht auf das Abzuwehrende, sondern eindeutig auf das zu weihende Objekt gerichtet ist. Eine Weihe ist das „Aufladen" eines unkörperlichen oder sinnlich wahrnehmbaren Objektes durch besonders wirkungsvolle Kräfte oder Mächte („Orendismus"[42]), die das Objekt vollständig ausfüllen

---

42 Orendismus: ein von Hanns Bächtold-Stäubli geprägter religionswissenschaftlicher Terminus nach dem Wort „orenda" der Irokesen. Es bezeichnet den Glauben an unpersönliche Kräfte, die in Menschen, Tieren, Pflanzen oder Objekten (Zauberstäbe, Amulette, Talismane) wirksam sind. Die Kraft erfüllt das Objekt wie ein Fluidum und wird in Religionen mit „Gotteskraft" gleichgesetzt. „Orenda" ist mit dem deutschen Wort „Macht" am ehesten wiederzugeben. Die Ordination ist der sakramentale Akt der Aufnahme in den Klerus durch die Priesterweihe.

(Mana). Das geweihte Objekt ist damit gegen negative Einwirkungen gefeit und kann seinerseits zur Abwehr von Bösem eingesetzt werden. Die Weihe ist nicht unbedingt an das geweihte Objekt gebunden und kann in beschränktem Maße von Objekt zu Objekt übertragen werden. Priester, die selbst geweiht wurden, haben die Kraft, auch andere Personen oder Gegenstände zu weihen. Die Kraft der Weihe im Priester geht auch ohne Weiheritus auf Gegenstände über, die ihm gehören und mit denen er Umgang hat (beispielsweise Kleider, Nahrung, Haus). Durch Weihen aufgeladene Gegenstände gelten als Tabu, sie dürfen nicht profanisiert werden. „Heilig" war ursprünglich ein Synonym für „tabu" und galt für einen Gegenstand oder Ort, der mit besonderer (guter oder böser) Kraft erfüllt war. Erst durch das Christentum wurde „heilig" mit „rein" gleichgesetzt, und das wirkende Orenda entsprach der positiven Kraft des Heiligen Geistes.

Die bei der Weihe auf einen Menschen übertragene Kraft konzentriert sich besonders in den Extremitäten des Körpers und strahlt von hier wie ein Fluidum aus, worauf die Segens- und Heilkraft der Hand und des Fußes beruhen. Bei Kleidungsstücken sammelt sich die Kraft wie eine elektrostatische Aufladung in den Spitzen der Gewänder („den Saum des Kleides Jesu berühren", Mk 5,24–34).

Die *Legenda Aurea* berichtet von *Pilatus*, der zum Kaiser *Tiberius* bestellt wurde, um Jesus vorzuführen, denn der Kaiser war krank und hatte gehört, dass Jesus Kranke heilen könnte. Jesus war aber bereits getötet. In seiner Angst verschaffte sich *Pilatus* das Schweißtuch der *Veronika* mit dem Antlitz Christi, um es zu *Tiberius* zu bringen. Dabei trug *Pilatus* Christi Rock an seinem Leibe. Der Kaiser war in großem Zorn über *Pilatus*, denn er wollte von Jesus geheilt werden. Als *Pilatus* ihm in Christi Rock vorgeführt wurde, verschwand all des Kaisers Zorn, und er wurde sehr freundlich. Kaum hatte er ihn weggeschickt, entbrannte sein Zorn von Neuem, sodass er ihn wieder rufen ließ, um ihn zu töten. Als er ihn aber wieder sah, grüßte er ihn freundlich, und sein Grimm war verschwunden. Nachdem er ihm (auf Anraten eines Dieners) den Rock hatte ausziehen lassen, war er wieder im vorigen Zorn. Erst später erfuhr er, dass es der Rock Christi war, der ihn besänftigte. *Pilatus* wurde zum Tode verurteilt – er nahm sich aber selbst das Leben. Als das Schweißtuch der *Veronika* dann dem Kaiser gebracht wurde, genas *Tiberius* sofort von seiner schweren Krankheit.[43]

Auch der Atem des Geweihten kann diese Kraft übertragen (Chrisamweihe, Anhauchen durch den Bischof). Selbst nach dem Tode soll die Kraft der Weihe im Geweihten erhalten bleiben (Totenkult, Abwehrzauber, Wirkung von Reliquien). Die Kraft des Geweihten vermittelt Glück, Gesundheit und Stärke und kann Übles abwehren.

Weiherituale (in klerikalen Kreisen) werden von jemandem vorgenommen, der selbst schon geweiht ist; man

---

43   Legenda Aurea, S. 268 ff.

spricht dann von Benediktionen und Konsekrationen. Im Ritual kann Gott als Weihe spendende Kraft angerufen werden, sodass dadurch gewissermaßen eine Wirkungsverstärkung eintritt. Die Weihe von Brot und Wein im Eucharistiesakrament ist dafür ein Beispiel. Aber auch im Ritual der Priesterweihe wird vom Bischof die Kraft des Heiligen Geistes herabgerufen, wie es einst die Apostel taten (Apg 8,17): „Dann legten sie ihnen die Hände auf, und sie empfingen den Heiligen Geist", das heißt, auch ihre Sünden waren ihnen vergeben.

Die Wirkung korrekt durchgeführter Weihen ist radiästhetisch einwandfrei nachweisbar. Kann sie bei einem geweihten Objekt nicht nachgewiesen werden, ist bei der Weihe ein Fehler unterlaufen. In der Regel ist dann die Person, welche die Weihe durchgeführt hat, nicht dazu befähigt. Gerade an Wallfahrtsorten musste ich mehrfach feststellen, dass Weihen von Devotionalien unwirksam waren. Man trifft aber immer wieder auf Priester, die eine Weihe so durchführen können, dass das Ergebnis tatsächlich deutlich nachweisbar ist.

Eher zauberischen Zwecken dienen Weihen, die nicht vom Priester vorgenommen werden. So kann jedermann durch die Kraft des Wortes, der Imagination, des Aufzeichnens von Zauberworten, Sprüchen, magischen Zeichen usw. dem damit versehenen Gegenstand Kraft verleihen, ihn weihen und zum Amulett erheben.

Der vom Bischof geweihte Priester ist Träger der göttlichen Vollmachten, die Sakramente zu spenden und das Messopfer darzubringen. Der Priester erhält diese Kraft nicht als Gnade, um sie für seine eigenen Lebensnotwendigkeiten zu nutzen, sondern um damit anderen Menschen auf ihrem Weg zum Heil zu helfen. Er sollte also nicht als ein mit einer besonderen Kraft begnadeter Mensch angesehen werden, sondern lediglich als ein Vermittler dieser Kraft. Die Weihe sollte also ebenfalls nicht als etwas dem Priester rein äußerlich Anhaftendes, sondern als innerer Wert, als eine Kraft, die für alle da ist, angesehen werden. Die Weihe verändert den Menschen, wenn er sich ihrer würdig erweist (Problem der Sündhaftigkeit). Sie macht ihn bereit für die Aufnahme der kosmischen Kraftschwingungen, die er aufgrund seiner besonderen Lebensführung sowie als besondere Gnade in der Regel in stärkerem Umfang erhält als andere Gläubige. Da er durch die Kraft dieser Weihe den Heilsweg kennt und in sich spürt, wird er in die Lage versetzt, auch andere Menschen auf ihren Weg des Heils zu führen. Seine Führung erfolgt durch einen Heiligen Geist. Durch ihn bekommt er die Kraft, die richtigen Entscheidungen zu treffen.

Das Sakrament der Ehe, Ehebruch

Die enge Beziehung zwischen den beiden Geschlechtern basiert auf einem von der Natur vorgegebenen bioenergetischen Austausch zweier unterschiedlicher Polaritäten. Die durch diesen Austausch in Ehe- bzw. Lebenspartnern bewirkte Harmonisierung gibt jedem der Partner eine tiefe Selbstzufriedenheit, Sicherheit,

Geborgenheit sowie eine unerschütterliche Kraft, die in der Stärke der Gemeinsamkeit wurzelt. Auch die Übertragung des Namens auf einen der Partner weist durch den Charakter der Gleichsetzung auf diese Gemeinsamkeit hin.

So, wie der Mystiker eine Beziehung zu Gott aufbaut, die ihn trägt und leitet, sollen die Ehepartner zueinander eine Beziehung aufbauen, indem einer vom anderen lernt, Demut aufbaut, Kraft empfängt und gibt und – als Wichtigstes – lernt, Liebe zu empfangen und Liebe zu geben. Der gesamte Lern- und Lebensprozess, den der Mensch hier auf Erden zu durchlaufen hat, kann in der Ehe beziehungsweise Lebensgemeinschaft vollzogen werden. In ihr lernen wir für Gott und unsere eigene Seligkeit. Damit wird die Ehe zum Prüfstein für die Lauterkeit des Charakters.

Deshalb, weil die Ehe für den Menschen auf seinem Weg zu Gott so viel Nutzen bringt, wurde sie von der Kirche mit dem Charakter eines Sakramentes versehen. Sakrament wird sie aber nicht auf Anordnung oder den Segen des Priesters, sondern auf das Versprechen hin, das die Ehepartner sich selbst geben. Die Ehe ist ein Sakrament, das die Partner sich gegenseitig spenden. Dies wird von der Kirche auch immer wieder betont und kommt im Vermählungsritual deutlich zum Ausdruck. Die Partner versprechen, sich zu lieben, zu achten und zu ehren, so lange sie leben, sich die Treue zu halten in guten und bösen Tagen, bis dass der Tod sie scheidet. Eine Trennung zu Lebzeiten ist nicht vorgesehen. Der Ehering bekräftigt die Verbindung als Symbol der Ewigkeit.

Das Versprechen hat den Charakter einer Eidesleistung: „Was Gott verbunden hat, darf der Mensch nicht trennen." Ein Eid geht aber stets mit einer Art Selbstverfluchung einher („Ich sei verdammt, wenn nicht stimmt, was ich sage …"), sonst wäre es kein Eid, kein Versprechen, sondern eine einfache Aussage. Auch *Petrus* hielt sein Versprechen nicht, sich nach der Gefangennahme zum Herrn zu bekennen. In der Matthäuspassion wird über *Petrus* gesagt: „Da fing er an, sich zu verfluchen und schwor: ‚Ich kenne den Menschen nicht'" (Mt 26,74). Ein Beispiel aus älterer Zeit möge die Wirkung der Selbstverfluchung aufgrund eines nicht eingehaltenen Versprechens illustrieren:

Eine reiche Jungfrau versprach einem armen, aber schönen Jüngling die Ehe. Doch er konnte ihr keinen rechten Glauben schenken aufgrund ihrer wankelmütigen Art und des Unterschiedes ihres Standes. Da fing sie an zu schwören: „Wenn ich einen anderen denn dich nehme, so hole mich der Teufel auf der Hochzeit." – Nach einer Zeit wird sie anderen Sinnes, verliebt sich in einen anderen und ehelicht jenen. Der Jüngling erinnerte sie zu wiederholten Malen an ihr Versprechen und ihren Schwur. Aber sie schlug alles in den Wind und hielt Hochzeit mit dem anderen. Am Hochzeitstage – alle waren fröhlich – erwacht in der Braut das Gewissen. Zwei fremde, ungeladene Gäste kommen in das Brauthaus und werden bewirtet. Sie tanzen mit der Braut und verschwinden plötzlich mit ihr mit lautem Heulen und Seufzen durch die Tür hinaus. Die Braut ist auch am nächsten Tage nicht auffindbar. – Die zwei Männer erscheinen und bringen Kleidung und Geschmeide der Braut zurück mit den Worten: „Über diese Dinge hatten wir von Gott keine Gewalt empfangen, sondern nur über die Braut."[44]

Man mag es für eine Fabel halten, doch dieses Beispiel zeigt, wie die Gewissenslast im Menschen Wirkung zeigt und wie selbst dämonische Kräfte herangezogen werden, um das „Gottesgericht" zu vollstrecken. Die Entstehung solcher Erzählungen (hier soll es sich allerdings um einen wahren Bericht handeln) demonstriert die tiefe Verwurzelung eines Versprechens im Emotionalkörper des Menschen, ja der Menschheit generell. Das nicht mehr vorhandene Sich-bewusst-Werden der energetischen Prägung im Menschen (Gewissen) schützt aber nicht vor den sich zwangsläufig einstellenden Wirkungen, an denen überirdische Kräfte durchaus beteiligt sein können, da die Art der vom Menschen freigesetzten Seelen-Energie mit anderen Naturkräften in Resonanz kommt und ihr Mitwirken begünstigt beziehungsweise überhaupt erst auf den Plan ruft.

Die Eidesleistung ist es also, die das Versprechen einer Ehe zum Sakrament macht. Sie sorgt für die emotionale und bioenergetische Fixierung des Versprechens im Organismus, im System der Körperschwingungen. Verstärkend kommt hinzu, dass die jung verheirateten Eheleute sich in der Regel sehr lieben: sexuell, emotional und vielleicht auch rational. Versprechen und Trieb bewirken

44   Horst: Zauberbibliothek, Bd. 1, S. 345 f.

deshalb eine tiefe emotionale Gravur des Versprechens in beiden Ehepartnern, eine Gravur, die von bleibender Dauer ist und nicht mehr gelöscht werden kann. So kommt es, dass Verstöße gegen diese Gemeinschaft und gegen dieses Versprechen nicht nur im Sinne der Gebote und kirchlichen Weisungen Sünde sind, sondern (je nach persönlicher Spiritualität) auch als solche empfunden und zumindest mit einem „schlechten Gewissen" bestraft werden. Wer dieses nicht empfindet, ist deshalb nicht weniger belastet; die sündhafte Veränderung im Organismus ist bioenergetisch nachweisbar (zum Beispiel durch eine „homöopathische Psychoanalyse").

Alles, was gegen die versprochene Gemeinsamkeit verstößt, ist Ehebruch. Entscheidend für die energetische Beziehung, die durch Ehebruch gestört wird, ist weniger das wörtliche Versprechen selbst als vielmehr die emotionale Bindung, die den eigentlichen Charakter des Sakramentes ausmacht und die im Ehebruch zum Schaden beider Partner missachtet wird. Deshalb ist Ehebruch nicht nur das körperliche „Fremdgehen", sondern bereits der Gedanke an einen anderen Partner, wenn dieser Gedanke mit starken Emotionen belegt ist (Sehnsucht, Onanie). „Ich aber sage euch: Wer eine Frau auch nur lüstern ansieht, hat in seinem Herzen schon Ehebruch mit ihr begangen" (Mt 5,28).

Es ist stark anzunehmen, dass beide Partner, wenn sie ein emotional harmonisches und starkes Verhältnis haben, jegliche Art von Ehebruch sofort spüren. Erst das langsame Sich-Auseinanderleben stumpft die Gefühle ab, sodass die bioenergetische Informationsschwingung „Ehebruch" nicht mehr gespürt wird; dennoch ist sie vorhanden und wirkt weiter. Und das nicht im positiven, sondern im selbstzerstörerischen Sinne, weil der Ehebrecher sich von seinem Eid losgesagt hat und nun die sich selbst für diesen Fall auferlegten Folgen tragen muss – den Verlust der Liebe Gottes.

Eine starke Betonung des Sakramentes der Ehe als etwas Erhabenes und Heiliges („Ehen werden im Himmel geschlossen") erfahren wir erstaunlicherweise besonders gut im Aberglauben. Denn der Teufel kann die Ehe nicht leiden, versucht, durch bösen Zauber das Eheglück zu stören, versucht, „Unlust und Uneinigkeit in dem Ehestand anzurichten, dass eines dem andern spinnen feind wird" (*Martin Luther*). Zumeist besiegt aber die in der Ehe liegende Kraft des Guten das Böse, da aus der Sphäre des Glaubens heraus der Gedanke an eine Fortdauer der Ehe über das Grab hinaus lebendig ist: Ein zum Tode Verurteilter wurde freigegeben, wenn ihn jemand zur Ehe begehrte; die Ehe erlöst vom Fluche ewiger Friedlosigkeit; ein Mädchen, dessen Seele die Mutter einst dem Teufel verschrieb, erlöste sich von ihm durch Heirat.

Ehelosigkeit gilt als verwerflich, wenn sie lediglich der Motivation entspringt, in seinen Beziehungen freier sein zu können und Verantwortung einem festen Partner gegenüber abzulehnen. Auf diesem Gedanken basiert auch das Verbot des vorehelichen Geschlechtsverkehrs und dessen Einstufung als Sünde. Ehelosigkeit wird nur dann befürwortet oder sogar als erstrebenswert angesehen, wenn sie einerseits mit Keuschheit einhergeht und andererseits dem Aufbau einer persönlichen Spiritualität dient (Ordensleute, Priester, Mönchtum, Klausur).

Enthaltsamkeit fördert das „Leben im Geist" ungemein. Wenn die fleischliche Liebe sich in dem Frommen zu regen beginnt, nimmt die Liebe zu Gott in gleichem Maße ab, sodass die Hingabe an den sinnlichen Genuss den Himmel vollends verschließt. Fehlt die natürliche Befriedigung, verliebt man sich in alles, man strömt seine Liebe über die gesamte Umgebung aus. Religion gilt als Konversion der Geschlechtlichkeit, denn Reinheit bewirkt die Vereinigung mit Gott. Von vielen Heiligen ist es bezeugt, dass ihnen über lange Zeiträume, wenn nicht zeitlebens, geschlechtliche Regungen fremd gewesen seien.

Da unser Erdenleben der Entsagung alles Triebhaften gilt, kann auch der Geschlechtsverkehr in der Ehe nur mit dem Fortpflanzungswunsch verbunden werden, damit einer neuen Seele im Erdenleben die Läuterung ermöglicht wird. Geschlechtsverkehr aus Lust muss strenggenommen stets als Sünde verurteilt werden. Viele Heilige haben so empfunden, auch weltliche Herrscher wie der heiliggesprochene deutsche Kaiser *Heinrich II.*, der sich des Verkehrs enthielt, als seine Ehe kinderlos blieb.[45] Ebenso versagten sich dem weiteren ehelichen Geschlechtsverkehr *Hedwig von Schlesien* (von Andechs) mit ihrem Ehemann *Heinrich I.* nach sieben Kindern sowie das Märtyrerehepaar *Chrysanthus* und *Daria*, die bereits unter dem Keuschheitsgelübde geheiratet hatten.[46] Als *Ethelreda* (Edeltraut, englische Königin und Äbtissin) von ihrem Ehemann nach zwölf keuschen Ehejahren zum Vollzug gedrängt wurde, ging

45 Schamoni: Das wahre Gesicht der Heiligen, S. 108.
46 Heilige und Namenspatrone, S. 538 u. 552.

sie lieber ins Kloster.[47] Bischof *Paulinus von Nola* (Italien) lebte mit seiner Frau nach dem Tod seines ersten Kindes für den Rest seines Lebens enthaltsam.

Historisch basiert der Zwang zur Geschlechtslosigkeit vonseiten der Kirche auf einer übertriebenen Reaktion gegen die sexuelle Zügellosigkeit der heidnischen Sitten. Aus einem Ausspruch des Apostels *Paulus* (l. Kor 7,38) wurde fälschlicherweise geschlossen, dass jeder geschlechtliche Verkehr sündhaft sei. So galten Ehelosigkeit und Jungfräulichkeit als Ideal, und die Ehe wurde als an sich unsinniges Mittel zur Erhaltung der Art nur noch als Behelfsmittel gegen die Unzucht angesehen. Auch im Volksglauben herrscht die Annahme, dass Religiöses mit einer strengen Moral verknüpft sein muss und dass ein rechter Christ allem Übermaß an fleischlicher Lust entsagt, denn erst durch eine Einschränkung des Trieblebens und eine Mäßigung in allen weltlichen Genüssen (Fasten, Entsagung) scheint ein religiöses Fühlen möglich.

Das Ehesakrament basiert auf einer Berufung beider Partner zu ihrem Heil in Form einer Verleiblichung der christlichen Glaubensgrundlagen. Die Lebensform einer Ehe sollte praktizierten Glauben darstellen, eine gelebte Beziehung zu Jesus Christus. Im Alten Testament galt die Familie als Ort der Gottesbegegnung, Heilserfahrung, der Glaubensweitergabe und des Kultes. Auch für die Urkirche stand die Ehe im Zeichen der Erfahrung des Lebens in Jesus Christus. Selbst *Paulus* fordert

---

47 Heilige und Namenspatrone, S. 311.

dazu auf (1. Kor 7), die eheliche (und hier auch sexuelle Gemeinschaft) als Berufung aus dem Geist Christi zu leben. Damit wird die Ehe auch gleichsam ein Abbild der Liebe zwischen Christus und der Kirche.

Die Ehe ist aber auch eine Prüfung auf dem Heilsweg, da sie bezüglich der Sünde als sehr verletzlich gilt. Nur durch ihre Vertiefung in Christus kann sie als Heilsweg bestehen bleiben und bereichert werden. Es gilt, dass die Ehepartner sich immer wieder bewusst machen, dass sie füreinander bestimmt sind, sich dem anderen selbst geschenkt haben, was Achtung, Zurückhaltung, Respekt und viel Liebe gegenüber dem Nächsten erfordert. Der lange gemeinsame Weg muss als Gottesgabe angenommen werden können, wenn er nicht von vornherein zum Scheitern verurteilt sein soll. Beide Partner müssen sich zu einer Ganzheit entfalten, müssen versuchen, zu dem zu werden, was sie ihrer Bestimmung nach sind – ein Abbild Gottes.

Das Reifen einer Ehe geschieht nur durch ganze persönliche Hingabe an den Partner, wobei Hingabe und lustvolle (sexuelle) Freude einander nicht ausschließen müssen. Hier fließen Geben und Nehmen ineinander über und schaffen einen gemeinsamen neuen Geist der Erfahrung einer Gegenwart Christi, die es zu entwickeln und hinauszutragen gilt in die Welt, damit auch andere Menschen die tiefe Spiritualität einer solchen Beziehung erfühlen und erfahren können.

Sterbesakramente (Krankensalbung, Letzte Ölung)

Der Sterbende hat sich bereits von weltlichen Dingen abgewendet und ist geistigen Einflüssen gegenüber besonders empfindsam geworden, sofern sein Sterben nicht von Qual oder Schmerzen überschattet ist. Er beschäftigt sich mit dem Tod und der Frage nach dem Leben danach, sodass ihm Rat und Hilfe eines Priesters in der Regel willkommen sind. Auch wer im Leben nichts von der Kirche wissen wollte, verlangt auf dem Sterbebett nach dem Tisch des Herrn. Nach der Beichte kann er vollkommenen Ablass erhalten und wird damit von Bindungen an die materielle Sphäre befreit. Das Sakrament der Krankensalbung dient der Fixierung seiner Erwartungen und emotionalen Strebungen oder, besser gesagt, der Bindung seiner Seele an höhere Sphären. Das Sakrament befreit von irdischen Bindungen, tröstet die gespannte Erwartungshaltung durch die Kraft des Heiligen Geistes und weist den Weg zum ewigen Heil.

Der bioenergetische Hintergrund des Sakramentes beziehungsweise der Sakramente ist das Loslassen des Irdischen und die Eröffnung eines „energetischen Kanals" zur göttlichen Allmacht und den ewigen kosmischen Gesetzen, denen der Sterbende nach seinem Tode unterworfen ist. So vorbereitet, kann der Sterbende seinen Leib hinter sich lassen und in die Urenergie zurückkehren. Seine Seele ist nicht mehr an den Leib und irdische Energien gebunden, wie es beispielsweise bei unvorbereitet Sterbenden der Fall ist. Doch auch die

Seele des vorbereitet Gestorbenen ist noch gewisse Zeit an die Erdensphäre und den Leib gebunden, ehe sie an ihren Ursprungsort zurückkehrt. Als der auferstandene Jesus *Maria Magdalena* erschien, sagte er zu ihr: „Halte mich nicht fest, denn ich bin noch nicht zum Vater hinaufgegangen" (Joh 20,17).

Die extreme Form einer solchen Fixierung sehen wir bei Gewaltverbrechern, deren Seelen nach ihrem Tode mit dem Ort ihrer Taten so sehr verknüpft sind, dass sie hier „umgehen" müssen, wie wir es aus zahlreichen Beispielen des ortsgebundenen Spuks kennen. Insbesondere in Osteuropa (vor allem Ungarn, Polen, Schlesien, Böhmen und Mähren, aber auch in Griechenland) ist der Glaube verbreitet, dass Verstorbene, die sich nicht sofort von der Welt der Lebenden lösen können, zum Vampir werden und auf diese Weise nur allmählich dem irdischen Leben zu entsagen scheinen. Vampire sind demnach Geister, die ein irdisches Dasein gehabt und dieses so missbraucht haben, dass ihre Seelen noch in den Astralhüllen eingekerkert sind. So entziehen sie den Lebenden das physische Lebenselement, um sich hierdurch am (irdischen) Leben zu erhalten und vor dem Versinken in weit tiefere Sphären zu retten.[48] Die Seele eines befreit Sterbenden kann dagegen rasch an ihren Ursprungsort zurückkehren, Rechenschaft über das Leben abgeben und sich weiter vervollkommnen.

Der Vorgang des Sterbens gleicht einer schmerzlosen Geburt. Sterben ist ein Geborenwerden zu neuem Leben, eine Übergangsphase, der im Rahmen der kosmischen Harmoniegesetze keine besondere Bedeutung

---

48 Biedermann: Dämonen, S. 211–213.

beigemessen zu werden braucht. Zwar hängen wir am irdischen Leben, doch sollten wir uns mehr auf das himmlische Leben freuen und vorbereiten.

Die Bedeutung des letzten Abendmahls im Rahmen der Sterbesakramente wird durch das Studium der daran geknüpften Sagen erst richtig verständlich:

> In Hinterpommern weigerte sich einmal der Pfarrer, einem ganz unkirchlichen Manne das letzte Abendmahl zu erteilen. Der Kranke starb. Wenige Tage darauf erschien dem Pfarrer der Geist des Verstorbenen und führte ihn auf den Gottesacker, wo er ihm befahl, an seinem Grab das Abendmahl auszuteilen. Zitternd erhob der Pfarrer seine Hände und spendete dem Geist das Abendmahl. Als die heilige Handlung vorüber war, verschwand der Geist und kam nicht wieder.[49]

Historisch gesehen ist die letzte liturgische Salbung (Ölung) eine alte christliche Sitte, die auf einen Auszug aus Jak 5,14 zurückgeht. Der Kranke „rufe zu sich die Ältesten von der Gemeinde und lasse sie über sich beten und salben mit Öle", denn der Geist des Herrn ruht auf dem, den er gesalbt hat (nach Lk 4,18). Gesalbt werden Augen, Ohren, Nase, Mund, Hände und Füße, also alle Ein- und Austrittsstellen böser Mächte. Der Salbung liegt die antike Anschauung der Heilkraft des Öles zugrunde. Sogar dem Lampenöl der Grablampe des Kirchenpatrons *Nonnosius* im Freisinger Mariendom wird

---

49   Deutscher Aberglaube, Bd. 1, S.52.

heilsame Wirkung nachgesagt. Die Dom-Krypta ist heute noch ein viel besuchtes Wallfahrtsziel.[50] Vielfach ist überliefert, dass aus den Gebeinen von Heiligen und Märtyrern ein heilsames Öl geflossen sei (*Walburga*, Eichstätt; *Demetrius* von Saloniki, Griechenland).

50   Heilige und Namenspatrone, S. 456.

Runensymbolik liturgischer Geräte, Zeichen und Handlungen

Runen waren zu allen Zeiten Begleiter sakraler Handlungen und haben in diesem Sinne auch Eingang in das Christentum gefunden. Heute ist ihre offene Darstellung im Rahmen der Heiligen Messe selten geworden, obgleich ihre Bedeutung noch in vielen Bereichen des christlichen Kults zum Tragen kommt. Grundsätzlich vermittelt die Rune kosmische Kräfte an den Menschen beziehungsweise an die Materie und wird in diesem Sinne gehandhabt. Eine Auswahl an Runensymbolen möge den Aspekt der Kraftübertragung verdeutlichen und ihre Anwendungen erklären. Für viele Bereiche des christlichen Kultus bietet die Runensymbolik eine Erklärung und spirituelle Deutung. Eine Beziehung der christlichen Symbolik zu Runenzeichen des antiken Zaubers ist allerdings schwer zu beweisen. Dennoch gibt es Übereinstimmungen, die über die geometrische Darstellung der Zeichen hinausgehen.

Runen sind in ihrer ursprünglichen Bedeutung lediglich Schriftzeichen, die bei germanischen Völkern vor der Übernahme des lateinischen Alphabets in Gebrauch waren. Der Gott *Odin* gilt als Schöpfer der Runen. Dann wurden sie zu Symbolen und Zeichen, die in magischen Praktiken Anwendung fanden. Hier erlangten sie eine gewisse Selbstständigkeit und Heiligkeit (Darstellung von Runen auf „Himmelsbriefen"[1]) und galten als lebendig empfundene Symbole für geistige Einheiten und als nichtrationale Mittel zur Verständigung. In jedem Fall aber waren sie Beschwörungen heidnischer Götter. Aufgrund der durch Runen verübten Magie wurde ihr Gebrauch von der Kirche verboten. Alle älteren heiligen Zeichen mit Symbolcharakter wurden vom Kreuz in seinen verschiedenen Ausprägungen verdrängt.

Das Aufzeichnen von Runen auf einen Gegenstand verleiht ihm Kraft, ebenso wie Zauberworte, Sprüche und magische Zeichen. Das Christentum ersetzte diese Form der Kraftübertragung hauptsächlich durch die Weihe.

Runen wie der Thorshammer (= Doppelaxt, Hakenkreuz) wurden auf Gräbern als Schutzmittel eingesetzt, damit der Tote im Grab seine Ruhe hätte. In christlichen Zeiten wurde diese Praxis durch das Besprengen mit Weihwasser und Aufstellen eines Grabkreuzes ersetzt.

Runen wirken aber auch als gesprochenes Wort. So können sie Toten als Abwehrzauber ins Ohr gesprochen werden. Das Singen, Summen oder Raunen von Runen imitiert die tantrischen Mantras (Sprechen hinduistischer „Zauberworte" als eine Methode zur Versenkung) und weckt im Organismus des Sprechers über entspre-

---

1   Himmelsbrief: Nach der Legende ein vom Himmel gefallener oder gesandter Brief mit schriftlicher Offenbarung des göttlichen Willens (z.B. geforderte Heilighaltung des Sonntages). Himmelsbriefe gelten als Schutz (vor Unfällen, Krankheiten, Feuersbrunst usw.), weil ihnen eine magische Kraft innewohnt; es gibt aber auch Typen, die Glück und Segen verheißen. Dieses Stück Volksreligion wurde von der Kirche bald geduldet, bald bestritten, hat jedoch die Jahrhunderte überdauert. Noch im 20. Jahrhundert sind Veröffentlichungen nachgewiesen.
Dass Götter selbst schreiben, tritt bereits im Alten Testament hervor, wo beispielsweise die Zehn Gebote von Gott selbst geschrieben wurden, und taucht auch im Frühchristentum immer wieder auf. Schrieb Gott nicht selbst, bediente er sich gewisser Seher und Propheten, denen er diktierte (Neu-Offenbarungen).

chende Resonanzen magische Kräfte. Die in klösterlichen Gemeinschaften vokalintonierten Antiphon-Gesänge (Wechselgesänge) stellen eine vergleichbare Methode zur Weckung der „göttlichen Resonanz" dar. Vergleichbare Messgesänge mit starker Vokalbetonung und Koloratur finden wir noch in allen früheren (wenige Jahrhunderte alten) Messgesängen.

Durch das Abschaben ihrer Tinte können Runen aber auch wie Zaubersprüche einem Trank beigefügt und getrunken werden, damit die durch sie angezogene Kraft unmittelbar im Trinkenden wirkt. Damit wird die Kraft, mit welcher der Schreibende das Papier imprägnierte, auf den Anwender übertragen (Prinzip der isopathischen Heilweise). Man kann vor allem Schadensrunen aber auch abschaben, verbrennen und durch die reinigende, auflösende Kraft des Feuers und Rauches unwirksam machen.

Alpha und Omega

Die Zeichen vom Anfang und Ende des griechischen Alphabets symbolisieren heute Christus als den Anfang und das Ende jeglichen Seins. Obwohl sie dem Ursprung nach wohl keinen Runenzeichen entsprechen, fanden sie in der magischen Praxis Anwendung. Ihre Verwendung basiert auf Anschauungen im alten Ägypten, nach denen man die wirksamste Gestalt des Namens eines verborgenen Gottes erhalte, wenn man absolut sinnlose

Buchstabenzusammenstellungen (meist Vokale) nieder-
schreibe. Auf Amulette angewandt wurde dieser Brauch
bald im gesamten Mittelmeerraum verbreitet. Mit dem
Frühchristentum wurden diese Buchstabenreihen durch
das A und O, das Alpha und Omega zurückgedrängt. In
der Namen-Gottes-Litanei wird noch heute der „Gott
mit tausend Namen" angerufen.

In eigener Prägung eines Buchstabenzaubers knüpft
die Kirche noch heute an den alten Schriftglauben an.
So wird bei der Einweihung einer Kirche auf ein aus-
gestreutes Aschekreuz vom weihenden Bischof die
Anfangs- und Endbuchstaben des lateinischen, griechischen und zuweilen auch des hebräischen Alphabets mit
dem Krummstab geschrieben. Auch in die Osterkerze
werden bei der Weihe die Buchstaben A und O einge-
ritzt oder aufgeprägt.

Die Rune Othil

Die Rune *Othil* ist die Odins- oder auch Wotans-
Rune und gilt als Zeichen des Heiligen Geistes,
aber auch als Rune der odischen Strahlkraft und
des Atems. Hauptsächlich findet man sie auf
Hausgiebeln, Bauerngeräten und in früheren Zeiten
auch auf priesterlichen Stirnbinden. In Rautenform
erscheint sie hauptsächlich auf Wappen. Ich fand
sie hauptsächlich auf Grabplatten, aber auch im
Ornamentenschmuck diverser Einzeldarstellungen.

Othil steht auch für Schicksal und Geschick, das durch die Geburt zur Auslösung kommt (Tod als Wiedergeburt). Die Anwendung der Rune zielt darauf ab, den Heiligen Geist zur Schicksalslenkung auf den herabzurufen, der diese Rune anwendet oder auf den sie angewendet wird (inklusive lebloser Gegenstände).

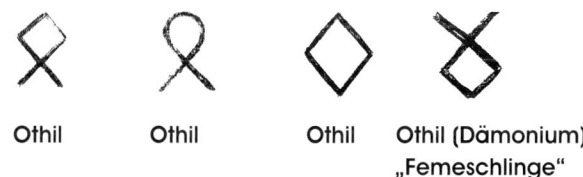

| Othil | Othil | Othil | Othil (Dämonium) „Femeschlinge" |

Othil ist eine Sonderform der *Os*-Rune und hat weitere Bedeutungen mit ihr gemeinsam.

Die Rune Os

Os, die Ursprungsrune, symbolisiert den Mund (lat. os = der Mund) und den weiblichen „Sch–*oß*" als empfangendes weibliches Prinzip. Die Erde empfängt den Toten oder gebiert neues Leben: „Aus Staub bist du, zu Staub wirst du."

In der *Os*-Rune verbirgt sich das Geheimnis des Osterfestes. „*Os*–tara" steht für die Erd-Zeugung im Frühling zur Osterzeit (tar = zeugen). Diese Rune der Fruchtbarkeitsgöttin Freya symbolisiert fruchtbringendes Gedeihen für Menschen, Vieh und Feld (Ostara = Mund, Schoß der Mutter Erde). Deshalb findet die *Os*-Rune in Form eines Wetterkreuzes (Kreuz mit Doppel- oder Dreifachquerbalken) auf Feldern Verwendung. Auch der Kreis, mit dem oft Kreuze eingekreist werden (keltische Form des Kreuzes), entspricht der *Os*-Rune.

Os ist eine Empfangsrune. Sie dient der Aufnahme von astralen und mentalen Wellen, z.B. dem Empfang des Heiligen Geistes. Ihre Tarotkarten-Entsprechung ist der Hohepriester, ihre Zahl die Vier.

Os   Os   Os

Das früher in der Orationsstellung des Hochgebetes praktizierte Aneinanderlegen von Daumen und Zeigefinger zu einem „O" mit den ausgestreckten drei übrigen Fingern entspricht der *Os*-Fingerhaltung. Es ist der Griff des Odems, der sich geistig sehr günstig auswirken soll (Empfang des Heiligen Geistes). Im Anwender der *Os*-Rune wirkt das geistige Heil, in ihm wachsen die Kraft seiner Worte und die Gewalt seiner überzeugenden Rede (deshalb im Hochgebet). Wissend um die *Os*-Runenkraft, ist der Anwendende ein Empfänger höherer geistiger Ströme.

Hellviolett (die liturgische Farbe der Osterzeit) und Hellblau (der Stein Beryll im Schmuck des Kreuzes) sind Farben der *Os*-Runenkraft; ihre Jahreszeit geht vom 26. Februar bis zum 20. März. Der Monat der *Os*-Runenkräfte fällt also in die österliche Fastenzeit.

Die Rune Thorn

Thorn ist die Rune von Wille und Tat. Ihr entspricht der Hammer des Gottes *Thor*, ihr Zahlwort ist die Drei. Wir finden die *Thorn*-Rune im Monogramm Christi und im Symbol der Heiligen Dreifaltigkeit. Dort steht sie für die Macht über das Leben und die Werde- und Wendekräfte im All. Sie ist auch die Rune der Gegenpole Leben und Tod. (In Bezug auf geomantische Zonen ist die heilige Schwingung, die für das Leben steht, rechtsdrehend; die Schwingung des Todes entspricht der gleichen Wellenlänge, aber mit Linksdrehung.)

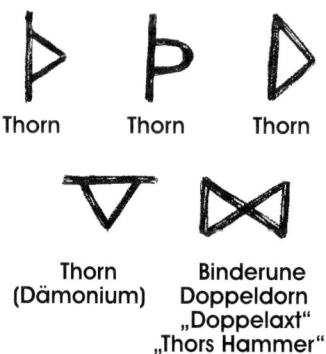

Das *Thorn*-Symbol veranschaulicht die Kraft der Heiligen Dreifaltigkeit. Die Rune überträgt Schwingungen zwischen extremen Polaritäten, zwischen Leben und Tod oder Mann und Frau. Der tiefere Sinn dieser Schwingungsübertragung beziehungsweise -angleichung ist der Versuch einer Umpolung zwischen unvereinbar erscheinenden Gegensätzen. Der Heilige Geist ist das angestrebte Leben, unser sündiges Erdendasein ist der Tod. Hier vermittelt der Heilige Geist (z.B. im Altarssakrament) und führt den Menschen von der Sünde zum Licht, vom sterblichen Dasein zum ewigen Leben.

Im Ehesakrament vermittelt der Heilige Geist die gegenseitige geistige und körperliche Angleichung der unterschiedlichen Polaritäten mit der Intention der individuellen Heiligung. Alles, was sich dieser Vermittlung und Angleichung entgegenstellt, muss deshalb als Ehebruch gewertet werden.

Die *Thorn*-Rune nimmt Einfluss auf die od-magnetischen Strahlungskräfte. Sie dient dem Erfühlen des ewigen Wandels von Leben und Tod, von Werden und Vergehen; ihre Tarot-Karte ist der Geist, das absolute Neutrum. Die *Thorn*-Runenkraft weckt den Willen zur Leben zeugenden Kraft, sie erlöst vom Kreislauf der ewigen Wiederkehr.

Die Dornrune (thorn = Dorn) birgt das Geheimnis des brennenden Dornenbusches. In ihm erkannte Moses den Heiligen Geist. Der männliche Zauberdorn (Weckdorn) erweckt auch die vom Todesdorn in tiefen Schlaf versetzten Jungfrauen (Brünhilde, Dornröschen).

Das *Salomonsiegel* (Hexagramm) ist eine Binderune, bestehend aus zwei *Thorn*-Runen mit unterschiedlichem Wirkungsspektrum. Ein mit der Spitze nach oben zeigendes Dreieck (Element Feuer) und ein mit der Spitze nach unten zeigendes Dreieck (Element Erde) verschmelzen zum Hexagramm. Das Hexagramm ist eines der am stärksten abschirmend wirkenden (harmonisierenden) Symbole im induktiven (magnetischen, stofflichen) und kapazitiven (elektrischen, geistigen) Bereich. Durch seine Anwendung

werden die unterschiedlichen (belastenden) Polaritäten in der Materie oder in geistigen Energien angeglichen beziehungsweise aufgehoben (dematerialisierende Wirkung).

Verbindet man die sechs Ecken des Hexagramms durch Linien, erhält man die *Hagal*-Rune als im Hexagramm verborgenen stofflichen Aspekt.

Struktur und übergeordneter geistiger Aspekt werden im Hexagramm verknüpft. Das heißt, es verbinden sich materialisierende Strahlung und geistige Information. Deshalb eröffnet das Hexagramm Geistern, die zur Verstofflichung drängen, ein Vehikel (Körper) für die Räume des Weltalls.

Die Rune Ka

Ka hat eine Beziehung zur *Thorn*-Rune, denn wie diese trägt sie das Zeichen des Dornes. *Ka* ist eine Sexualrune, sie steht für Fortpflanzung, Zeugung und Wachstum. Sie ist aber auch die Rune des Meisters, Magiers oder des Geheimwissenschaftlers und versinnbildlicht das Können im Körperlichen und das Kennen im Geistigen. Die Zauberschutzrune *Ka* verleiht Intuition, Inspiration und Allverbundenheit und steigert Mut und Kühnheit. Ihre kosmischen Schwingungen werden besonders bei Sonnen- und Mondlicht aufgenommen.

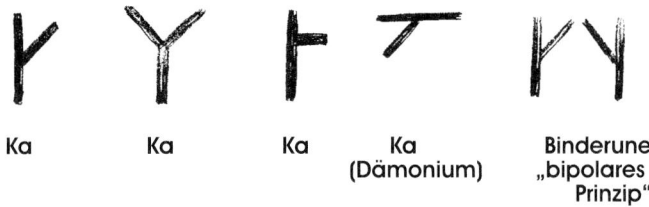

Ka   Ka   Ka   Ka (Dämonium)   Binderune „bipolares Prinzip"

Die Runenübung fördert das Gefühl des körperlichen Freiseins und Leichtwerdens. Dem Übenden werden hohes Können sowie kosmisches Wissen und Weisheit zuteil. Diese Rune der höheren Mysterien schafft Allverbundenheit. In ihrer Funktion als Sexualrune (Zahl Sechs) eint sie die geschlechtlichen Polaritäten.

Im liturgischen Rahmen finden wir diese Rune als Bestandteil von Binderunen, zum Beispiel der *Hagal-* oder der *Man*-Rune. Hier vermittelt die Rune *Ka* zwischen Leben und Tod, zwischen Sterben und Geburt, sie führt den im Tod Verwurzelten zum ewigen Leben.

Das Passionskreuz, insbesondere in seiner älteren T-förmigen Darstellung (Tau-Kreuz), stammt möglicherweise von der *Ka*-Rune ab.

Die Rune Ar

Ar ist die Rune des Lichts und der Sonne; sie symbolisiert das Urfeuer. „Arahri" ist die geistige Sonne, als die uns Christus entgegentritt. *Ar* ist die Rune des Sonnenpriesters, die Rune des Heils und der Vollendung. Sie gilt als Symbol für den, der sich aus den Zwängen der Materie befreit hat und ins ewige Licht zurückkehrt (vgl. auch „Ar", poetisch für „Adler"). *Tschelter* (vgl. *Spiesberger*) gibt die kosmische Bedeutung der *Ar*-Rune mit dem Wort „Wandlung" wieder, und genau hier, bei der Wandlung, tritt uns auch heute noch diese Rune entgegen.

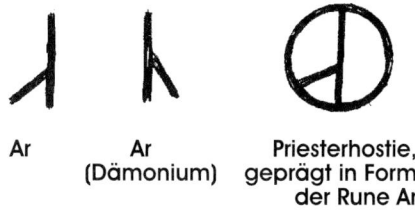

Ar **Ar** **Priesterhostie,**
(Dämonium) **geprägt in Form**
der Rune Ar

Bei der Brotbrechung wird die Priesterhostie mittig in zwei Teile zerbrochen. Von einer der Hälften wird ein kleines Eckchen abgebrochen und in den Messwein gegeben. Die aus dem Ritus der Brotbrechung hervorgehende Dreiteilung der Hostie wird neuerdings vielfach durch eine Stanzung erleichtert, die ein sauberes, krümelfreies Brechen ermöglicht. Betrachtet man diese Stanzung auf der Priesterhostie als Symbol, ergibt sich daraus die Rune *Ar*, denn die „Sollbruchstelle" für das Kelchpartikel wird stets nach unten gehalten. Die Heilsrune *Ar* symbolisiert diese Prägung aber nur dann, wenn ihr Schrägbalken nach *links* unten zeigt. Nur so symbolisiert sie die Wandlung der Hostie in den Leib Christi. Wendet man die Hostie, sodass der Schrägbalken nach *rechts* unten zeigt, entspricht diese Runenform einem Dämonium, nämlich dem „Ar-gen" (vgl. arg = böse), einem magischen Trug, dem Zweifel an der Tatsächlichkeit der Wandlung.

Vielleicht hängt die Haltung aber nur damit zusammen, ob der Priester Rechts- oder Linkshänder ist, denn über die Runenbedeutung dieses Symbols wird kaum ein Priester heute etwas wissen. Doch sollte man sich vergegenwärtigen, dass bereits vor der Ära der Prägung die Priesterhostie in Form der *Ar*-Rune gebrochen wurde (die *rechte* Hand entfernt das Partikel für den Kelch)! Wie immer der Priester auch teilt, er behält seine Gewohnheit stets bei. Vielleicht habe ich nicht genügend Gelegenheit zu vergleichenden Beobachtungen gehabt, doch muss ich leider konstatieren, dass die vorgeprägte Hostie stets mit dem Schrägbalken nach *rechts unten* gehalten wurde – als Dämonium.

Die Rune Hagal

Hagal kommt von „hag-haal" in Sinne von „heilig". Diese Rune ist das Symbol des Weltenbaumeisters, der allumgebenden Schöpfungskraft (Gott-All, Wal-Hall). Die Gottes-Hieroglyphe offenbart den geistigen Führer (aufgestickt auf Priestergewändern), den Vermittler zwischen Mikrokosmos (Mensch, Erde) und Makrokosmos (Welt-All). *Hagal* ist das heilige Zeichen, das Mensch und Gott verbindet, und symbolisiert die Vereinigung von Geist und Materie.

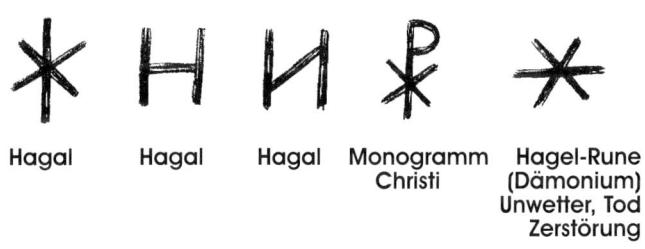

Hagal   Hagal   Hagal   Monogramm   Hagel-Rune
                            Christi   (Dämonium)
                                          Unwetter, Tod
                                          Zerstörung

Dem Anwender verleiht die *Hagal*-Rune Schutz, Heil und Harmonie; sie gibt Weisheit und verleiht spirituelle Kräfte und gibt ein Gefühl des Umhegt- und Beschütztseins und der Verbundenheit mit den erhaltenden Kräften des Alls. Zu Zwecken der Feldveränderung im Bereich der Radiästhesie ist die *Hagal*-Rune sehr wirkungsvoll; sie beeinflusst auch stoffliche Kräfte.

Die *Hagal*-Rune ist das strukturierende Prinzip im Stofflichen. Quadrat und insbesondere der Würfel sind

Symbole für die erdgebundene Materie. Der Würfel weist drei parallel zueinander stehende Flächen auf, die energetisch miteinander in Resonanz stehen. Die Resonanzlinien, welche die sechs Flächen verbinden, bilden die Form einer *Hagal*-Rune. So lässt sich die *Hagal*-Rune als Raumkreuz in den Würfel einzeichnen. Dieses Raumkreuz stellt die Urform der Materie als höchste Form der Verstofflichung dar.

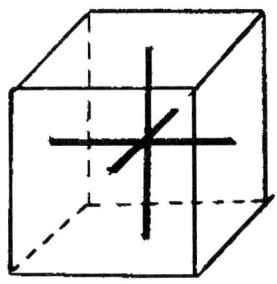

Die Runen Is, Man und Yr (Ma)

Die *Hagal*-Rune (Monogramm Christi) ist eine Runenkombination aus *Is*, *Man* (Mann) und *Yr* beziehungsweise *Ma* (Frau, „*Ma*ma").

Is ist die Rune des Ichs, der Selbst- und Fremdbeherrschung. Die Senkrechte symbolisiert Willen, Kraft und Macht und versinnbildlicht den aufrecht stehenden Menschen, das Ich als Mikrokosmos im Makrokosmos. Sie ist aber auch das Symbol der Eins, des Eins-Seins und der ewigen göttlichen Liebe, die in allen Wesen wirkt, alles durchdringt und eint. Sie ist die Weltachse, die den Menschen mit dem Himmlischen verbindet. Diese Rune stärkt die Kraft der Persönlichkeit, das Selbstbewusstsein und die Willenskraft und gibt die Macht, sich und andere zu beherrschen.

Die Mannesrune *Man* ist das Zeichen des Menschseins, des Wiedergeborenen, Wiederauferstandenen sowie des auferstehenden und aufsteigenden Gottessohnes. Sie ist eine Geist-Rune, die durch die lebendigen Runenströme des Weltalls den Menschen mit Gott verbindet. Als Symbol der Krone des Welten- oder Lebensbaumes verbindet sie den Wissenden mit dem Ursprünglichen. *Man* symbolisiert aber auch den Androgyn (Adam vor der Schöpfung Evas).

Häufig ist die *Man*-Rune allein auf Priestergewänder aufgestickt. Sie schützt vor feindlichen Einflüssen, verstärkt die ätherische Schutzhülle (geistiger Schutzmantel, Od-Mantel) und hält schädliche seelische Einflüsse fern. Auch im Bereich der Radiästhesie kann die *Man*-Rune als Schutzzeichen wirkungsvoll eingesetzt werden. Die geistige Einstellung auf die *Man*-Rune lässt den Anwender das Himmels-Manna (Man-na) empfangen. Die Arbeit mit der Rune führt zur Vergeistigung und erschließt die hohen Sphären der feinstofflichen Welt.

Interessant im Zusammenhang mit der Ehelosigkeit der Priester ist die der Man-Rune zugeschriebene Kraft der sexuellen Transmutation (Religion als Konversion der Geschlechtlichkeit). Die Rune soll die Sexualkraft in einen geistigen Samen, das Logos, transmutieren.

Durch diese innere, geistige Zeugungskraft stellt der Anwender dann sein Bündnis mit dem Logos (Schöpfergeist) wieder her.

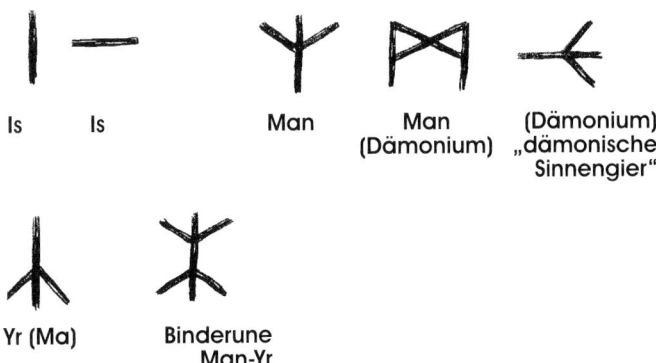

Is   Is   Man   Man   (Dämonium)
                   (Dämonium) „dämonische
                                 Sinnengier"

Yr (Ma)   Binderune
               Man-Yr

Die Umkehrung der *Man*-Rune ist das *Ma* oder *Yr*, das weibliche, empfangende Prinzip (Empfang des Manna). Auch das *Ma* ist eine Geist-Rune, die den Menschen mit Gott verbindet. *Ma* vereint mit *Man* ergibt die *Hagal*-Rune als Symbol der Vereinigung männlicher und weiblicher Prinzipien.

Das weibliche, bewahrende Prinzip der *Yr*-Rune symbolisiert die Wurzel des Weltenbaumes (Yggdrasil), an dem die Schicksalsnornen sitzen. Die *Yr*-Rune ist auch ein Sinnbild der herabsteigenden Gottheit, des auf die Erde (Yr-de) herabkommenden Gottessohnes. Sie symbolisiert Vergeistigung und Heiligung der Beziehungen zwischen Mann und Frau, das Streben nach absoluter Wahrheit und die Überwindung des Enttäuschtseins durch die materielle Welt.

Yr als gestürzte Form der *Man*-Rune kann aber auch als Dämonium betrachtet werden. Ihr unterstehen die Attribute Gottlosigkeit, Egoismus, Lüge, Chaos, Bosheit, Hass und eine ins Perverse gesteigerte Sinneslust. Die Rune verleitet zu Liebeszauber und anderen schwarzmagischen Praktiken („Hexe" als Attribut für das weibliche Geschlecht).

In den Überlieferungen der Weltreligionen waren Mann *(Man)* und Frau *(Ma)* ursprünglich eins. Die *Hagal*-Rune stellt diese Einheit dar. *Ma* ist Bestandteil des Wortes *Man*. Wie die Menschen in der Ehe vereinigen sich in der Symbolik auch die Runen *Man* und *Ma*. Die Einheit ergibt das verbindende Symbol des *Malkreuzes*. Damit wird die Ehe zu einem Weg der Einswerdung und Heiligung.

Die Rune Gibor, das Malkreuz

Gibor, die Geber- und Gottesrune (Gibor = Gott) findet als sakramentales Symbol meines Wissens nur noch in Form des Malkreuzes Verwendung. Diese Rune ist das Zeichen der Vermählung (Kreuzung) zweier Kräfte (zweier Ichs) und steht für Mehrungs- und Zeugungsvereinigung. Die *Ka*-Rune ist in ihr enthalten. Noch heute bindet der Priester bei der katholischen Trauung die Hände der Brautleute malkreuzweise mit der Stola.

In spiritueller Auslegung symbolisiert das Malkreuz das Einswerden mit den Allkräften, das Eingehen in die

Gottheit. Das Malkreuz führt den Anwender zum kosmischen Bewusstsein, zum Erschauen Gottes, zur Einswerdung mit dem kosmischen Urgrund – zur unio mystica.

In der *Hagal*-Rune wird das Prinzip des Ichs (*Is*-Rune) durch Kopplung mit den Gegenpolen *Man-Ma* im Malkreuz verbunden.

Die Handstellung der Rune *Gibor* ist das Verschränken der Finger in gekreuzter Weise. Es ist der Griff für Gebet und Meditation, wobei die Gedanken auf Allverbundenheit (Andacht) zu richten sind, auf ein Empfangen der harmonischen Schwingungen des Alls. Die heute typische, allgemein praktizierte Gebetshaltung krümmt allerdings die Finger; sie sollten gestreckt bleiben, wenn diese Gebetshaltung dem Malkreuz entsprechen soll.

Eine Ableitung der christlichen Kreuzesform (Passionskreuz) – insbesondere in seiner gleichschenkligen, keltischen Form – aus dem Malkreuz-Symbol der *Gibor*-Rune ist denkbar. Der senkrechte Balken entspricht der *Is*-Rune, dem männlichen Gottessymbol. Ihre gestürzte Form (Querbalken des Kreuzes) entspricht dem weiblichen Prinzip. Das aus beiden Balken bestehende Kreuz wird dann zu einem Durchdringungs- beziehungsweise Zeugungssymbol, eingesetzt zur Osterzeit, dem alten heidnischen Fest der Erd-Zeugung.

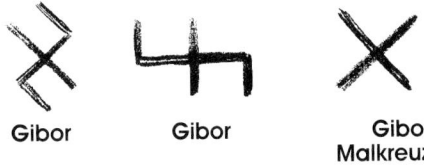

Gibor   Gibor   Gibor
                          Malkreuz

Unabhängig von seinem spirituellen Aspekt hat das Kreuz eine wichtige energetische Komponente: Die Kreuzes-Rune beziehungsweise das Zeichen des Kreuzes (in geistiger, materieller und symbolischer Form) dient dem Blockieren von Kräften. Etwas zu *durch*krcuzcn ist eine Abwehrhandlung gegen negative Einflüsse. Etwas zu *be*kreuzen dient der Abwehr böser oder schädlicher Kräfte, die dem zu bekreuzigenden Objekt innewohnen oder es schädigen könnten. In der Radiästhesie findet das Kreuz zur Abschirmung unerwünschter energetischer Einflüsse Verwendung. Manchen Rutengängern ist es möglich, durch Auslegen eines Kreuzes sogar eine Wasserader abzuschirmen. Auf jeden Fall können durch das Aufbringen oder Aufzeichnen eines Kreuzes energetische Strahlungseffekte von Objekten blockiert werden.

Etwas zu bekreuzigen ist energetisch nicht mit einem Segen gleichzusetzen! Gesegnet wird stets mit offenen, flach über das zu segnende Objekt ausgebreiteten Handflächen, damit die Ausstrahlung des Segnenden durch seine Handflächen auf den zu Segnenden übergeht. Werden zum Beispiel während des Gebetes zu einer Mahlzeit die Speisen bekreuzigt (auch mit der offenen Hand), so ist das kein Segen, auch wenn die Praxis des modernen Christentums uns dies glaubhaft machen will, sondern eine Abwehr böser Kräfte beziehungsweise eine Reinigung. Dämonen könnten den Speisen innewohnen und mit der Nahrungsaufnahme in den Menschen gelangen, was im Extremfall zur Besessenheit führen könnte. Das Kreuzzeichen ist nur insofern ein „Segen", als es die Speise reinigt.

Das Bekreuzigen einer Person blockiert demnach die bösen, aber leider auch die guten Kräfte im Menschen. Von einem Segen dagegen wird eine Stärkung erwartet, die hier in keiner Weise stattfindet – eher das Gegenteil ist der Fall: eine energetische Schwächung der Person durch eine Blockade ihres energetischen Regulationssystems.

So zwiespältig wie die Anwendung des Kreuzzeichens ist auch der Gegenstand des Kreuzes selbst. Die klassische (vorchristliche) Form des Kreuzes ist die zweier gleich langer Balken, die sich in ihrer Mitte überkreuzen. Diese Form findet beziehungsweise fand in diversen Formen Verwendung: Radkreuz, griechisches Kreuz, Andreaskreuz, Hakenkreuz, Ankerkreuz, Kleeblattkreuz, Spatenkreuz, Krückenkreuz, Jerusalemer Kreuz, Weihekreuz, Johanniterkreuz, Malteserkreuz, Gammakreuz, Tatzenkreuz, Tolosaner Kreuz, Apfelkreuz, Kugelkreuz, Astkreuz sowie Kardinalskreuz. Das heute populäre Kreuz mit dem langen Längsbalken und dem kürzeren, oberhalb der Mitte angesetzten Querbalken taucht erst in den ersten nachchristlichen Jahrhunderten in Form des lateinischen beziehungsweise Passionskreuzes, des ägyptischen Henkelkreuzes, im Lothringer Patriarchalkreuz (Doppelkreuz), im Russischen Doppelkreuz, im Kardinalskreuz (als Doppelkreuz) und im Jakobskreuz auf.

Alle Kreuzformen, die von der klassischen Malkreuzform der Rune abweichen, haben andere energetische Auswirkungen auf den Anwender oder Träger. Nur die Malkreuzform kann zum Erlangen kosmischer Kräfte dienen, niemals die Abkömmlinge davon. Das

Kreuz ist eine Rune und eine „Antenne", bei der jede Änderung andere Energien anzieht und abstrahlt. Es sei daran erinnert, dass das Stürzen einer Rune genügt, um aus einer Heilsrune ein Dämonium zu machen. Durch die gekreuzten brennenden Kerzen beim Blasiussegen und die richtige Fingerhaltung (drei Finger gestreckt auf den Hals des zu Segnenden gerichtet) wird die Frequenz „Lebenskraft" in hoher Intensität abgestrahlt, sodass wirklich spontane Heilungen einsetzen. Jede Abwandlung dieses Rituals verhindert den Empfang von „Lebenskraft" und vermittelt schädigende Einflüsse.

Die Rune Eh

Eh symbolisiert die Ehe im Sinne von Gesetz und Ewigkeit. Die Kreuzesform der Rune ist mit dem Malkreuz verwandt. *Eh* ist die Rune der großen heiligen Verschmelzung von Mann und Frau, der Seelen mit dem Kosmos.

Die Ähnlichkeit der Rune mit dem Malkreuz ist nicht zufällig. Ob die klassische Kreuzesform auch als *Eh* Rune zu deuten ist („Ehe" zwischen Gott und Mensch), kann nicht mit Sicherheit gesagt werden. Die Deutung der Symbolik zeigt aber auch Entsprechungen: So wird die klassische Kreuzesform dieser Rune angewendet, um Änderungen in einer Notlage zu erzwingen. Auch Gebete werden vom Priester in dieser Stellung verrichtet (z.B. ausgestreckt auf dem Boden liegend). Diese

Runenstellung besagt: „Ich flehe zu dir, mein Gott, gib mir Rat und Hilfestellung in meinem Anliegen."

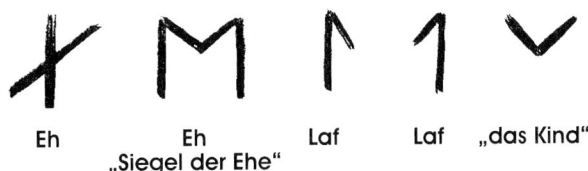

Eh Eh Laf Laf „das Kind"
„Siegel der Ehe"

Die M-Form der Rune besteht aus zwei einander zuge-kehrten L-Symbolen (*Laf*-Runen). Sie symbolisiert die zwei Lebenswelten von Mann und Frau, die durch die Eheschließung vereinigt werden. Man kann sich die *Eh*-Rune aber auch als Zusammenschluss zweier Ichs vor-stellen (I-Form, *Is*-Rune), die durch ein Kind (Symbol „V") verbunden werden.

Interessant im Zusammenhang mit dem Sakrament der Ehe ist die Runendeutung, nach der die Anwendung der *Eh*-Rune niedere triebsinnliche Leidenschaften tilgt (Ehe als Mittel gegen die Unzucht) und zu einem reinen, vergeistigten Liebesleben führt. Die durch die dauerhaf-te Verbindung bewirkte geistige und körperliche Um-polung (Yin-Yang-Ausgleich) führt zu einem höheren (geistigen) Leben.

Die Sig-Tyr-Rune

Die Runen-Kombination von *Sig* und *Tyr* ist die Rune des Gottessohnes, der der Stellvertreter für Gott ist, den Herrscher über Leben und Tod. Es ist die Kreuzesrune des „Herrgotts von Bentheim", der noch heute als Zeuge bei Schwüren und Versprechen angerufen wird.

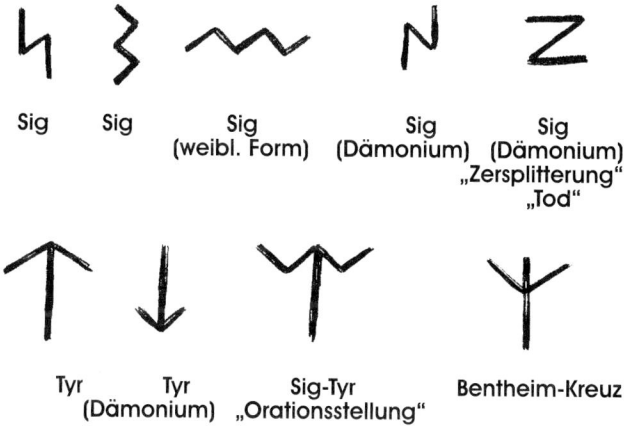

| Sig | Sig | Sig (weibl. Form) | Sig (Dämonium) | Sig (Dämonium) „Zersplitterung" „Tod" |

| Tyr | Tyr (Dämonium) | Sig-Tyr „Orationsstellung" | Bentheim-Kreuz |

Diese Form des Kreuzes findet sich als Friedhofskreuz unweit des Grabes der Stigmatisierten Therese *Neumann* in Konnersreuth. Sie ließ es nach einer Vision anfertigen. Auch die Stigmatisierte Anna Katharina *Emmerich* aus Dülmen sah in Visionen Christus an diesem Y-förmigen Gabelkreuz.

Das voneinander unabhängig bezeugte Erkennen des Kreuzes in Form des aus vorchristlichen Zeiten stammenden Runensymbols kann als Beleg für die Abstammung der christlichen Konfession von einer übergeordneten, kosmisch orientierten Urreligion gewertet werden. Anna Katharina Emmerich kannte das alte Coesfelder Gabelkreuz, das in ihrer Vision eine Rolle spielte, allerdings bereits vor ihren Visionen. Die nachstehende Abbildung 3 zeigt die Formen der Gabelkreuze bei A. K. Emmerich und Th. Neumann.

Der Runenform *Sig-Tyr* entspricht die sogenannte Orationsstellung (mit angewinkelten Armen), in welcher der Priester Teile des Eucharistischen Hochgebetes spricht. Diese Stellung gilt in seinem Ursprung als ein Berühren der Gottheit des Himmels.[2]

Der Runenbestandteil *Sig* ist eine Rune des Lichtes, des Sieges und Heiles. Die Rune ist ein Symbol der Seele auf ihrem Weg zu Gott und symbolisiert die Inspiration als göttlichen Geistesstrahl (Blitzrune). Die Wellenform ist die weibliche Darstellung dieser Rune. Ihr unterstehen die Ideenkräfte des Öffnens, Empfangens und Bewahrens. Die *Sig*-Runenkraft überwindet Materielles, steigert die Macht des Geistes, verleiht Wissen, Erkenntnis und Erleuchtung. Die Rune fördert, dank ihrer Wirkung auf Sonnengeflecht und Sympathikus, die Verwirklichungskraft der Gedanken und Wünsche (Wirkung in der Wandlungsepiklese).

---

2 Primissär: Erklärung des alten Messritus. Kaplan A. Betschart, Bodan 11, CH-9422 Staad.

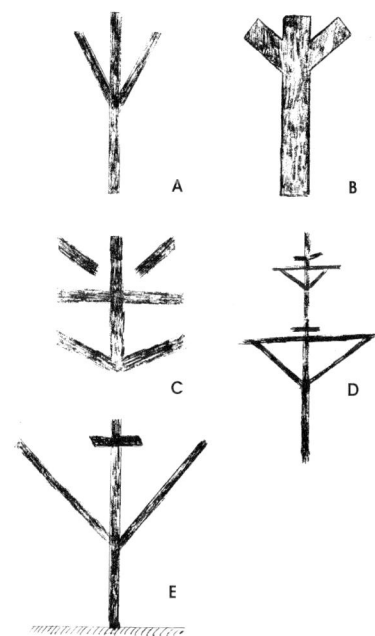

Abbildung 3

Gabelkreuzformen der Stigmatisierten A. K. Emmerich und Th. Neumann.

A zeigt die Abbildung des alten Coesfelder Gabelkreuzes, wie es bereits vor der Vision der A. K. Emmerich existierte (heutiger Zustand). – **B** entspricht der Form des Kreuzes, an dem Therese Neumann visionär den Tod des Heilands schaute. Das Konnersreuther Friedhofskreuz wurde in dieser Form errichtet. – **C**[1] und **D**[2] zeigen stilisierte Gabelkreuzformen von Brust-Stigmatisationen der A. K. Emmerich, wobei die Abbildung D die größte Ähnlichkeit mit dem alten Coesfelder Kreuz aufweist, das auf Prozessionen vorangetragen wurde (**E**).

---

1   Abbildung frei nach Johannes Maria Höcht: Träger der Wundmale Christi, S. 316.
    Vgl. Schmöger: Leben der Katharina Emmerich, 1873, S. 300 ff.
2   Pater Seller, OESA: Im Banne des Kreuzes (Abbildung gegenüber von S. 320). Fotos
    des alten Prozessionskreuzes (gegenüber den S. 33 u. 288).

Der Runenbestandteil *Tyr* symbolisiert den Opfertod des Gottessohnes, welcher der Auferstehung gewiss ist. Es ist die Rune der Wiedergeburt, vor allem des Neugeborenwerdens im Geiste (Auferstehungs-, Erweckungs-Rune), der Überwindung des Todes. Die Kraft der *Tyr*-Rune wird gefördert durch absolute Pflichterfüllung und Aufopferung (Priestertum), sie führt durch geistige Überlegenheit zum Erfolg. *Tyr* überwindet das Irdisch-Materielle, befreit von Todesfurcht, stellt den Kontakt mit außerkörperlichen Wesenheiten her und führt zu körperlicher Resonanz mit kosmischen und tellurischen Wellen.

Nach Hans *Sterneder*[3] stammt das Wort „Tierkreis" (die 12 kosmischen Tierkreiszeichen) von „Tyr-Kreis" ab, von *Tyr*, dem „Gott der Unsterblichkeit und Wiedergeburt". In den Niedergangszeiten der Kulturen sanken die Menschen zum götzendienerischen Tierkult herab. Nicht das Tier genießt aber die Verehrung in der Wirkungssphäre (dem Planeteneinfluss) der Tierkreiszeichen, sondern *Tyr*, das sich erneuernde, unsterbliche, von Gott geschaffene Leben in der Lehre von Auferstehung und Wiedergeburt (vgl. das Kapitel „Karma und Wiedergeburt").

---

3   Sterneder: Tierkreisgeheimnis und Menschleben, S. 49 f.

Wesen, Bedeutung und Wirkung ritueller Handlungen und Symbole

Eine rituelle Handlung hat niemals nur Symbolcharakter. Die Anwendung des Ritus entspricht dem irdisch-menschlichen Kausalitätsdenken von Ursache und Wirkung. Der Ritus soll etwas bewirken. Man bedient sich des Ritus und seiner Begleitaspekte, um eine Verbindung zwischen dem sinnlich Fassbaren und dem Überrationalen, Transzendenten, Geistigen herzustellen. Man bezweckt eine Synthese zwischen Physis und Geist oder zwischen Geist und Geist.

Im ersten Fall kann es entweder darum gehen, seinen eigenen Geist in Beziehung zum eigenen Körper zu setzen (Beispiel: gesund werden durch „positives Denken") oder darum, Hilfe von außerkörperlichen Geistwesen zu erlangen (Gebet). Im zweiten Fall, der bereits eine hohe Spiritualität und Kontemplativität voraussetzt, geht es darum, seinen eigenen Geist und Willen einer außerkörperlichen Wesenheit (Gott) zu unterwerfen, sich ihr vollkommen auszuliefern und von ihr in geistigen Dingen lenken zu lassen. Dies ist das Endziel nicht nur des Mystikers, sondern des gläubigen Christen überhaupt: Die totale Unterwerfung unter Gottes Willen, um dadurch zum ewigen Heil zu gelangen und Gott zu huldigen als Dank für ein Leben, das er uns nur geliehen hat und für das wir uns bei der Rückgabe (Jüngstes Gericht) verantworten müssen.

Die Wirkung des Ritus, der in ihm verwendeten Wörter, Handlungen, Symbole und Zeichen erfolgt über ein „Einklinken" in die ewigen kosmischen Harmoniegesetze. Man tut dies, um diese Gesetze zu manipulieren (sein Glück zu erzwingen), im Leben dient es als „Gottesdienst" und in der Messfeier dazu, sich der Lenkung Gottes zu unterwerfen, der unseren Heilsweg kennt und der durch seine grenzenlose Liebe zu uns stets bemüht ist, uns auf diesen Heilsweg zu führen und auf ihm zu halten. Die Hinwendung durch den Ritus ist deshalb notwendig, weil wir Menschen durch unsere freiwillige Sündhaftigkeit den Willen Gottes und damit unseren Heilsweg nicht mehr erkennen. Sünde kühlt, verschließt, materialisiert, versteinert. Die bewusste (rituelle) Hinwendung zu Gott erwärmt, erweicht, löst auf und vergeistigt.

Gott hat die Natur geschaffen, damit wir uns ihrer zu unserem Heil bedienen und nicht zu unserem Verderben, wie es zur Zeit der Fall ist. Diese materielle Welt ist zugleich und in erster Linie eine geistige Welt. Materie ist gebündelte Schwingungsenergie, eine zeitlich begrenzte Form der kosmischen Urenergie, hinter der Gottes Wirken steht. Gott, die Urenergie, ist Geist, und ebenso Geist sind alle unsere materiellen Energietransformationen. Dies ist letztendlich auch der wichtigste Grund für den Glauben vieler Naturvölker, dass alle Dinge beseelt seien. Da auch wir aus diesem Geiste erschaffen sind (Schöpfungsgeschichte, „am Anfang war das Wort", „der Geist Gottes schwebte über den Wassern", „das Wort ist Fleisch geworden" usw.), können wir geistig Einfluss nehmen auf unsere materielle Welt.

Der Ritus und die Kulthandlung dienen dazu, dass wir uns dieser in uns wohnenden (Selbst)steuerungskräfte wieder bewusst werden, uns öffnen, um Kontakt herzustellen zum geistigen Aspekt des Seins. Die Kräfte, die wir aufnehmen, sind natürliche Kräfte. Gott wirkt in uns über die Naturgesetze, und wir haben die feinstofflichen Sinne erhalten, um jene zu erkennen. Das Ritual spricht die äußeren Sinne an und vermittelt die Aufnahme auch in geistige Bereiche, denn nach *Thomas von Aquin* gibt es letztlich nur eine Wesensform im Menschen, und all unsere Erkenntnis – auch die geistige und die Gotteserkenntnis – muss ihren Ausgangspunkt in der äußeren Sinneswahrnehmung haben und bleibt von ihr abhängig („die Gnade baut stets auf der Natur auf"). „Nichts kann im Intellekt sein, was nicht vorher in den Sinnen war" *(Augustinus)*.

Das Kausalitätsprinzip scheint also (zumindest in gewisser Weise) auch in den Gnadenbeweisen Gottes zu existieren, der sich irdischer Kräfte bedient, um Außergewöhnliches zu erreichen. So schien sich Gott einer Mitschwester der *Gertrud von Helfta* zu bedienen, indem er sie für Gertrud beten ließ, worauf dieser dann die Stigmatisation zuteil wurde. Warum sich Gott allerdings hier der Kraft des Gebetes einer dritten Person bediente, bleibt für uns unergründlich, gibt es doch gerade bei den Stigmatisierten genügend Beweise für sein direktes Eingreifen.[1]

Wenn wir beten, uns bekreuzigen, Runen stellen oder Symbole betrachten, versuchen wir, uns von der materiellen Welt zu lösen. Wir wollen uns dadurch frei

---

1   Höcht: Träger der Wundmale Christi, S. 66.

machen für die uns steuernden göttlichen (kosmischen) Harmonien, die wir dann auch in uns spüren können. Im Ritus benutzen wir natürliche, materielle, physikalische Dinge und Kräfte, weil diese uns von der Natur (Gottes) so vorgegeben sind und weil sie für uns als materielle Sinneswesen nahe liegend sind. Wenn wir in einer Kirche, die über rechtsdrehenden Wasseradern mit „heiligen" Schwingungen gebaut ist, spontan eine hohe Erhabenheit und Vergeistigung empfinden, so haben wir uns Gottes Natur nach seinem Willen bereits dienstbar gemacht, was uns den Weg zu ihm erleichtert. Der Ritus wirkt analog; er zwingt die uns umgebenden natürlichen Kräfte, unserem Willen zu gehorchen und uns dienstbar zu sein. Schon durch das Zeichen des Kreuzes unterstelle ich mich Gottes Allmacht und Willen, habe also durch den Ritus bereits einen kleinen Zugang zu der Energie gefunden, die mich sicher führt.

Die Messfeier ist voll von solchen Ritualen. Der Priester ist ein durch besondere Kraft begabter Mittler zwischen Mensch und Gott, ein vermittelnder „Katalysator". In seinen Händen liegt die Ausübung des Kultes und die Weitergabe der entsprechenden Lehre. Durch seine Weihe wird er zum Vermittler der übernatürlichen Gnade und erhält die für diesen Beruf notwendigen Fähigkeiten. Sein Entwicklungsweg durch Studium und Geisteszucht ist durchaus vergleichbar mit dem eines Medizinmannes oder eines Magiers der Naturvölker.

Der Priester steht näher bei Gott, seine Handlungsweise hat die größere Wirksamkeit, deshalb ist er uns als Hilfestellung an die Seite gegeben; er kann uns auf unseren Heilsweg führen. Er hat die Kraft, uns durch die

Spendung der Sakramente dem Heilsgeschehen näher zu bringen. Und um ebendiese Sakramente als solche wirken zu lassen, muss er sich eines besonderen Ritus bedienen, um immer wieder den Zugang zur Kraftquelle zu finden und die göttliche Macht zu entfalten.

Wenn alles auf dieser Welt gleichermaßen vom Geist erschaffen ist, dann muss auch alles alles beeinflussen. „Gott ist alles in allem" (l. Kor 15,23). Gott lebt in allen Dingen der Natur und will in ihnen verherrlicht werden.

> „Liebt die ganze Schöpfung Gottes, das ganze All wie jedes Sandkörnchen. Liebt jedes Blättchen und jeden Strahl Gottes. Liebt die Tiere, liebt jedes Gewächs und jedes Ding. Wenn du jedes Ding liebst, dann wird sich dir in den Dingen das Geheimnis Gottes offenbaren. Ist es dir offenbar geworden, so wirst du jeden Tag mehr und mehr die Wahrheit erkennen. Und schließlich wirst du die ganze Welt in allumfassender Liebe umspannen.[2]

Das ist keine Philosophie, sondern Realität. Der geistig hoch veranlagte (bereits mit besonderen Fähigkeiten ausgestattete) „reine" Mensch weiß um alle für ihn wichtigen Dinge, die um ihn herum auf der Welt geschehen und leider auch um Dinge, die ihn mehr belasten, als sie ihm zu nutzen scheinen. Eine ausgeprägt hohe Spiritualität, die stets mit gewissen hellseherischen Aspekten einhergeht, fühlt nicht nur die Geisteshaltung

---

2   Schott-Messbuch für die Sonn- und Feiertage des Lesejahres, A. Herder, Freiburg 1983, S. 301.

anderer Menschen sowie ihre körperlichen Gebrechen und Ängste, sondern weiß auch um weit entfernte Dinge mit emotional stark betontem Charakter. Viele Mystiker besaßen die Gabe der Seelenschau und galten als hellsehend. Wer es durch Übung und Gebet geschafft hat, sich in die Weltharmonik „einzuklinken", dem steht die Information dieser Welt offen, und er kann sich ihrer bedienen, wenn es zu seinem oder anderer Menschen Heil ist. Sündigt er gegen die Gesetze Gottes, die Gesetze der Natur, wird ihm die Gabe in der Regel wieder entzogen. Die geistigen Kräfte dieser Welt und all ihr Wissen sind allgegenwärtig, sie scheinen „gleich einer brütenden Botschaft an alle" (Hans *Bender*) im Raum zu schweben. Zu ihr können wir uns durch das Ritual Zugang verschaffen. Es ist eine Hilfe, aber kein Muss; Gott kann diese Gnade auch verschenken.

Den Anwender des Rituals wird aber vielleicht mehr dessen energetischer, biophysikalischer Aspekt interessieren, sein Wirken auf den Menschen selbst, denn auf diesem Weg kann er den Zugang zu Gott leichter nachvollziehen.

Zunächst einmal gibt es rituelle „Werkzeuge", die direkt auf den Körper wirken, wie beispielsweise Ton (Musik) und Sprache (gesprochenes Ritual). Wer lange genug einen eintönigen Vokal vor sich hin summt, der wird die körperliche Wirkung sehr bald in den betreffenden Körperarealen verspüren. Denn der Ton erzeugt Resonanz, und ist diese Resonanz erst einmal geweckt, dann empfängt das betreffende Resonanzorgan auch analoge (z. B. Oberwellen) und kosmische Schwingungen – der Körper hat sich in die Natur „eingeklinkt", er ist zur Antenne für kosmische Schwingungen geworden. Analog zu einer physikalischen Antenne ist er nun in der Lage, zu empfangen, aber auch zu senden. Auch Runenstellungen mit dem ganzen Körper sind solche „kosmische Antennen".

Andere Rituale oder Betrachtungen von Symbolen wirken mehr auf den Geist. Aber auch hier ist es das gleiche Prinzip: Nebensächliches wird zurückgedrängt, für Wichtiges wird der Geist aufgeschlossen (Andacht). Wer im Geist eine solche Antennenfunktion nicht erkennen kann, der sollte versuchen, sich klarzumachen, dass Materie und Geist nur verschiedene Modifikationen einer einzigen (göttlichen) Urenergie darstellen. Die Frequenzen „heiliger" Schwingungen, die durch die Arbeit mit der Rute mittels physikalischer Radiästhesie erfasst werden können, sind gleichzeitig Frequenzen für geistige Beeinflussungen; es ist die gleiche messbare Wellenlänge! Ob wir Gottes Wirken über den Leib oder den Geist erfahren, ist eins; wichtig ist für uns nur, dass wir es überhaupt erfahren, und ebendazu soll uns das Ritual eine Hilfe sein.

Wirkungen außerkörperlicher Prinzipien, Wesenheiten, Kräfte und Triebe

Während es im Ritus darum ging, aus *eigener* Aktivität eine Verbindung mit dem Transzendenten herzustellen, soll in den Beschäftigungen mit den außerkörperlichen Prinzipien das Hereinragen des Jenseitigen und seiner Kräfte in unsere sinnliche Erfahrungswelt betrachtet werden. Hier ist von *externen* Kräften die Rede, die „einfach da" sind und mit denen wir uns auseinanderzusetzen haben. Zugleich sind es aber Kräfte, denen wir nicht schutzlos ausgeliefert sind. Wir haben es durch unsere Lebensführung selbst in der Hand, wie weit wir uns ausliefern wollen. Lassen wir uns treiben, so gewinnen die fremden Prinzipien die Überhand, unterstellen wir uns aber Gottes Führung, so erfahren wir Schutz auf unserem Lebensweg zu Heil und Seligkeit.

Dämonismus und Besessenheit

Die Grundvorstellung von einem Dämon ist die eines schädigenden Wesens, während das Gute meist mit dem Gedanken an göttliche Macht verbunden wird. Mit der Personifizierung „Dämon" bezeichnen wir eine bestimmte Art von Naturkräften, die in kleinen Gebieten des gesamten Naturgeschehens wirksam sind. Als „Gegenstück" zu Gottheiten (lebenspositive, im Sinne des Heilsgeschehens wirksame Kräfte) fehlt Dämonen mitunter eine besondere Identität; aus einer „dämonischen Urkraft" bilden sich lediglich diverse individuelle Personifizierungen heraus. Es existieren aber auch eindeutig böse Geister mit selbstbewusstem Wirkungsspektrum. Der Begriff des „Dämons" wurde noch zu Zeiten *Agrippas* als neutral betrachtet und im Sinne von „Geistwesen" ohne Wertung verwendet. Der in Sachen Dämonismus zurückhaltende Plato (427–347 v. Chr.) bezeichnet in seinem „Gastmahl" die Dämonen als Mittler zwischen Gott und den Menschen. Der jüdisch-hellenistische Philosoph *Philo* (um Christi Geburt) lehrte, dass es nur einen Gott gebe, dieser habe aber unzählige Kräfte und Geister, welche um ihn seien und ihm zu Gebote stünden. Durch diese Kräfte sei die intelligente Welt, das Urbild und Ideal unserer sichtbaren Körperwelt, hervorgebracht, und sie bestehe oder ruhe in ihnen. Die Geister sind Verkünder der göttlichen Befehle an die Söhne Gottes und bringen deren Bitten vor den Thron des Unendlichen. „Und dies ist gar nichts fabulöses, denn es ist notwendig, daß die ganze Schöpfung belebt sey, und daß jeder Theil der Welt die ihm angemessenen Bewohner habe."[1]

Die schöpferische Idee des Dämonismus basiert auf der Suche nach Ursachen für unerklärliche Übel. Das Böse wird personifiziert und weckt dadurch den Wunsch nach einer stärkeren Abwehrmacht. Bildlich gestaltete Dämonen gleichen einem freigesetzten Angstkomplex.

---

1   Horst: Zauberbibliothek, Bd. 1, S. 17 ff.

Ihre Personifizierung kann eine Schutzfunktion für das Seelenleben darstellen. Was sichtbar ist, kann auch bekämpft werden, denn ungreifbare Ängste bedrohen den Seelenfrieden mehr als alles, was als personal empfundene feindliche Macht angesehen wird. Die Sagen, Mythen und Legenden von der Überwindung dämonischer Wesen, Drachen und Ungeheuer bestätigen diese psychoanalytische Deutung, die allerdings keine Aussage über die tatsächliche Realität des Bösen macht.

Das aufstrebende Christentum hat es verstanden, den volkstümlichen Drang zur Personifizierung für sich umzumünzen; die alten Götter wurden zu dämonenhaften Gebilden herabgesetzt und ein einzig wahrer Gott über sie gestellt. Die junge Christengemeinschaft protestierte jedoch gegen diese neue Form des Monotheismus, den eine Volksreligion nie und nirgends erträgt und schuf im Heiligenkult einen neuen Polytheismus. Denn der Volksglaube besagt, dass die Heiligen von sich aus helfen können; die christliche Konfession lehrt aber, dass in ihnen Gott verehrt wird.

Entwicklungsgeschichtlich floss im mittelalterlichen Dämonenglauben alles zusammen, was aus antiken orientalischen, hellenistischen, keltischen und germanischen Anschauungen überliefert wurde. Das führte dazu, dass unerklärbare Krankheiten wie Hysterie, Epilepsie, Veitstanz oder Lähmungen von der Kirche lange als dämonisch betrachtet und dementsprechend (exorzistisch) behandelt wurden.

Dennoch zeigte sich auch im Dämonischen immer wieder der konträre Gedanke einer gewissen Heiligkeit (vgl. beispielsweise die Bezeichnung „morbus sanctus" oder „heilige Krankheit" für Epilepsie). Nach kirchlicher Ansicht können „unsaubere Geister" in einen Menschen eindringen und seinen Organismus in Unordnung bringen. Personifizierte Dämonen erscheinen in der Regel als Tiergestalten; es kommen aber auch menschliche und Mischgestalten vor.

Der Benediktinerabt *Trithemius* (1462–1516) wies mit seiner Aussage, dass die Dämonen zumeist als weibliche Wesen erscheinen (1508), dem Bösen eine sinnlich-erotische Komponente zu, die in Visionen vom Hexensabbat ihre höchste Ausprägung fand.

Die Besessenheit durch Dämonen basiert auf dem im gesamten Altertum zu findenden Glauben, man könne durch geschlechtliche Vereinigung oder den Genuss von durch Dämonen besetzten Speisen das Böse in sich aufnehmen. Dämonische Wesen könnten aber auch von selbst vom Menschen Besitz ergreifen, was sich dann unter Umständen in Hellsehen, Tobsucht, Epilepsie, Stummheit, Reden in fremder Sprache usw. äußern solle. Die Kirche erwehrte sich der als dämonisch erkannten Übel mit dem Exorzismus (Rituale Romanum) und verwies dabei auf die biblische Aussage, dass Jesus selbst zu wiederholten Malen Dämonen ausgetrieben hat.

Die Dämonenfurcht hat zu einer Vielzahl von Vertreibungsritualen wie Gewaltanwendung oder -androhung (Schlagen, Verjagen, Misshandeln), Beschwörung (Exorzismen) oder Täuschungen (Verkleiden, Verstecken) geführt. Nach der Lutherbibel „drohte" Jesus der See, die das Schiff mit Wellen bedeckte (Mt 8,26), worauf Windstille einkehrte. Der Kampf spielt sich dabei stets in der Geisterwelt ab; der Exorzist muss sich in ihr auskennen, um auf gleicher Ebene gegen die Dämonen agieren zu können.

Die Anwendung geweihter Palmzweige am Palmsonntag geht möglicherweise auf ein Vertreiben der Dämonen unter Androhung von Schlägen zurück. Bei Exorzismen spielt der Name des Dämons eine besondere Rolle, weil dieser dem Exorzisten Macht über den Dämon verleiht. Im Märchen „Rumpelstilzchen" befreit die Nennung des richtigen Namens die Königin von ihrem unliebsamen Versprechen, das sie dem Dämon gegeben hatte. Vielfach wurde Dämonen auch geopfert, um sie zu besänftigen; die Kirche sprach sich aber stets gegen diesen Brauch aus.

Betrachten wir den Dämonismus unter energetischen Gesichtspunkten, so finden wir in ihm alle Kräfte personifiziert, die uns von unserem Heilsweg abbringen können. Dämonen sind ebenso natürliche Kräfte des Universums wie die Kräfte Gottes. Beide haben wir mit Namen belegt, damit wir sie erkennen und bezeichnen können, um uns zwischen ihnen zu entscheiden.

Unter dem Prinzip der Schwingungswechselwirkungen untereinander ist es durchaus legitim, Pflanzen und Tiere, aber auch die nichtmaterielle Welt als beseelt zu bezeichnen, da sie ihre eigene energetische Individualität aufweist. Die Schöpfung als Ebenbild Gottes ist an sich gut und uns auf unserem Heilswege dienlich. Erst die mit einem Eigenwillen und Eigenbewusstsein begabte Individualität war fähig, gegen den natürlichen Lauf der Dinge zu sündigen und so das Böse innerhalb der polarisierten Naturkräfte zu schaffen. Nicht die Natur an sich ist böse. Sie kann es erst werden, wenn wir uns ihr ohne Liebe und Ehrfurcht nähern und den Keim des Bösen, der in uns ist, auf die Natur projizieren. Damit verselbstständigt sich ein Teil unseres Ichs in der Natur – der Dämon ist geboren. Wie man in den Wald hineinruft, so schallt es heraus. Wir Menschen haben durch unsere Gedanken die Kraft, die Erde total zu beherrschen – im Guten wie im Bösen. Unsere Werke sind nur die Folgen unserer Gedanken. Die sich verselbstständigende Dämonenwelt, die Welt der bösen Kräfte und Mächte, haben wir uns selbst geschaffen; der Sündenfall stand am Anfang. Überwinden können wir dieses Prinzip nur durch Liebe.

Der sich verselbstständigende Dämon des Bösen kann nun tatsächlich von uns Besitz ergreifen und uns sein Prinzip aufzwingen, wenn wir, durch Sünde wider die Naturordnung geschwächt, nicht mehr die geistige Kraft haben, uns zur Wehr zu setzen. Der Exorzist, Besprechende oder Gesundbeter hat diese Kraft in der Regel aufgrund seiner guten Lebensweise. Wir sagen, er hat sie von Gott, dem guten Prinzip in der Natur. Mit dieser Kraft ist er in der Lage, in uns eine Schwingungsveränderung herbeizuführen, die das böse Prinzip, das in uns eingedrungen ist und sich gleich einem Virus in uns manifestiert hat, kompensiert, vernichtet und austreibt. Auf ebendieser Basis wirkt auch die Kraft der heiligen Sakramente.

Heute tritt uns der Dämonismus in modernen, zeitlich angepassten Formen entgegen. Man diskutiert, ob Geistes- und Gemütserkrankungen dämonischer Natur sind, und therapiert statt mit Exorzismen mit psychologischen Methoden (Überwindung durch das Erkennen). Auch alle Formen von Asozialität (Kriminalität, Nichtsesshaftigkeit, Sucht- und Konsumverhalten, Verwahrlosung usw.) könnten ihre beste Erklärung durch das Wirken von Dämonen finden. Leibliche Krankheiten sind ebenso meist seelisch bedingt (Psychosomatik, Ursprung der Pastoralmedizin) und dämonisch deutbar. Feindbilder beruhen auf unbewältigten, kollektiven Abwehrmechanismen, die im Angst- und Machtverhalten wurzeln und unüberwindbar erscheinen. Diffamierungen von Volksstämmen, Farbigen oder Andersgläubigen beruhen auf Herrschaftsansprüchen und ähneln den Zeiten des Hexenwahns und der Inquisition.

Das Verleugnen des dämonischen Prinzips, das Ausweichen, das Nicht-mit-dem-Namen-belegen-Wollen, das Nicht-wahrhaben-Wollen, ist heute vielleicht das ursprünglichste, am tiefsten verwurzelte Prinzip des modernen Dämonenwahns. Das Böse wirkt, weil man nicht mehr wagt, es anzupacken und beim Namen zu nennen!

Große Heiler haben zu allen Zeiten darauf hingewiesen, dass nicht sie es sind, die heilen, sondern dass es Gottes Kräfte sind, die in den Menschen eindringen und ihn zum göttlichen Ordnungs- und Lebensprinzip zurückführen. Die *Re-ligio*, die Rückführung zu Gott, also zur ursprünglichen, geistigen Form des Seins bewirkt dann die spontane oder allmähliche Heilung. Oftmals werden solche Heilungsphänomene von sinnlichen Wahrnehmungen begleitet, in denen das Entweichen des Bösen gefühlsmäßig oder visuell erlebt wird. Gerade auf dem Licht-Strahl-Prinzip baut sich eine eigenständige Lichtsymbolik auf, die Altes und Neues Testament und insbesondere das Leben von Mystikern und Heiligen durchzieht und in der das helle, strahlende Licht mit dem Empfinden und Wirken Gottes gleichgesetzt wird.

Dämonismus, Exorzismus und Geomantie

So wie Kultstätten auf heiligen geomantischen Zonen einen heilenden, sakralen Charakter bekommen, können bei der „Umpolarisierung" dieser Zonen selbige zur Quelle des Dämonismus beziehungsweise negativer Kräfte überhaupt werden. Die natürlichen Kraftzonen bilden lediglich eine „energetische Leitschiene" für alle Arten von Kräften. Ihre „Ausstattung", ihre physikalische und mentale „Imprägnierung", entscheidet letztendlich darüber, ob diese Zone Leben spendende oder Tod bringende Eigenschaften vermittelt.

Geologische Faktoren sind Bodenformationen (Brüche, Risse, Verwerfungen, Spalten, Erzminen, Wasser), Gesteinsarten, Beimengungen, Bewuchs usw. Mentale Beeinflussungen geologischer Kraftzonen sind heute seltener, weniger bekannt, weil sie für unmöglich gehalten werden, obwohl sie real sind. Entsprechende Zeremonien, „Gebete", Verwünschungen oder Beschwörungen können, am richtigen Punkt angesetzt, über das System dieser Leitlinien wirken und noch in kilometerweiten Entfernungen Resultate vollbringen beziehungsweise erzwingen. Eine moderne Thematik ist die energetische und mentale Beeinflussung durch Sender- und Satellitenstrahlungen. Sie sind in Wasseradern und einigen „Gitternetzen" besonders intensiv nachzuweisen und verändern das psychische Verhalten der Menschen.

Alte Klosteranlagen (beispielsweise die der Zisterzienser in Zusammenarbeit mit den Templern) und Kirchenbauten, insbesondere an Stätten heidnischer (keltischer) Tempel, stehen oft im Brennpunkt solcher Energie-Leitsysteme (Leylines) oder bilden ein entsprechendes energetisches Zentrum als Ausgangspunkt für teils künstlich beeinflusste Leitliniensysteme, auf denen dann in größeren Abständen weitere Kultbauten entstanden. (Sogenannte „magische" Leylines folgen der Erdkrümmung oder durchdringen die Erde.) Das System gleicht durchaus einem modernen Telefonnetz mit Zentrale, Leitungen und Empfängern. Das Kloster Bronnbach im Taubertal beispielsweise scheint einen Teil seiner Energie (respektive seinen wichtigsten sakralen Anteil) von einem nahe gelegenen, ehemals keltischen Kultplatz zu beziehen, der, schon lange dem Verfall preisgegeben, auch heute noch das Klosterareal spürbar mit Lebensenergie versorgt. Kloster Schöntal im Jagsttal bezieht seine wesentliche Energie von einer oberhalb des Klosters gelegenen alten Kultstätte, die aufgrund eines dort aufgefundenen heiligen Wassers, das möglicherweise einem Leck einer alten römischen Wasserleitung entstammt, zu einer Art Wallfahrtsort wurde. Einige ältere Achteck-Kirchen der Umgebung scheinen ebenfalls untereinander durch solche Leyline-Systeme verbunden zu sein. Diese Bauten stehen auf den Plätzen vormaliger keltischer Fluchtburgen.

Befinden sich mehrere Kultstätten innerhalb eines solchen Netzwerkes, können dort geistige Informationen ausgetauscht werden. So ist es möglich, durch Gebete ein energetisches Abwehr-Bollwerk im Verlauf dieses Leitsystems zu errichten, das Feinde mental irritiert, beeinflusst, zurückweichen lässt oder zumindest ihr boshaftes Verhalten und ihre bösen Gedanken vereitelt. Andererseits kann durch den Zusammenschluss im Gebet eine heiligende Kraft aufgebaut werden, die alles in ihrem Bereich Lebende in ihren Bann zieht.

Die protestantische Kirche von England befasste sich 1972 aufgrund zunehmender Berichte über Schädigungen durch Hexerei und Schwarze Magie mit der Thematik der psychischen Umfeld-Beeinflussung. Das Komitee bestand aus Vertretern der anglikanischen und römisch-katholischen Kirche, unter ihnen eine führende Autorität auf dem Gebiet des Exorzismus. Es ging dabei um eine Art „okkulte Kriegsführung", die in unserem (materialistischen) Zeitalter als Machtinstrument immer mehr Bedeutung gewinnt.

Anknüpfungspunkt für die neueren Geschehnisse der exorzistischen Abschirmung dämonischen Gedankengutes waren Ereignisse aus dem Jahre 1926: Während des Generalstreiks in England soll vonseiten der Sowjetbehörden „okkulter Druck" angewandt worden sein, mit dem Ziel, eine Revolution anzustiften. Zentrum des Angriffes war das St. Pauls Missionary College in Burgh-le-Marsh in Lincolnshire in Nordengland, gelegen auf einer geomantischen Linie, die von irgendwo in Russland bis zum Mount Snowdon, dem heidnischen heiligen Berg in Wales, verläuft. Es wurde ein exorzistisches Ritual durchgeführt, um die schädigenden Energien auszulöschen, und von dem Tage an hörte der „psychische Druck" auf.[2]

Neuere Aktivitäten schwarzmagisch arbeitender Okkultgruppen begannen Anfang der Sechziger Jahre. Okkultisten, Heiden und Hexer etablierten ihre eigenen Rituale an alten Orten heidnischer Weihen. Nach John *Richards* Buch „Deliver Us From Evil" (Erlöse uns von dem Bösen, 1974) beschränkten sich die Aktivitäten der Magier auf keltische Stätten wie Hügelgräber und Steinkreise, die entweder Ausgangspunkte energetischer Leitlinien darstellen oder den Verlauf selbiger markieren. Auf diese Weise gelang es den Gruppen, die Kräfte der schwarzen Messen weitreichend zu verteilen. Auch hier gelang es durch Exorzismus, die schädigenden Einflüsse zu unterbinden.

Auf den tellurischen Ley-Linien können seltsame Dinge passieren: Einflüsse durch die Seelen von Verstorbenen, Spuk, Poltergeist-Phänomene, dämonische Einmischungen, massives Auftreten sündhaften Verhaltens, Hass, Neid, sexueller Missbrauch und Ausschweifungen, Habgier, Herrschsucht, psychische Ängste bis hin zur Umsessenheit und Besessenheit.[3] Die Linien wirken wie ein Verteilersystem, das die ganze Umgebung beeinflusst, je nach den Dingen, die an den Ausgangsorten dieses Energiesystems oder auf dessen Leitlinien geschehen. Auch alte Friedhöfe werden gern für okkulte schwarzmagische Praktiken ge-

---

2 Pennik: Einst war uns die Erde heilig, S. 196 ff.
3 Umsessenheit ist eine Vorstufe der Besessenheit – eine geistige Einflussnahme, die aber noch nicht den freien Willen erfasst, wie es bei Besessenheit der Fall wäre.

nutzt, denn sie liegen, wie auch die Kirchen, oftmals auf derartigen Energiezonen.

Gelingt es nicht, gegen die dämonische Urheberschaft direkt vorzugehen und ihr Handeln zu unterbinden, bleibt der Exorzismus die einzige lebensrettende Hilfe. Er ist das Binden der bösen Kräfte durch den Triumph von Jesus Christus und dessen Kirche. Exorzismus ist die „Reinigung der Schöpfung" von den Banden des Bösen, von der Invasion und Störung der natürlichen Ordnung der Dinge, eine Entfernung von schädlichen Kräften und das Einbringen wohlwollender Kräfte durch das Ritual der Weihe. Exorzismus löscht alles aus, ob gut oder schlecht, um es durch einen Heil bringenden Segensspruch zu ersetzen. Auch Geomanten beziehungsweise Landschafts-Akupunkteure handeln nach diesem Prinzip und bemühen sich, das terrestrische Gleichgewicht wiederherzustellen, aber nicht durch Bekämpfung, sondern eher durch geschickte Vereinigung von Kräften, nicht durch Symptom-Therapie, sondern durch Naturheilkunde und die Behandlung des ganzen Organismus der Mutter Erde unter Einbeziehung all ihrer Regulationssysteme.

Die alten Kraftzentren sind der „Nabel der Welt", Ausgangspunkt tödlicher Gefahren bei Machtmissbrauch und heilender Kräfte unter kundigem wohlwollendem Einfluss. Deshalb waren diese „Sanktuare" ursprünglich nur Eingeweihten vorbehalten. Jeder gewöhnliche Sterbliche musste von ihnen ausgeschlossen bleiben (heilig, Tabu), denn man wusste, dass die hier aufrechterhaltene energetische Balance niemals einer Störung anheimfallen durfte. Die ihnen innewohnende heilige und heiligende Kraft vermochte sogar Sünden zu vergeben. Wenn im griechischen sanctum sanctorum ein Verbrecher den Göttern opferte, wurde seine Todesstrafe in lebenslange Haft oder Exil umgewandelt. Ähnlich verhielt es sich auch mit den Sanktuarien in *Salomos* Tempel. Auf der heiligenden Kraft des Ortes beruht auch das Asylrecht der Kirchengebäude, das im Jahre 392 von Kaiser *Theodosius* erlassen wurde und noch heute Gültigkeit hat, wenn der Bittsteller den geweihten Platz, den Altar (später ausgeweitet auf das gesamte geweihte Kirchengelände), erreicht.

Das Kirchengebäude als Sanktuarium ist also auch Raum der Sündenvergebung, denn der reumütige Mensch spricht sich hier in der Beichte selbst von seinen Sünden los. Die Lossprechung durch den Priester besiegelt lediglich diesen Akt. Entgegen der modernen Auslegung der Kirchenlehre liegt die Lossprechung also nicht in der Macht des Priesters, sondern im Sünder selbst, und ihm kann durch die heiligende Kraft des Ortes geholfen werden.

„Nur dadurch, dass der Mensch die Dinge, Handlungen und Gedanken im Wort erkennt und bekennt, werden sie ihm bewusst. Der Mensch geht in der Beichte mit sich selbst vor Gott ins Gericht, er spricht selbst die reuige Anklage auf Versöhnung der Gottesmajestät. Dem persönlichen Sich-Lossagen von der Sünde antwortet der Priester mit der Lossprechung im Namen

Gottes. Weil Christus am Kreuz gesühnt hat, kann der Beichtvater von der Sünde absolvieren."[4]

Himmel und Hölle

Himmel und Hölle sind analoge Bezeichnungen für das Gute und das Böse, genauso wie Heiligtum und Dämonismus. Himmel und Hölle bilden nur insofern eine Ausweitung der Prinzipien Gut und Böse, als ihnen trotz der Abstraktion eine gewisse Örtlichkeit zuerkannt wird. Dieses Lokalisationsprinzip könnte nach psychoanalytischer Deutung auf einer Verdrängung beider Prinzipien beruhen, deren Extremfälle wir gewöhnlich niemals erreichen wollen oder können. Damit ist nun der Weg selbst zum Ziel geworden; der breite Weg und die weite Pforte führen zur Verdammnis, und der schmale Weg mit der engen Pforte führt zum ewigen Leben (Mt 7,13–14; Lk 13,23).

Rein entwicklungsgeschichtlich ist der Begriff „Himmel" tatsächlich als eine Lokalität zu betrachten, während der christliche Himmel als Ort der Seligkeit eher mit dem Begriff des Paradieses verglichen werden kann. Der Himmel als „Wohnort Gottes" findet sich im germanischen Heidentum nur vereinzelt. Erst mit dem Christentum bekam der Himmel diese neue Bedeutung: Gott regiert von oben die Welt und schaut auf uns herab. So spricht der Herr: „Der Himmel ist mein Stuhl und die

---

4   Sattelmair: Sancta Ecclesia, S. 23.

Erde meine Fußbank" (Jes 66,1). Das Grimmsche Märchen vom Schneider im Himmel zeugt von der Volkstümlichkeit dieser Vorstellung. Visionäre unterstützten den Lokalisationsgedanken noch, indem sie der Bevölkerung einen Weg von der Erde zum Himmel bauten (Regenbogen, Jakobsleiter usw.).

Für uns Christen ist der „Himmel" ein erstrebenswertes Ziel, das wir durch konsequente Meidung böser Prinzipien, durch gute Werke und Gedanken sowie durch Gebet erreichen können. Wenn wir die guten, göttlichen Schwingungen des Kosmos in uns haben, erhalten und pflegen, dann haben wir wahrlich den Himmel bereits auf Erden und können nach der Freisetzung dieser Kräfte durch den Tod direkt in den Himmel eingehen.

Der Name der Hölle hat sich als Inbegriff des Bösen und Aufenthaltsort böser Prinzipien erst mit dem Himmelsbegriff gebildet. Die Hölle bezeichnete ursprünglich lediglich den unterirdischen Aufenthaltsort der Toten und war damit ein friedliches Gefilde, keineswegs aber ein Ort der Qual, wie er heute gesehen wird. „Zur Hölle fahren" bedeutete lediglich, zu sterben. In der Vorstellung vieler Völker war das jenseitige Leben in der Hölle eine Vorbereitung auf einen zweiten Tod, die endgültige Vernichtung (oder Auferstehung nach heutiger Glaubenslehre). Erst mit der Unterordnung der Sittengesetze unter eine Theologie (ein göttliches Sittengesetz) wurde die Hölle als ein Ort der Qual dargestellt, an dem Sünder zu leiden hatten. Erst mit den Anfängen der umherziehenden Bettelorden (um 1300) sowie der literarischen Arbeiten eines *Caesarius von Heisterbach* wurde

der Aufenthaltsort der Toten mit Flammen und Wehge-
schrei versehen und galt als Ort der Strafe und des Leidens. Die Verbreitung dieser Lehre diente der Erziehung
des Menschen. Die Martern der Hölle wurden nach irdischen Erfahrungen „kreiert". Die Qualen durch Feuer,
Rauch, Glut, Pech und Schwefel dominierten, die noch
heute gültige Höllenauffassung wurde zum Gemeingut
des Volksglaubens.

Der Vorort der Hölle war in der Mythologie meist
eine grüne Wiese, die mitunter als alleiniger Aufenthaltsort der Toten angesehen wurde und aus der sich in
der germanisch-christlichen Religion die Vorstellung
vom Paradies entwickelte. Die Auffassung der grünen
Wiese als Vorhölle wurde im Rahmen der Christianisierung zum Fegefeuer umgedeutet, denn man brauchte
in der Glaubenslehre einen Platz, an dem man die Alt-
väter der Kirche bis zu ihrer Befreiung durch Christus
unterbringen konnte. Nach christlicher Glaubenslehre
war Jesus drei Tage lang in seiner Grabstätte eingeschlossen. Während dieser Zeit betrat seine Seele die
Unterwelt, um die Seelen der Gerechten zu erlösen,
die vor seiner eigenen Erlösung verdammt waren. Das
Feuer der Hölle oder besser der Vorhölle (Fegefeuer)
war ursprünglich ein Reinigungsfeuer und wurde erst
mit der Festigung des Höllenbegriffs ein Mittel der
Qual.

Die Theologen berufen sich auf die Aussagen in
zahlreichen Evangelien, wenn sie sich auf die Grundlagen der christlichen Höllenvorstellung beziehen; diese
entsprangen dem älteren jüdischen Volksglauben (Buch
Henoch). Die apokryphen Höllenvorstellungen wurden

durch weise Kirchenväter als „Verirrungen des Geistes" von der Aufnahme in die Bibel ausgeschlossen.

Bevor die Hölle nach christlicher Vorstellung von schmachtenden Seelen bevölkert wurde, waren die Höllenbewohner Leichendämonen. Vornehmlich handelte es sich um Dämonen in Tiergestalt wie Wolf, Hund (Höllenhund), Rabe (Personifizierung des Bösen), Drache (Symbol des Bösen), Fliege (Fliegendämon *Baal*), Schlange (Teufel im Paradies) oder Wurm. Die Darstellung des Dämons als Teufel ist erst durch die Arbeit der Geistlichen nach Deutschland gekommen, wobei sich der Teufelsglaube auf der Basis der Verfehlungen (Sünde) gegen die ethischen Vorschriften entwickelte. Wieder wurde der strafende Charakter – unterstützt durch Visionsliteratur eines *Gregor von Tour* – zur Hauptwaffe der Mönche.

Das Lokalisationsprinzip von Himmel und Hölle (im Kosmos und in der Erde) entbehrt nicht jeglicher Grundlage. Der Mensch ist seinem Körper nach ein erdgebundenes und erdgeschaffenes Wesen. Seine energetischen Strukturen setzen sich aus Energien beziehungsweise Wesenheiten der Erde zusammen, die seine Körperfunktionen verrichten und auch seine Gemütslage sowie seine Gedanken bestimmen. Der Lebensfunke im Menschen aber, der göttliche Geist, der kommt von oben, aus höheren Hierarchien. Lebensaufgabe des Menschen ist es ja, sich aus den Verstrickungen und Bindungen der Materie wieder herauszulösen und seinen Geist mit dem göttlichen Ursprung zu verbinden. So ist es ganz natürlich, dass der Mensch seine geistige Heimat in höheren Sphären angesiedelt sieht und die Mächte und Kräfte der Erde als niedere Elemente betrachtet. Die Kirchenlehre hat dieses Wissen lediglich auf einen Punkt gebracht und zu einer Art von Glaubenslehre erhoben.

Heute steht die Hölle als ein Ort der Qual für begangene Sünden fest im katholischen Glaubensgebäude, obgleich diese Lehre meines Wissens niemals zum Dogma erhoben wurde. Dennoch ist dieser Begriff in unserem Weltbild manifestiert, und wir müssen mit ihm leben. Das heißt, dass wir uns der Höllenqual mit jeder Sünde ein wenig nähern, denn das Böse gehört ebenso zu den Naturgesetzen wie das Gute – wir haben die Entscheidungsfreiheit.

Für den Gläubigen mit hoher Spiritualität und Einfühlungsvermögen ist das alles verständlich und hat ewige Gültigkeit, denn durch die Sünde entziehen wir uns der Liebe Gottes, wir schließen uns ab von den Leben stärkenden, göttlichen Heilschwingungen. Wird dieser Zustand nicht durch das Bußsakrament aufgehoben, schreitet der Selbstzerstörungsprozess fort. Ab einer individuellen Empfindungsschwelle (je „heiliger" der Mensch, desto niedriger die Schwelle) entstehen Angstzustände – die Höllenqual, bis hin zum seelischen und leiblichen Tod.

Der Ursprung des Höllenfeuers ist nach Jakob *Lorber* der eigene Geist. Demnach führen Angst, Ärger, Neid usw. zu einer Art geistiger Gärung mit dem Endresultat einer vollen Entzündung, bei der der Geist in Zorn übergeht. Das Resultat des Zornes ist dann der Glutschimmer bis hin zum vollen Brand, zur Wut des Lebens und der eigentlichen Hölle. Der wütige Geist ist also die Ursache dafür, dass die Seele durchglüht und ein böses Licht abgibt, das von Sensitiven wahrgenommen werden kann. Dieses Glutlicht dient der Seele einerseits, um mit Seelen der gleichen Art zusammenzukommen, andererseits, um Lebende auf sich aufmerksam zu machen, von denen sie Hilfe erlangen könnte.[5]

Die Hölle kann schon hier auf Erden sein; wir können sie spüren. Es ist nur eine Frage der Empfindungsschwelle. Die ist bei vielen Menschen ohne christliche Orientierung sehr hoch angesetzt, sie erkranken, ohne zu wissen, warum. Dem Christen sollte eher bewusst werden, woher sein Leid kommt, nämlich von der Loslösung aus der kosmischen Harmonie, den ewigen göttlichen Gesetzen. Doch auch ohne die Bemühung des Gewissens (intuitives Erfassen der göttlichen Gesetze) kann die Hölle auf Erden erfühlt werden, hervorgerufen durch Vergiftungen, die wir uns selber zuführen (z.B. durch erhitzte Kunststoffe oder durch Drogen, Genuss- und Rauschmittel). Auch diese neue Form des Bösen trennt uns von der Kraft Gottes, dem „göttlichen Heilstrom" (Bruno *Gröning*), der uns erlösen könnte. Das führt zum Untergang der Menschen; sie sterben, ohne ein Bewusstsein der Sündhaftigkeit erlangt zu haben. Sie haben nun keine Chance mehr, umzukehren. Uns Lebenden bleibt nur noch die nahezu hoffnungslose Aufgabe, für sie zu beten, um so doch noch ihre Befreiung von anhaftendem, mitgenommenem Bösen zu bewirken – einzig ein Appell an die Gnade Gottes.

Der Seher Jakob *Lorber* schildert die „Zustände" des Weltgerichtes und der Selektierung der Seelen in Himmel und Hölle folgendermaßen:

5   Lorber: Jenseits der Schwelle (7. Auflage), S. 108 ff.

„Denke hier [im Jenseits] nicht an ein Gericht; denn im Reiche der Freiheit des Geistes gibt es kein Gericht und keinen Richter, außer den eigenen freien Willen jedes Menschen! Denke auch nicht an die Hölle. Diese ist nirgends, außer in jedem Menschen selbst, so er diese in sich durch sein Böses – eben in sich – erst erschafft. Denn wo nur noch ein Fünkchen Selbstsucht herausschaut und Eigendünkel und Beschuldigung anderer, da ist die Hölle! Wo der fleischliche Sinn noch nicht freiwillig verbannt ist, da ist noch Hölle! Also denke aber auch an keinen Himmel als verheißenen Lohn für gute Werke, sondern des Herrn Jesu Wort sei dein Wille, durch dieses suche Ihn allein! Hast du Ihn, dann hast du alle Himmel und eine ganz andere Macht aus der Liebe, als du sie gehabt hast auf der Welt aus deiner Weltklugheit und hohen Stellung. Nun weißt du alles; tue, was dein freier Wille zulässt im Namen des Herrn Jesus."[6]

Unter spirituellem Aspekt ist der Himmel ein Eben-bild für die Seligkeit Gottes, ein mystischer Bereich der Vollendung und des Heils. Er bedeutet Einssein mit Gott im kosmologischen Weltbild. Der Himmel ist das Ziel, das Sein bei Gott und in Gott. Die Teilhabe am himmlischen Glück gilt als eine Gabe, die nur durch ein Leben im Geiste Jesu Christi erreicht werden kann, was als Grundbestimmung des Menschen angesehen wird. Durch seinen Glauben kann der Mensch das Leben in Christus als Gnadengeschenk erhalten und wird so der

---

6   Lorber: Jenseits der Schwelle (7. Auflage), S. 57 u. 69.

Himmelsherrschaft teilhaftig. Die Himmelsherrlichkeit kommt erst zur Vollendung, wenn der Mensch sich dem unterwirft, dem auch Christus sich unterworfen hat – dem allmächtigen Willen Gottes, der „herrscht über alles und in allem" (1. Kor 15,28).

Der gottferne Ort dagegen ist ein Ausgeschlossensein, ein Abgetrenntsein von Gott als Ursprung allen Lebens. Der Höllenzustand wird aufgebaut durch Selbstherrlichkeit, durch den Willen, aus einer Selbstbehauptung heraus zu leben und zu schaffen, und durch die Ansicht, die Liebe Gottes im Hinblick auf ihn selbst und die Mitmenschen nicht zu benötigen. Die Wirklichkeit der Hölle ist weder in Sprache noch in Bildern zu erfassen, sondern nur in uns selbst. Es ist die Enge, Bedrückung, Unfreiheit und verzweifelte, niederdrückende Angst, die den befällt, der die gottgeschaffenen ewigen Gesetze der Reinhaltung und Liebe missachtet, denn dies ist eine Verneinung unserer ureigensten Lebensgrundlagen.

Das Heilige

Das Heilige ist ein Zustand, den die in Sünde Lebenden und Gestorbenen kaum jemals mehr erreichen können, es sei denn durch Wiedergeburt, die vom Christentum abgelehnt wird, in allen anderen Glaubensrichtungen aber verbreitet ist.[7] Umso mehr sollten wir Lebenden

---

7 Allerdings bekommt die kirchliche Lehre von der Einmaligkeit des Erdenlebens einen
   Sinn, wenn wir das Prinzip der „ewigen Verdammnis" berücksichtigen: Der Mensch hat
   eine der höchsten Entwicklungsstufen erreicht: den freien Willen. Wenn er ihn miss-

tun, um diesen Zustand der Heiligkeit zumindest in ehrlichem Bemühen anzustreben; denn was wir zu Lebzeiten nicht erreichen können, kann nach unserem Tode kaum jemals „aufgearbeitet" werden.

Der Versuch, zur Heiligkeit zu gelangen, ist ein Versuch, ohne die Sünde zu leben, um ganz von Gottes Kraft erfüllt zu werden.

Entwicklungsgeschichtlich bedeutet heilig zu sein das Erfülltsein mit einer besonders wirkungsvollen Kraft (Mana) als dem wichtigsten Merkmal der Heiligkeit. Heilig können Personen und geheiligte (geweihte) Gegenstände sein, aber auch gewisse Zeiten oder Bauwerke. Die ihnen innewohnende Kraft gilt als übertragbar (heilen). Dergestalt Geheiligtes galt in jeder Religion als Tabu und wurde mit besonderen Ehren bedacht.

Die Gegenwart des Heiligen wird von sensiblen Gläubigen empfunden und ruft bei ihnen Gefühle hervor, die ein bestimmtes Verhalten veranlassen (Ehrfurcht, Andacht, Furcht, transzendentes Fühlen). Auch in unsensiblen Menschen kann das Heilige wirken: Wunderheilungen sind bei allen Personenkreisen bezeugt. Der Gegensatz zum Heiligen ist das Profane. Im alten Judentum galt die Nichtbeachtung der Unterscheidung von Heiligem und Profanem als Sakrileg und

---

braucht, um sich von Gott loszusagen, dem Bösen zu huldigen, könnte er damit seine Chance auf Weiterentwicklung und „ewiges Leben" zerstören. Wer auf ewig verdammt ist, kann nicht mehr wiedergeboren werden. Wiedergeboren wird nur der, der seinen Lebenszweck wenigstens annäherungsweise erfüllt hat und damit auf Gottes Gnade hoffen kann. Könnte man sich auf die Wiedergeburt verlassen, so könnte man seinen Lüsten frönen und alles der Weiterentwicklung Dienliche auf ein späteres Erdenleben verschieben. Dann wäre das Böse so gewaltig, dass die Erde aufhören würde zu existieren und ethisch „korrekt" lebende Menschen um ihre Chance zur Weiterentwicklung kämen.

zog das Gericht nach sich. Der heilige *Stephanus* wurde wegen des von ihm gesprochenen Wortes: „Gott wohnt nicht im Tempel" (Apg 7,47ff) gesteinigt.

Das Heilige basiert auf einem magisch-religiösen Glauben, der mit sittlichen Kategorien ursprünglich nichts zu tun hatte. Die nichttheologische Wissenschaft sieht das Heilige nur unter dem Gesichtspunkt des Glaubens, während die Theologie das Heilige und sein Wirken als etwas Objektives, Reales ansieht. Die sittliche Deutung der Heiligkeit bezweckt, Unreines von Heiligem zu trennen. Durch Reinheit und Askese wird die Kraft des Menschen selbst gesteigert; er kann hierdurch in einen Zustand gewisser Heiligkeit gelangen, die ihm über den Tod hinaus anhaftet (Heilung, Kraft von Heiligenreliquien).

Die Heiligkeit als wirksame Kraft war ursprünglich neutral angelegt. Nicht nur die Gottheit wurde als heilig empfunden, ebenso das Blut von Verbrechern galt als heilig und heilkräftig. Auch der gewiss unreine Abort, meist mit Dämonen in Verbindung gebracht, wurde ehemals als heilig angesehen. Das gleiche gilt ebenfalls für die stinkenden Schwefelquellen der altitalischen Gottheit *Mefitis*, von denen sich der Teufelsname *Mephistopheles* ableiten lasst.[8] Dieser Geruchsaspekt der Kraft ist möglicherweise auch die Wurzel für den heute noch bei Öffnungen von Heiligengräbern vernehmbaren (angenehmen) „Geruch der Heiligkeit". Auf den ehemaligen Zusammenhang von Heiligem und Unrat weist auch die Volksmedizin hin („Dreckapotheke").

---

8 Biedermann, Dämonen, S. 150.

Für den Christen ist Heiliges von Gott geheiligt (selektierter Kraftaspekt). So gilt Jesus als heilig, weil von ihm eine Kraft ausging, die den bekannten Naturgesetzen widersprach: „Und die Kraft des Herrn ging von ihm aus und half jedermann" (Lk 5,17). Als Christus starb, verfinsterte sich die Sonne, die Erde erbebte, und die Felsen zerrissen.

Heiligkeit scheint mit der schöpferischen Naturkraft (Urkraft, Allkraft) identisch zu sein, die heilige und heiligende Kraft ist Gott. Was von seiner Kraft ganz erfüllt wird, ist heilig. In der Bibel begegnet man dem Begriff „heilig" erstmals in der Schöpfungsgeschichte in Zusammenhang mit der heiligen Zahl Sieben: Gott heiligt den siebenten Schöpfungstag (Gen 2,3).

Tatsächlich ist die Heiligkeit real und nachweisbar. Heilige Wässer, Quellen, Flüsse oder Gnadenbrunnen enthalten mindestens sieben heilige Schwingungsfrequenzen, die mit der Rute selektiert nachgewiesen werden können. Bereits die alten lateinischen Wasserexorzismen erwähnten die Namen der Paradiesflüsse Ganges, Euphrat, Tigris und Nil. Heiliges Wasser verdirbt nicht bei Lagerung, und in ihm breiten sich nahezu keine Krankheitserreger aus. Dabei weist zumindest das Wasser von Gnadenbrunnen eine Besonderheit auf: Es ist „ansteckend". Wenige Tropfen davon genügen, um die heiligen und heilenden Schwingungsfrequenzen auch auf anderes Wasser nachweisbar zu übertragen. Diese Eigenschaft bleibt bei gutem Wasser selbst nach dem Abkochen erhalten, was für gespeicherte Schwingungsinformationen ungewöhnlich ist. Offenbar ist die

„Ansteckung" an gewisse Kolloide (zum Beispiel kolloidal verteiltes Gold oder Quarz) gebunden, die solches Wasser in Spuren aufweist. Auch Chrisam, das heilige Salböl der Kirche, ist ein solches Kolloid (auf Fettbasis) mit „ansteckender" Wirkung: Auch seine Heiligkeit (die es erst durch rituelle Weihen bekommt) ist übertragbar.

Bei Weihen mit einem entsprechend kraftfüllenden (alten) Ritual und gut geweihtem Chrisam können die heiligen Frequenzen der jeweiligen Kirche in die zu weihenden Objekte oder Personen übertragen werden (Hostie, Messwein, Firmung) und sind dort ebenfalls nachweisbar. Die *Anwesenheit* des „Heiligen Geistes" allein genügt dazu allerdings nicht, die Kraft muss durch das unverfälschte Ritual *übertragen* werden.

Wir haben heute einen eklatanten Verlust an Heiligkeit und Heiligkeitsgefühl zu beklagen. Seine Widerspiegelung im Gewissen gilt nicht mehr, das Sündenbewusstsein erstirbt, der Begriff des Sakrilegs (Vergehen gegen Heiliges, Gotteslästerung) wird ins Gegenteil pervertiert: Die Unterdrückung von Wünschen und Trieben gilt als pathologisch, Gottesdienst und Religion scheinen zur Folklore degradiert und der für die Eucharisticfeier bestimmte Messkelch könnte heute durchaus zu einem Umtrunk bei einer Party Verwendung finden. Die Theologie tritt menschliches Fehlverhalten an die Psychologie und Soziologie ab. Gut und Böse werden nur noch nach gesetzlichen Regelungen unterschieden.

Für spirituell Empfindsame ist Heiligkeit und Heiligung aber niemals auf Raum und Zeit beschränkt, sondern erstreckt sich in geistige Sphären. Heiligkeit wirkt im Herzen des Einzelnen und verbreitet sich überall dorthin, wo Gottes Geist empfunden wird. Heiligtum ist dort, wo man Gott von ganzem Herzen sucht und seine Liebe verbreitet. Heiligkeit kann alle Taten begleiten, die ein Mensch (in und durch Christus) verübt, nicht nur in spiritueller Hinsicht, sondern durchaus auch im praktischen christlichen Leben. Heiligkeit kennt keine Grenzen, denn sie ist ein Geschenk Gottes über Zeiten, Räume und Religionen hinaus. Die Bitte des Vaterunsers „geheiligt werde dein Name" enthält als einzige das Wort „heilig". Diese Bitte kann uns Ziel und Verlangen aufzeigen und damit einen Weg ebnen zur persönlichen Heiligkeit, dem Streben nach Vollkommenheit in der Nachfolge Christi.

In den durch Gottes Gnade erwählten Heiligen der Kirche ist dieses Verlangen Wahrheit geworden. Asketen, Bekenner, heilige Bischöfe und Ordensgründer sind Vorbilder christlichen Lebens, in deren Heiligenverehrung wir Gottes Gnade, also Gott selbst, verehren. In ihnen hat sich Gott offenbart, und durch sie können wir unsere Erfüllung finden, wenn wir uns von ihnen leiten lassen.

> „Der Heilige steht unter anderen Gesetzen: Gott nimmt ihm vieles, Gott gibt ihm mehr zurück. Die Befreiung vom Ich macht ihn ganz frei für das Du. Der Heilige wird zu einem Magnet, dessen Kraftfeld Menschen mit Gespür für das Bleibende spontan suchen. Eine Grunderfahrung wird offenkundig: Der Gottverbundene setzt alles auf Gott, opfert alles für Gott und wirkt alles aus Gott."[9]

---

9   Heilige Walburga, Leben und Wirken. Abtei St. Walburg, Eichstätt 1985 (2. Auflage), S. 5.

Lebende Heilige wirken meist in der Stille, im geistlichen Amt, im täglichen Leben, im Beruf, in der Askese. Sie können uns ebenso helfen wie Wahlverwandtschaften zu verstorbenen Heiligen, wenn wir uns durch sie anregen und leiten lassen. Es gilt, unsere eigene Berufung in schöpferischer Spiritualität zu gestalten, „damit wir zum vollkommenen Menschen werden und Christus in seiner vollendeten Gestalt darstellen" (Eph 4,13).

Weltgericht, Auferstehung, Paradies

Die Grundlagen des Glaubens an ein Weltgericht und die Auferstehung von den Toten sind bis zurück ins 6. Jahrhundert v. Chr. nachweisbar (persische Religionsurkunden), vermutlich aber noch älter. Sie gelangten von Vorderasien nach Europa und fanden über das Judentum rasche Verbreitung. Der Gedanke an ein Weltgericht erfuhr eine wesentliche Förderung durch die Aufnahme des Glaubens an die Auferstehung der Toten. Ursprung der Verknüpfung von Auferstehung und Weltgericht ist die hellenistisch-römische Zeit des Judentums, und diese Lehre verbreitete sich rasch im gesamten Altertum. Ob das Weltgericht aber am Todestag des Einzelnen stattfindet oder am Ende der Welt (nach christlichem Glauben), ist abhängig vom jeweiligen Volksglauben.

Im Volksglauben erscheinen am Weltgericht die Guten in lichter (Weiß als Farbe der Lichtgottheiten), die Bösen in schwarzer Gestalt. Aus dem Judentum kommt die Vorstellung der gewogenen Seelen. Nach *Paracelsus* sterben die Elementargeister vor dem Gericht und nehmen nicht an der Auferstehung teil. Andere Völker sprechen jedoch von einem Tierparadies (zu dem auch die Elementargeister gezählt werden). Neben dem Gottvater als Weltrichter sollen auch der Teufel als Ankläger sowie Maria und Christus als Fürbittende erscheinen.

Interessant im Zusammenhang mit dem christlichen Glauben, der im Gegensatz zu orientalischen Lehren die Wiedergeburt verbietet, ist die Aussage, dass der Heilige *Johannes* die unschuldigen Kinder in den Himmel führt; sie kommen nach dem Jüngsten Gericht wieder auf die Welt.[10]

Mit den vorausberechneten Prophezeiungen des Weltendes scheinen auch gewisse religiöse Pandemien wie Kreuzzüge, Pilgerzüge, Geißlerbewegung und Tanzwut zusammenzufallen; Wallfahrten sind noch bis in die heutige Zeit lebendig geblieben.

Mit dem Glauben an die persönliche Auferstehung steht und fällt das ganze Christentum; sie ist die Mitte des christlichen Glaubens. Die Kirche lehrt eine leibliche (fleischliche) Auferstehung. Da ein verwester Leib nicht fleischlich auferstehen kann, ist an eine Deutung im geistigen Sinne zu denken. Unter energetischen Gesichtspunkten betrachtet, entspräche die Auferstehung einem Überleben von Kraftstrukturen, von geistigen Strukturen, die der jeweiligen Persönlichkeit entsprechen und die das Leibliche überleben. Da diesen Energien ein stofflicher (materieller) Aspekt zugeordnet

---

10   Deutscher Aberglaube, Bd. 4, Spalte 891.

werden kann, könnte aus dieser Sichtweise heraus von einer „fleischlichen" Auferstehung gesprochen werden, was die Kirchenlehre, wenn auch nicht im wörtlichen Sinne, aber doch vom Prinzip her belegen würde. Entscheidend für den Vorgang der Freisetzung persönlicher Energien nach dem leiblichen Tod ist eben das „Überleben" eines wirksamen Agens des Menschen, das gemäß der christlichen Tradition mit der (an den Lebensgesetzen orientierten) Lebensweise des Individuums in Zusammenhang stehen sollte. Heißt es deshalb in Röm 8,11: „Wenn nun der Geist dessen, der Jesus von den Toten auferweckt hat, in euch wohnt, so wird er, der Christus von den Toten auferweckt hat, auch eure sterblichen Leiber lebendig machen durch seinen Geist, der in euch wohnt."?

Es existieren ein leiblicher und ein geistiger Tod. Der Organismus fällt der Verwesung anheim, der Geist bildet das Zentrum des „Auferstehungsleibes". Ein geistiger Tod entspricht der Zerstörung der Energiefelder, die das Ich des Menschen ausmachen; dann ist keine Auferstehung möglich. Um den Auferstehungsleib zu bewahren, um geistig zu überleben, lehrt die Kirche ein Leben nach Christi Geboten mit dem Ziel der Integration des persönlichen Geistes in die göttliche Schöpfungskraft.

Der Auferstehungsgedanke hat aber auch einen psychologischen Aspekt: Die Hoffnung auf Auferstehung bewahrt uns vor Resignation und Verzweiflung und gibt uns Kraft für ein geduldiges und liebevolles Leben und Handeln. Es gilt, in der Gegenwart Prozesse auszulösen, die uns in die Schöpfungsordnung integrieren. Damit wird das Leben zum Sieg über die Machtsphäre des Todes.

Das Paradies gilt nach dem Weltgericht als der bleibende „Wohnort" beziehungsweise Zustand der guten Seelen. „Paradies" war einst im Sinne von „Baumgarten" eine Bezeichnung der großen Parkanlagen persischer Könige. Die Bedeutung eines Gartens hat das Wort „Paradies" (pardes) auch im alten Testament und noch im römischen Heidentum. In der Genesis ist erzählt, wie Gott einen Garten Eden schuf (Gottesgarten), voller schöner Bäume, Wasser und mit einem Baum des Lebens mit Früchten der Erkenntnis; auch der Psalmist berichtet davon (Psalm 23).

Im Neuen Testament ist das Paradies ein Ort der Seligen. Im Mittelalter ist der Name Paradies auch eine Bezeichnung für die Vorhallen von Kirchen. Im übertragenen Sinn wurde das Wort „Paradies" stets zur Bezeichnung eines schönen (gesegneten) Landstriches, der Jungfrau Maria, des Zustandes höchster Unschuld und Reinheit gebraucht.

Das Paradies als ein mythischer Raum der Toten und Geister galt und gilt als „Bleibeort" der Abgeschiedenen. Nach deutschem Volksglauben lag dieser Ort ursprünglich unter der Erde (Ursprung des Venusberg-Motivs). Die Christianisierung machte diesen unterirdischen Ort zur Hölle als Bleibeort für die bösen Seelen, während die guten Seelen zum Himmel steigen und ins Paradies gelangen. Auch die Walhall-Vorstellung als Himmel oder Paradies wurde vom Christentum gänzlich verdrängt. Die christliche Vorstellung basiert auf babylonisch-astrologischen Lehren des römischen Heidentums, nach denen die Seele nach dem Tode zum Himmel emporsteigt, um dort unter den göttlichen Gestirnen zu verweilen.

Die Auffassung des Paradieses als „Lustgarten" und „Schlemmerparadies" scheint auf den Paradiesvorstellungen des Islam zu beruhen. Als Land, in dem Ströme von Milch und Honig fließen, ist es uns unter anderem durch die *Paulus*-Apokalypse überliefert.

Die buddhistische Lehre sieht (dem Christentum nahestehend) das irdische Leben als Jammertal, als eine kurze Bewährungsfrist für die Ewigkeit. Hier scheint auch der Erlösungsgedanke zu wurzeln, der vom Christentum übernommen wurde. Dagegen wurde der meditative Ausweg und Ausstieg aus dem Kreislauf von Leben, Tod und Wiedergeborenwerden vom Christentum nur teilweise übernommen. Das Nirwana des Buddhisten entspricht dem christlichen Paradies, der meditative Heilsweg dem gottesfürchtigen Leben.

In altgermanischen Quellen (Sagen, Märchen) finden wir das Motiv des „Glasberges" als Synonym für das Paradies. Der Versuch, ihn zu ersteigen oder zu erreichen (gläserne Brücke) entspricht dem Streben nach Heiligkeit. Aber das Ersteigen ist schwer, weil er sehr glatt ist (eben aus Glas); es bedarf zauberischer Hilfsmittel. Interessant ist in diesem Zusammenhang auch eine thüringische Auffassung, nach der eine Glaskugel (Spiegel als Glyphe der Magie) jeden bösen Zauber zerstören kann, so wie das Heilige das Böse austreibt. Andererseits werden durch Gläserrücken auch Geister beschworen (magische Ambivalenz).

Eine energetische Deutung von Weltgericht und Paradiesvorstellung basiert auf der Übergabe des „Schwingungssystems Mensch" an die kosmische Urkraft aller

Schwingungen nach dem Tode. Der Mensch ist von der (kosmischen) Urkraft Gottes geschaffen und hat mit ihr und mit allen von ihm geschaffenen Werken Anteil an der kosmischen Harmonie (oder Disharmonie), für deren Mitgestaltung er voll verantwortlich ist („macht euch die Erde untertan"). Als Bezugspunkte auf der Erde wurden den Menschen das Böse und das Heilige mitgegeben. Das Böse scheint tiefer in ihm verwurzelt zu sein (Sündenfall), damit der Mensch sich aus eigener Leistung und aus freiem Willen zum Guten weiterentwickeln kann und seine bösen Schwingungen in gute konvertiert. Jesus Christus ist als Sohn Gottes gleich einem Menschen auf die Erde herabgekommen, um uns durch sein Leben und Leiden den Weg unseres Heils zu zeigen, den Weg, auf dem wir unsere Resonanzen veredeln können.

Unter diesem Gesichtspunkt könnte es sinnvoller erscheinen, das Auferstehungsdatum der Seele (Seelenenergie) und das Weltgericht unmittelbar nach dem Tode anzusiedeln, doch wäre in diesem Fall keine Möglichkeit gegeben, den abgeschiedenen Seelen durch Gebete zu helfen. Entscheidend ist, dass die mit dem Tod frei werdende Energie sich nun wieder in den ewigen Kreislauf des Kosmos, das göttliche Prinzip, eingliedern muss und dass sie nun entweder einen positiven oder einen negativen Beitrag zur Gesamtenergie leistet. Je mehr erdgebundene Individualität diese Energie beibehält, desto stärker ist sie mit dem Prinzip des Bösen (nicht in die Harmonie Passenden) behaftet und bleibt (erdgebunden) als dauerhaft wirkendes Böses erhalten. Je mehr der Mensch bereits auf Erden eine „natürliche

Heiligkeit" entwickeln konnte, desto besser ist er auch nach dem Tod der Schöpfungsenergie angepasst und kann sich mehr oder weniger in Gottes Urkraft integrieren. Das ist der Zustand der Heiligkeit und des Paradieses. Die hierher gelangte Seele wird zum Wohle ihrer Nachkommen und der ganzen Erde wirken, und erst wenn alle Seelen diesen Zustand erreicht haben, leben wir wirklich im Paradies.

Alle Paradiesdefinitionen aus der Theologiegeschichte haben eines gemeinsam: Sie bringen eine besondere Nähe zu Gott zum Ausdruck. Wir Christen finden in Christus diesen heiligen Ort bereits hier auf Erden, unterstützt von der Kirche als Wegbereiterin der endgültigen Gottesgemeinschaft. Gott ist im begnadeten Menschen anwesend, der so zu seinem Tempel wird (l. Kor 3,16). Das Paradies im Menschen ist letztlich eine Gnadengabe des Heiligen Geistes, der den würdigt, der aus eigenem Bemühen diesen Zustand anstrebt. Der Mensch ist also mitverantwortlich für das Erreichen des paradiesischen Zustandes. Er trägt die Verantwortung für den ihm überlassenen Teil der Schöpfung und die Verwirklichung des Heilsplanes hier auf Erden. Wir haben in unserem Erdenleben das Vorbild Christi mehr und mehr zur Ausprägung zu bringen, im Leib Christi zusammenzuwachsen. Nur in der Teilhabe am dreieinigen Gott gemeinsam mit unseren Mitmenschen können wir die Vorstellungen vom paradiesischen Reich verwirklichen. Und wie der Mensch, so muss auch alles, was es an Schöpfungswirklichkeit gibt, letztendlich an seine innere Erfüllung im großen kosmischen Kreislauf kommen. Schöpfung und Mensch müssen sich miteinander vermischen, sich gegenseitig durchdringen, denn von Gott ist alles geschaffen und in ihn wird alles wieder eingehen. Der Paradiescharakter hebt das materielle Sein auf Erden auf, er schafft eine neue Gemeinschaft im Geist gemäß unserem Lebensauftrag und unserer Vorsehung.

Fegefeuer, Arme Seelen

Das Fegefeuer gilt als Reinigungsort für die abgeschiedenen Seelen (Purgatorium). Während Unbußfertige, mit schweren Sünden Beladene, nach kirchlicher Lehre direkt in die Hölle kommen, muss die Seele des mit Gott versöhnt Gestorbenen im Fegefeuer den Rest der Strafe abbüßen.

Die Läuterungslehre ist bereits bei den Griechen im 5. Jahrhundert v. Chr. nachweisbar. Dagegen konnte ich in der Bibel außer in dem Hinweis auf den Tag des Gerichts, der sich „mit Feuer" offenbaren wird (1. Kor 3,13), keinerlei Hinweise auf ein Fegefeuer finden. Erst Papst Gregor der Große (540–604 n. Chr.) erhob diesen Gedanken zur Kirchenlehre. Durch Predigten und Bilder der Visionsliteratur gelangte der Gedanke unter das Volk. Die Geißler lehrten, dass niemand ins Himmelreich komme, ohne vorher im Fegefeuer gewesen zu sein.

Deutsche Theologen übernahmen den Reinigungsgedanken aus den griechischen Mythen, ohne dabei an einen bestimmten Ort des Reinigungsfeuers zu denken. Interessant ist, dass das deutsche Märchen das Fegefeuer als festen, abgeschlossenen Ort in der Nähe des Himmels sieht, während christliche Theologen es eher unterirdisch in der Nähe der Hölle ansiedeln.

Die Dauer des Verweilens im Fegefeuer ist individuell verschieden; es kann wenige Tage, aber auch bis zum Jüngsten Gericht währen. Hier haben die Armen Seelen ihre Schuld gutzumachen, und die Heiligen, zu denen sie zu Lebzeiten gebetet haben, stehen ihnen bei.

Arme Seelen dürfen zuweilen auf der Erde erscheinen (Nähe zum Spuk), um zu warnen, Fürbitte zu erflehen oder gelegentlich sogar Lebende zum Besuch des Fegefeuers einzuladen. Von Symbolgestalten (Licht, Tiere usw.) abgesehen, erscheinen sie mitunter mehr oder weniger vom Feuer durchglüht, und was sie anrühren, verkohlt (Phänomen der eingebrannten Hand).

Im Volksglauben sind schwer mit Schuld beladene Seelen nach ihrem Tode noch lange an ihren Leib oder den Ort ihres Wirkens gefesselt und müssen so lange umgehen (ortsgebundener Spuk), bis ihre Schuld abgebüßt ist oder sie durch Gebet, Fürbitten, Wallfahrten oder Seelenmessen Gnade vor Gott finden.

Fürbitten für Arme Seelen im Fegefeuer sind historisch durch alte Liturgien, kirchliche Brüderschaften und Seelenmessen für einzelne oder alle Toten bezeugt. *Odilo von Cluny* (993 n. Chr.) bestimmte dafür den Allerseelentag (2. November). Aber auch im gesamten Allerseelenmonat (November) wird besonders der Armen Seelen gedacht. Die evangelische Kirche lehnt diese Lehre ab.

Der Glaube an die Notwendigkeit einer Seelenspeisung ist im Volksbrauchtum stark verwurzelt. Er basiert auf den alten Opferspenden und Totenfeiern für die Erdgöttin. Kirchlicherseits ist er seit der 2. Synode von Tours (567 n. Chr.) belegt. Spezielle Speisen (Semmelmilch und Backobst) und Backwaren (Seelenwecken, Seelenzöpfe, „Seelchen") dienen der Speisung Armer Seelen, die zu Allerseelen aus dem Fegefeuer nach Hause kommen dürfen (oft als kleine Lichter oder wandernde Kröten). Landschaftsabhängig findet die Seelenspeisung aber auch in der Christnacht (Neujahrsnacht) statt. Auf dem Weihnachtstisch verbleibt dann bis zum Dreikönigstag (6. Januar) eine Kanne Bier (Engelsbier) für die Verstorbenen.

Die Speisung der Armen Seelen (Totenmahl) basiert nach der Legenda Aurea[11] auf römisch-heidnischen Grundlagen, deren teilweise Übernahme in das Christentum in Petri Stuhlfeier (Petri Mahl) erfolgten: Sie stellten im Februar Speisen auf die Gräber ihrer Vorfahren, die dann des Nachts von den um die Gräber irrenden Armen Seelen verspeist wurden. Da diese Gewohnheit der Totenmähler auch unter den Christen weit verbreitet war, ersetzten die heiligen Väter diesen Brauch mit der Petri Stuhlfeier zu Rom und Antiochia. Es fällt auf den gleichen Tag wie das alte Totenmahl.

Die den leiblichen Tod überdauernden Seelenschwingungen „passen" entweder in die kosmische Harmonie Gottes (Heiligtum), oder sie passen nicht (Sünde), wobei es bei Letzterem offenbar mannigfaltige Abstufun-

---

11   Legenda Aurea, S. 211 ff.

gen gibt. Das irreversible Böse entspricht dem Seelenzustand der Hölle; das Erdenleben in Gott verschafft trotz Sünde nach dem Tod den Seelenzustand des Fegefeuers mit der begründeten Hoffnung auf Erlösung. Dem Feuer kommt dabei die Aufgabe zu, die Sünden gleichsam auszubrennen, die Seele zu reinigen, zu wärmen und zu erleuchten. Dass das zu Lebzeiten im Organismus aufgebaute Schwingungspotenzial tatsächlich den leiblichen Tod überlebt, soll an einem Beispiel erläutert werden:

Wasser kann durch gute oder böse Gedanken mental „imprägniert" werden (analog zum Gewebswasser in Organismen). Die neue Schwingungsstruktur wird verankert. Auch Schadstoffschwingungen (von Chemikalien) können mit geeigneten Geräten ohne substanzielle Übertragung an das Wasser weitergegeben werden. Verdampft man das Wasser, so wird die neu geschaffene Wasserstruktur („Wasser-Cluster") weitgehend zerstört. Die aufgenommenen Schwingungen werden teilweise freigesetzt und bleiben im Raum erhalten. Waren es Schadstoffschwingungen, so erkrankt der Mensch vielleicht, der in dieser Atmosphäre lebt. Durch Verdampfen geeigneter Gegensubstanzen (homöopathische Potenzierungen) können die Schadstoffschwingungen kompensiert werden (Prinzip der Räucherung); die Atmosphäre ist wieder gereinigt.

So wie beim Verdampfen von Wasser die in ihm gespeicherten Informationsschwingungen freigesetzt werden, geschieht es auch nach dem Tode des Menschen; die Atmosphäre ist durch ihn, durch seine Schwingungen imprägniert. Wenn die Schwingungen nicht in die kosmische Harmonie integrierbar sind und direkt aufgenommen werden (Himmelfahrt-Prinzip), bleiben sie erdgebunden (das Böse), bis sie durch Einwirkung stärkerer Schwingungen „angepasst", kompensiert werden. So funktioniert es im Wasser-Experiment (Überlagerung von Schwingungen mit Löschung und Neuimprägnierung), und so funktioniert es im gesamten Weltgeschehen. Das Gebet wirkt hier als stärkere positive Kraft, die es möglich macht, böse Schwingungen erdgebundener Natur (lebende Menschen, Ortsimprägnierung) oder kosmischer Natur (Schwingungen im „Raum") zu verändern und in eine positive Richtung zu beeinflussen. Das Gebet für Verstorbene (und auch für Lebende) hilft, es ist stärker als die Kraft des Bösen!

Die reinigende Kraft des Feuers (Fegefeuer), gilt in der Symbolik als eine recht vollkommene Darstellung Gottes, basierend auf dem brennenden Dornbusch (2. Mose 3,1–5), den flammenden Augen des vom Berge herabsteigenden *Moses*[12] sowie den Flammenzungen des Pfingstwunders. Gott selbst werden Augen wie Feuerflammen zugewiesen (Offenbarung Joh 1,14; 19,12). Auch die drei Jünglinge im Feuerofen gingen geläutert aus den Flammen hervor, einen Lobgesang anstimmend (Dan 3). Die Darstellung Marias als reine, jungfräuliche Gottesmutter erfolgt mehrfach in Flammengestalt. Augustinus deutete den 1. Kor 3,13–15 dergestalt, dass nach dem Tode die Seelen Einzelner durch das Feuer geläutert werden können, das heißt, dass das Irdische in ihnen ausgebrannt wird. Daraus resultieren auch die

---

12 Aufgrund einer missverstandenen Übersetzung des 2. Mose 34,29 ff wurden die Augenflammen zu Hörnern umgebildet, die bis zur Mitte des 16. Jahrhunderts das Mosesbild bestimmten.

Darstellungen nackter, flehender Menschen in Fegefeu-
ermotiven.

Seele und Leib stehen im Irdischen in einem gewissen Widerspruch zueinander; durch das Fleischlich-Böse
wird die von Natur aus reine Seele belastet und bedarf
der Reinigung, wenn sie in das ewige Heil eingehen
will. Der Mensch bewirkt sein Leben in Gott weniger
durch seine Taten als durch die gläubige Seelenhaltung.
Sie gilt es rein zu halten beziehungsweise im Fegefeuer
zu läutern. Die abgeschiedene Seele ist nicht unsterblich
aus sich selbst heraus; sie bedarf der Gnade Gottes, um
ihm ähnlich zu werden. Die Armen Seelen im Fegefeuer
holen das nach, was sie zu Lebzeiten versäumt haben
– sich reinzuhalten vom weltlichen Sinnenbrand. Wie
das Feuer des Fleisches die Seele verderbt hat, muss die
brennende Kraft des Fegefeuers die Seele reinigen, damit sie einst geläutert vor ihren Schöpfer treten kann.

Sünde und Sexualität

Die Religions- und Sittengeschichte zeigt zweierlei
Bewertung der Geschlechtlichkeit: Entweder sie wird
überwiegend als Mittel zur Zeugung von Nachkommen angesehen und dann mit Fruchtbarkeitskulten und
-göttern in Zusammenhang gebracht, oder man wertet
(und entwertet) den Geschlechtsverkehr unter dem Aspekt des Genusses und bringt ihn dann mit Dämonen und
Teufelsangst sowie mit den sittlichen Fragen der Sünde

und Erlösung in Verbindung. In beiden Fällen erlangt der Geschlechtsverkehr eine übernatürliche Wirkung, da sich Gott und Teufel um ihn zu streiten scheinen. Er kann zum Segen oder Fluch werden, je nach Schuldgefühl, das er erweckt.

Die alten germanischen Völker hatten großen Respekt vor der Institution der Ehe. Das heute übliche Missverhältnis zwischen der Zahl der Beiwohnungen und der Zahl der Zeugungen gab es nicht, sodass bei gutem Gewissen wenig Raum für das Schuldgefühl blieb.

Thomas von Aquin lehrte die Macht des Teufels über den Geschlechtsverkehr und begründete dies damit, dass die Erbsünde, durch die der Mensch zum Sklaven des Teufels geworden ist, durch den Zeugungsakt in den Menschen gelangt sei. Daraufhin duldete die Kirche Marias göttliche Mutterschaft nur noch unter der Voraussetzung der „unbefleckten Empfängnis".

Der Glaube an die entheiligende und verunreinigende Wirkung des Geschlechtsverkehrs machte rituelle Waschungen notwendig. Wir finden sie in der liturgischen Praxis sowie in magischen Operationen außerhalb des kirchlichen Rahmens. Nach altem Brauch (Ägypten, Griechenland, Judentum) darf man Heiligtümer nicht ungebadet betreten; die Assyrer hielten sich nach dem Geschlechtsverkehr für so unrein, als hätten sie einen Toten berührt. Nach älteren Bußordnungen war der Geschlechtsverkehr an allen Festtagen verboten.

Die altjüdische Auffassung, dass tagsüber erfolgter Geschlechtsverkehr bis zum Abend verunreinige, wurde in Übernahme vom Christentum zur asketischen Idealvorstellung weiter ausgebildet. *Thomas von Aquin* bezeichnete die völlige Enthaltsamkeit als ein Mittel, das religiöse Leben zu verinnerlichen. In Bezug auf die Arme-Seelen-Vorstellung konnte man durch Verzicht auf den ersten Geschlechtsverkehr in der Brautnacht eine arme Seele erlösen (Keuschheitsideal der Tobias-Nächte).[13]

Der Zwiespalt zwischen der einerseits als Sakrament sanktionierten Ehe und der andererseits gefährlichen Dämonie des Geschlechtstriebes (Liebeszauber, Nestel-knüpfen, Ketzersabbat, Hexenwesen) führte zu einer Art Tabu-Natur, die den Geschlechtsakt heilig und ge-fährlich zugleich machte. Noch heute gilt die Enthalt-samkeit in allen Fällen als das sicherste Mittel, diesem Zwiespalt heroisch aus dem Weg zu gehen.

Das Gedankengut der Verunreinigung durch Ge-schlechtsverkehr ist verständlich, wenn man den Verkehr einmal unter spirituell-energetischen Gesichtspunkten betrachtet. In der sexuellen Liebe werden stärkste Emo-tionen und triebhafte Energien freigesetzt, die nach dem Prinzip der Resonanz ebensolche Energien anziehen. Verkehr aus Lüsternheit oder im Rauschzustand wird in starkem Maße sittlich minderwertige Fremd-Energien anziehen, freie geistige Wesenheiten, Schemen und Larven, die sich von der freigesetzten Triebenergie der Lebenden „ernähren" und dadurch an ihrem irdischen

---

13 Bezug auf die Sündhaftigkeit jeden Geschlechtsverkehrs (Tob 6,19). Enthaltsamkeit gilt als wirksames Mittel, die Ehe gegen die Macht des Bösen zu sichern. Dies ist auch außerhalb der christlichen Welt bezeugt. Das Keuschheitsideal – oder die Angst des jun-gen Tobias vor der Gefährlichkeit des ersten Beischlafes – zwang ihn zur dreinächtigen Vorsicht bei seinem Weibe.

Aufenthaltsort lebensfähiger werden. Diese geistigen Kräfte oder Wesenheiten dringen in die menschliche Aura ein und beeinflussen die betreffenden Personen, in ihrem Sinne zu handeln und zu denken. Dies wiederum ist bereits eine Vorstufe der Besessenheit. Bei Verkehr aus reiner Liebe dagegen werden anders geartete Energien den Menschen formen. Die Intention, mit der der Akt durchgeführt wird, ist deshalb von entscheidender Bedeutung für den Menschen und gleichzeitig Regulanz für dessen Sündhaftigkeit. Es geht hier nicht um Gesetze der Menschen oder der Kirche, sondern um immerwährende kosmische Gesetze.

Zur Überleitung auf die energetischen Beziehungen zwischen Geschlechtsverkehr und Sündhaftigkeit möchte ich die Anmerkungen eines Pfarrers bei der Erklärung von Heiligenreliquien in seiner Kirche zitieren: „Wenn man zur Ausstattung der Kirche Heiligenreliquien in Rom bestellte und keinen speziellen Wunsch dazu äußerte, erhielt man in der Regel stets die Oberschenkelknochen und den Schädel geliefert. Dabei symbolisieren die Schenkelknochen das irdische, sündhafte, triebgebundene Prinzip. Über den gekreuzten Schenkelknochen (Binderune) thront der Schädel als geistiges Prinzip. Diese Ausstaffierung soll die Erhabenheit des Geistes über den Trieb symbolisieren und zugleich darauf aufmerksam machen, dass durch den Gebrauch des Geistes die Triebnatur überwunden werden kann."

Wir finden den Schädel über den gekreuzten Schenkelknochen hauptsächlich auf Grabplatten als Hinweis dafür, dass die Zeit des Fleisches überwunden und eine

Ära des Geistes angebrochen ist. Der Geist hat den Leib überwunden. „Denn wenn wir nach dem Fleische leben, werden wir sterben müssen; wenn wir aber durch den Geist die Taten des Fleisches töten, dann werden wir leben" (Röm 8,13). Bei der heute noch geläufigen Verwendung dieser Totenkopf-Symbolik als Warnhinweis könnte der Schädel aber auch dafür stehen, seinen Verstand zu gebrauchen, um nicht (durch die Gefahr) dem Tod anheimzufallen.

Nach altem (wahrscheinlich aus prähistorischen Zeiten stammendem) Volksglauben sind die Extremitäten mit besonderer Kraft angefüllt (Orenda), und auch der Kopf gehört dazu (Schädelsammlungen, Kopfjäger). Wenn Heilige und ihre Reliquien über besondere Kräfte verfügen, so auch ihre Schädelknochen. Auf dieser Erfahrung fußt auch der Brauch, aus Heiligenschädeln (Schädelbechern) zu trinken. Besonders bekannt sind die Schädel des heiligen *Sebastian* in Ebersberg[14], des heiligen *Nantwein* in Wolfratshausen und des heiligen *Theodulpilus* in Trier. In Disentis (Schweiz) gab es über lange Zeit eine *Placidus*-Wallfahrt, bei welcher die Gläubigen Wein aus der Hirnschale des Märtyrers tranken.[15] Die Heiligen haben kraft ihres Geistes den Trieb überwunden, und diese Kraft soll nun auch auf die Gläubigen übertragen werden, die sich dem Trinkzeremoniell anschließen.

Energetisch gesehen stellt die Schädelkalotte einen Hohlraumstrahler dar, der die im Knochenmaterial überdauernden heiligen Frequenzen bündelt und an den

---

14 Als Ruheort der Gebeine des heiligen Sebastian wird im Allgemeinen St. Sebastian in Rom angegeben.
15 Heilige und Namenspatrone, S. 350.

Inhalt des „Gefäßes" weitergibt. Im gläubigen Benutzer kann diese Schwingung wirken und ihn zu seinem Heil führen.

Die enge Beziehung zwischen Fleisch und Geist drückt besonders der Apostel *Paulus* aus, indem er sagt, dass das Fleisch gegen den Geist begehre (Gal 5,17) und dass es ein Gesetz der Glieder und ein Gesetz des Geistes gebe (Röm 7,23). Bei den Naturvölkern gelten die Genitalien (zusammen mit den Nieren) als Seelenträger! „Herr durchglühe uns Nieren und Herz mit dem Feuer des Heiligen Geistes, auf dass wir keuschen Leibes Dir dienen und mit reinem Herzen Dir gefallen", heißt es in einem Abschlussgebet der Allerheiligenlitanei des *Missale Romanum*[16], und „brenne meine Nieren, Herr, und mein Herz" (Psalm 25,2). *Moses* hält die von der Fettkapsel befreiten Nieren für so wertvoll, dass er sie als Dankopfer empfiehlt (3. Mose 4,9).

Wir haben also zwei Seelenbereiche, einen niederen (Sündhaftigkeit) und einen höheren (Heiligkeit), einen triebgebundenen (Sexualität) und einen geistigen (Bewusstsein der Sündhaftigkeit). Daraus erkennen wir gleichzeitig den Weg, der für uns von der Sündhaftigkeit zur Heiligkeit führt, die Überwindung des Sexuellen durch ein Leben im Geist. Geschlechtlichkeit und Hunger sind die stärksten Triebe, die uns mitgegeben sind. Sie setzen die stärksten auf unsere Umwelt und uns selbst wirkenden Kräfte frei. Es ist Wirklichkeit, dass Fasten und Enthaltsamkeit den Weg zum geistigen Leben öffnen; alle Meditationspraktiken und Heilslehren arbeiten damit, und es kann gerade hieraus eine Hil-

---

16 Römisches Messbuch, S. 546.

fe für unsere heutige Zeit aufgezeigt werden, die von Völlerei und Triebvergnügen überfließt und somit das geistige Element unterdrückt und verkümmern lässt.

Sünde ist ein Verlassen der Wege Gottes, sie führt zum leiblichen und seelischen Tod – wir erleben es täglich. Leben, Gesundheit und geistige Reinheit können nur wiedergewonnen werden, wenn wir die Wege der Sünde verlassen und zu Gott zurückkehren beziehungsweise uns von ihm zurückholen lassen. Sünde ist nicht bloß ein unmoralischer Akt gegen Kirchengesetze, sondern eine Entfremdung von der Liebe Gottes, was vielen Menschen durchaus noch nicht klar geworden ist. Die Zerstörungskraft der Sünde drängt zur Selbstanklage (Beichte) und zur Distanzierung vor der eigenen Sündhaftigkeit (Bußfertigkeit). Erst die liebevolle Annahme des reuigen Menschen durch Gott und seine Verschmelzung mit ihm (im Buß- und Altarsakrament) befreien den Menschen körperlich und geistig und machten ihn frei für die radikale Umkehr. Die Realität der Sünde ist umgekehrt proportional zur Nähe zu Gott: Das Leben der Heiligen zeigt, dass der Mensch sich umso mehr als Sünder hingestellt weiß, je näher er bei Gott ist.

Die Geschlechtlichkeit ist die bestimmende Kraft unserer Sündhaftigkeit, wenn sie missbraucht und nicht als gute Gabe unseres Schöpfers angenommen wird. Liebesfähigkeit ist die Zielvorstellung menschlicher Reife, doch wird der Trieb pervertiert, wenn er nicht gleichzeitig zur gottgewollten „geistigen Ehe" führt. Geschlechtlichkeit als Konsumorientiertheit und Sinnenorientierung muss als sündhaft abgelehnt werden, da sie zur totalen Degeneration des Leibes und der Seele führt. Das Sakrament der Ehe in geistiger Vereinigung kann zum Triebhaften einen wirksamen Gegenpol aufbauen, der aus dem Materialismus herausführt und befreit.

Geschlechtlichkeit ist plastisch, verformbar, sublimierbar. Nur so kann sie sinnvoll in größere Lebenszusammenhänge integriert werden. Der Geist ist in den Leib eingebunden und muss befreit werden, damit er sich hinwegorientieren kann von der Sterblichkeit des Leibes. Leib und Geist sind eine Einheit, die Sünde des einen belastet den anderen. Der Leib ist den Folgen der Sünde unterworfen (Krankheit des Leibes), genauso wie die Seele (Krankheit des Geistes). Doch wächst aus dieser engen Beziehung auch die Rettung: Wer die Balance der Leiblichkeit und Geistigkeit durch Entsagung, Gebet, Meditation etc. verschiebt, der kann seinen Geist befreien und wieder hinführen zu Gott. Auch der Trieb gehört zur Natur des Menschen, denn auch er ist von Gott geschaffen. Die persönliche Eingliederung des Triebes bedarf jedoch einer Formung, damit er richtig in das Gesamtverhalten des Menschen integriert werden kann. Triebverzicht ist eine Möglichkeit der Entsagung, durch die höhere Werte bejaht und ausgebildet werden.

Folgerungen für die liturgische Bewegung

Die moderne Öffnung des Messrituals zu den Gläubigen hin hat den Vorzug leichter Verständlichkeit und Transparenz. Hierdurch und durch entsprechende Ökumenisierungstendenzen wirbt die Kirche um ihre Gläubigen. Damit wird versucht, den Charakter einer „Weltkirche" durch Anpassung zu erreichen und nicht durch Stärke oder Überzeugungskraft zu erzwingen. Man verspricht sich dadurch letztlich eine Festigung und Ausweitung des katholischen Christentums. Die Praxis zeigt jedoch, dass auch hierdurch der Verfall der kirchlichen Institution nicht aufzuhalten ist. Das mag mannigfaltige Gründe haben. Der oft beschworene, mit sittlich-moralischem Verfall einhergehende „Zeitgeist" ist sicherlich maßgeblich daran beteiligt. Andererseits wird beobachtet, dass eine stetig wachsende Schar jüngerer Menschen sich mitunter spontan und radikal zum Glauben bekennt und ihn in ihre Lebensweise integriert. Die Sektenvielfalt zeugt davon. Alle diese religiös aktiven Menschen könnten wieder zusammengefasst werden, wenn die Kirche weder belehrende Macht noch Anbiederung praktizieren, sondern sich wie in alten Zeiten bemühen würde, dem Einzelnen den Weg zum Heil aufzuzeigen. Die Stärke der Kirche muss im Heilsmysterium liegen und nicht in der Administration! Gott muss wieder Maßstab aller Dinge werden. Die Gläubigen müssen in den Kirchen die Kraft des Heiligen Geistes spüren. Und das ist keine Sache des Priestermangels oder fehlender finanzieller Mittel, sondern eine Angelegenheit von Kirchenort, Kirchenlehre, Bausubstanz und Messritual. Es gibt Kirchen, die auch ohne Heilige Messe eine solche Kraft ausstrahlen, dass man dort als Atheist hinein- und als Katholik wieder hinausgeht! Das ist kein Scherz. Alle dafür maßgeblichen Punkte wurden bereits angesprochen. Hier sollen (von einem religionswissenschaftlichen Laien) Änderungen vorgeschlagen und Auswege aufgezeigt werden. Wenn etwas „unmöglich" erscheint, dann ist das sicher eine Folge der heutigen verfahrenen Situation. Mit etwas Einsicht und gutem Willen ist aber keines der Probleme unlösbar.

Kirchen nur noch an Orten der Kraft

Alle Kirchen inklusive Wallfahrtskapellen, deren erste Bausubstanz älter als 200 oder 300 Jahre ist, orientieren sich in der Regel an sogenannten geomantischen Zonen oder sind selbst Orte, die solche Kraftlinien und Kraftfelder erzeugen.

Kirchen entstanden einst unabhängig von den Ortschaften. Zuerst war die Kirche da, weil der Platz sich als energetisch günstig erwies. Dann wuchs der Ort um die Kirche herum. Gründungslegenden berichten, dass Tiere solche Stätten fanden oder Heiligenbilder trotz Fortnahme immer wieder an diesen Orten auftauchten.

Die Kirchen wurden der aufkommenden Menschenmenge entsprechend teilweise mehrfach vergrößert oder erhielten neue, geomantisch orientierte Anbauten. Zum Teil wurden die kraftbildenden Zonen auch künstlich angelegt oder weniger geeignete Zonen zum Positiven hin verändert. Wäre es nicht einfacher gewesen, an einem praktischer gelegenen Ort eine neue Kirche zu bauen? Die Bevorzugung bestimmter Örtlichkeiten ist eindeutig! Heute geht man den entgegengesetzten Weg: Wo eine Stadt wächst, entstehen neue Kirchen. Einziges Auswahlkriterium der Örtlichkeit ist der möglichst große Einzugsbereich. Schlimm ist dies ganz besonders in der Diaspora. Wer in der Kirche wirklich etwas fühlt, der wird auch vom Glauben angezogen. Wir sind alle mehr oder weniger große Realisten, die etwas „Handfestes" brauchen. Natürlich hat auch das Allerheiligste eine Ausstrahlungskraft, und ebenso die Heiligenbilder und Figuren, aber diese Ausstrahlungen werden von den meisten Menschen nicht mehr empfunden. Auch die starken geologischen Schwingungen entsprechen Gottes Natur, nicht ohne Grund werden sie als heilig bezeichnet.

Das Kirchenleben sollte sich wieder auf die Orte der Kraft konzentrieren. Viele dieser Gotteshäuser liegen brach und haben nicht den Zuspruch, den sie verdienen. Es wäre besser, die neuen Gotteshäuser abzureißen, als die guten alten Kirchen verkümmern zu lassen. Und es wäre auch für den Gläubigen besser, vielleicht nur einmal in der Woche 40 km zu einer Kirche zu fahren, die die Bezeichnung, „Gnadenort" wirklich verdient, als täglich in eine Kirche zu gehen, die ihn (und damit den Glauben) irgendwann ermüden wird, weil die hier vorliegenden „technischen Störungen" ihn massiv belasten. Und wenn schon neue Gotteshäuser gebaut werden müssen, dann sollte man einen erfahrenen Radiästheten zu Rate ziehen und vielleicht kleinere Wallfahrtskapellen „umfunktionieren", denn gänzlich neue und gute Standorte sind in bebauten Gegenden heute nur noch sehr schwer zu finden. Der Grund liegt in der Überlagerung der geologischen Zonen mit technisch verursachten Störungen (beispielsweise Kabel). Im Zweifelsfall ist es immer besser, der Mensch kommt zur Kirche, als dass die Kirche zum Menschen kommt.

Entfernung technischer Anlagen aus den Kirchen

Gerade die alten, kraftvollen Kirchen werden wegen ihrer oft anzutreffenden Baufälligkeit von Restauratoren und Technikern jeglicher Art in ihrer Atmosphäre mitunter total zerstört. Die Restauratoren rücken mit (auch für den Menschen) extrem giftigen Holzschutzmitteln an. Ich persönlich kann in solchen Kirchen keiner Messe beiwohnen, weil meine Augen brennen und ich Atembeschwerden bekomme. Bei anderen Menschen wirkt das nicht so direkt, doch auch sie spüren es unterschwellig und bekommen eine Abneigung gegen die(se) Kirche. Dabei gibt es auch ungiftige, an natürlichen Substanzen orientierte Holzschutzmittel. Das Gleiche gilt für Farben, Lacke und Putze. Wer verwendet noch Naturfarben, Kalk und reinen (!) Gips? Die synthetischen Materialien sind fast ausnahmslos hochgiftig, auch wenn die Analysen der Hersteller und Gutachter anderes behaupten.

Das Schlimmste ist aber wohl der Einzug der Elektroinstallationen und der Einbau von Heizungsanlagen (Fußbodenheizung, elektrische Sitzheizung) in die Kirchen. Ans Netz angeschlossene Kabel (Strom, Lautsprecher) verursachen belastende elektrische Störfelder. Fließt Strom, so kommen magnetische Störfelder hinzu. Die Verkabelung (Metall) ist eine ideale Mikrowellen-Empfangsantenne für Radio, Fernseh- und Funkfrequenzen. Auch diese strömen nun verstärkt und gerichtet auf uns ein. Die Kabel machen wasseraderähnliche Störfelder, welche die heiligen geologischen Zonen überlagern. Dadurch entstehen neue, unüberschaubare Zonen veränderter Polarität. Aus rechtsdrehenden heiligen Zonen entstehen dann gefährliche linksdrehende Zonen, die eindeutig als dämonisch zu qualifizieren sind. Herrscht am Ort eine gute Schwingung, dann werden auch gute Geister angezogen; herrscht eine schlechte Schwingung, so sind auch die angezogenen Energien entsprechend. Dahinter steht kein böser Wille vonseiten der geistigen Welt; die Naturen sind so, wie sie sind, und folgen den natürlichen Resonanzprinzipien. Alte Baumeister haben durch eingemeißelte Zeichen vor belastenden Zonen gewarnt, die nicht abgeschirmt werden sollten oder konnten. Bei den heiligen Frequenzen sind die Wirkungsunterschiede der verschiedenen Polaritäten extrem stark ausgebildet; es gibt nur heilig oder dämonisch, heilsam oder tödlich!

So angenehm eine Kirchenheizung auch ist, Nachteile finden sich in fast jedem System. Luftumwälzung schwärzt rasch die Malereien und ist auch immer mit belastender Elektroinstallation verbunden. Wasserdurchflossene Rohre erzeugen künstliche Wasseradern, die sich mit den geologischen Feldern überlagern. Biologisch einwandfreie Kirchen findet man heute nur noch in baufälligem Zustand. Sobald jemand daran „herumgemacht" hat, ist die Situation verschlechtert. Man kann Kirchen auch kalt lassen! Früher hat man mit Glutpfannen geheizt. Das rauchte zwar ein wenig, war aber biologisch unbedenklicher. Die Technik der römischen Warmluftheizung wird heute vielfach kopiert, aber nur im Sinne einer Pervertierung, denn die Baumeister wissen nicht, worauf es ankommt.

Die Lautsprecheranlagen sind in geomantisch orientierten Kirchen absolut überflüssig, wenn der Priester beim Sprechen auf den dem alten Ritual entsprechenden Positionen steht, da die Wasseradern den Schall tragen (wie in antiken Theatern). Lautsprecher braucht man nur, wenn die geologische Situation durch Technik verändert wurde (beispielsweise auch durch das Fällen von Bäumen, die Wasseradern eine geeignete Polarisierung gaben) oder in neueren Kirchen, die nicht auf bestimmten Positionen gebaut wurden.

Farbtafeln

Foto 1

Warnhinweis: An einer Pfeilerrippe außen an der Klosterkirche zu Bronnbach befindet sich dieses Tatzenkreuz. An dieser Stelle dringt eine linksdrehende Wasserader in das Kirchenschiff ein. Der vertikale Draht gehört zum Blitzableiter der Kirche.

Foto 2

Die Sockel der Gewölberippen einer Achteck-Kirche im Taubertal, linke und rechte Seite vom Altarraum aus gesehen. Die linke Rippe liegt an der Türfassung an, die rechte endet in einigem Abstand zur Tür. Hatte der Baumeister hier ein schlechtes Augenmaß? Die radiästhetische Untersuchung zeigt, dass im Bereich zwischen Türrahmen und rechter Rippe eine scharfe linksdrehende Strahlungszone in den Altarraum eintritt, in einer Höhe, die den Sakralbereich nicht belastet. Träfe die Strahlung auf den aus Symmetriegründen hier näher anzusetzenden Rippenpfeiler, so würde er die belastende Strahlung über das Gewölbe im gesamten Apsisbereich verteilen.

Foto 3

Feldverändernde Details am Eingangs-
sportal der katholischen Kirche von
Hallstatt (Österreich). Zwischen den
beidseitig bearbeiteten Eingangspfei-
lern baut sich ein Resonanzfeld auf.
Die (hier erneuerten) Steinmetzarbeiten
am unteren Sockel harmonisieren alle
Strahlungen, die in ihr Resonanzfeld
eindringen. Das heißt, es entsteht hier
auch ein Reinigungseffekt bezüglich
der (spirituellen) Energien, welche die
Kirchenbesucher mitbringen, sodass
ein Schutz für den Sakralbereich entsteht.

Foto 4
Eingangsportal der Achteck-Kirche von St. Sigismund im Taubertal. Der Portalbogen trägt eine große Anzahl an Schutz- und Abwehrsymbolen, die sich noch in einem guten Erhaltungszustand befinden.

Foto 5

Die Spitze des Eingangsportals der Kirche von
Hallstatt (Österreich). Hier sind ein Sonnenrad und
Glücks- beziehungsweise Segenssymbole eingear-
beitet, Symbole, die aus vorchristlicher Zeit stammen. Wenn die Symbole in der richtigen Intention
angefertigt wurden und eventuell noch Weihen
aufweisen, bringen sie ihre Energien in die Gewölberippen ein und stellen somit einen Segen für alle
Kirchenbesucher dar.

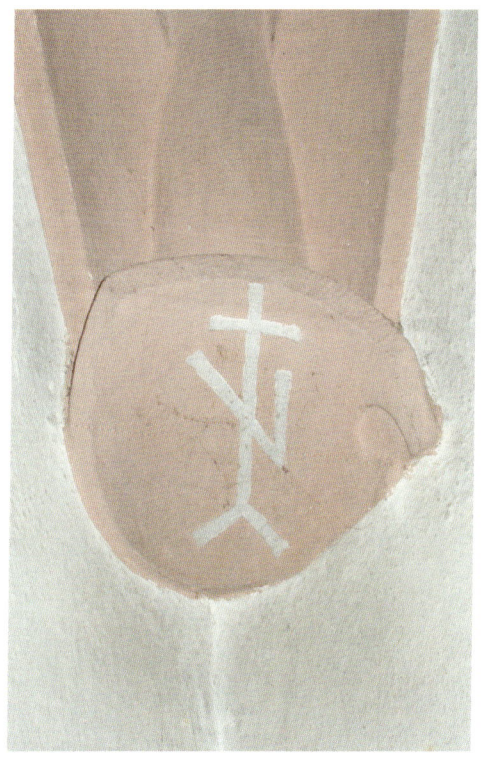

Steinmetzzeichen am Ansatzpunkt einer Gewölberippe der Kirche in Niklashausen im Taubertal. Die Linien des Symbols strahlten jeweils Energien mit einer spezifischen Wellenlänge ab. Ob bewusst eingesetzt oder auch nicht: das Symbol wirkt wie eine Binderune (Kombinationsrune) und beeinflusst mit seiner Eigenstrahlung, die es als „Antenne" zu kosmischen Kräften besitzt, über die Gewölberippe den gesamten Raum (hier Sakristei). Rechts: 46 unterschiedliche „Steinmetzzeichen" wurden an und in dieser Kirche gezählt.

Foto 7

Kanzeln alter Kirchen stehen oft auf „Zonen der Beredsamkeit". Das sind Plätze, an denen das Reden
ganz besonders leichtfällt und zugleich Eingebun-
gen von „oben" kommen können. Die Kanzel steht
hier auf einer Verwerfungslinie, die sich mit der Ver-
werfung im Mittelschiff der Kirche kreuzt. Daraus
ergibt sich ein „starker" Platz mit aufbauender und
heiligender Atmosphäre. Das Bild stammt aus der
wohl ältesten Holzkirche Österreichs, St. Koloman im
Salzburger Land.

Foto 8

Schalltöpfe im Ostgiebel der Kirche von Kersch-
dorf in Kärnten. Warum man sie hier in die
Außengiebel eingemauert hat (auch auf der
Westseite befinden sich 6 Schalltöpfe), ist unklar. Die Schalltöpfe haben in jedem Fall die
Funktion eines Topfresonators oder Hohlraum-
strahlers und senden gebündelt die ihnen ein-
gespeiste Energie in eine bestimmte Richtung.
Dies stellt eine alte Methode der Telekommu-
nikation dar.

Foto 9

Klosterfrieden: Das Kloster ist ein Ort, an dem alle Last abfällt. Im Innenhof der ehemaligen Zisterzienserabtei Bronnbach im Taubertal befindet sich das zentrale Energie-Kreuzungssystem für die gesamte Klosteranlage. Die Kreuzung, an der Thermalwasser beteiligt ist, strahlt seinen Segen kilometerweit über den Klosterbereich hinaus ab. Der Dachreiter ist innen mit eingemauerten Halbedelsteinen versehen und dotiert gewissermaßen die von ihm reflektierte Bodenstrahlung.

Foto 10

Altar der Kirche auf dem Hemmaberg bei Glo-
basnitz (Kärnten). In jedem Hauptaltar einer
katholischen Kirche müssen Reliquien untergebracht sein. Sie werden normalerweise innerhalb des Altarblocks in einer eigenen Confessio
(Reliquienbehälter) eingemauert. Dass es sich
bei den hier zu sehenden Knochen um Heiligenreliquien handelt, ist eher unwahrscheinlich.

Foto 11

Unter dem zurückgeschlagenen Altartuch der Hemmakapelle im Dom zu Gurk (Kärnten) befindet sich der Altarstein. Hier sind Reliquien des Pfarrers von Ars eingesetzt. Ein Platz mit stärksten geistigen Energien. Es gelingt hier leicht, die Energien des Altares auf andere Objekte zu übertragen. Wird hier eine Messe zelebriert, gelangt die ganze Kraft des Platzes in die Hostien und den Messwein.

Foto 11a

In der Unterkirche des Domes zu Gurk in Kärnten befindet sich die letzte Ruhestätte der heiligen Hemma von Gurk, der die Vollbringung vieler Wunder nachgesagt wird. Hemmas Ring wird heute noch in besonderen Messen zur Augenheilung aufgelegt. Der Altar wird von Wallfahrern gerne zum Durchschlüpfen benutzt. Es handelt sich um einen relativ langen und engen Gang, in dem man körperliche und geistige Belastungen förmlich abstreifen kann. Radiästhetische Untersuchungen zeigten, dass dies funktioniert. Die Unterkirche hat eine ganz eigenartige, schwere, aber doch stärkende Energie, vergleichbar mit den Weiheenergien vorchristlicher Epochen.

Foto 12

„Kratzstein" in der Außenwand
der Achteck-Kirche St. Achatius
im Taubertal. Es handelt sich um
einen eingemauerten Stein, der
gänzlich anderer Art als das Gestein der Kirche ist. Hier hat man
einst Pulver abgeschabt, um es
zu Heilzwecken zu verwenden.
Schabesteine gehörten zum
Besteck der Ärzte. Die entsprechenden Energien sind in dem
Steinpulver vorhanden.

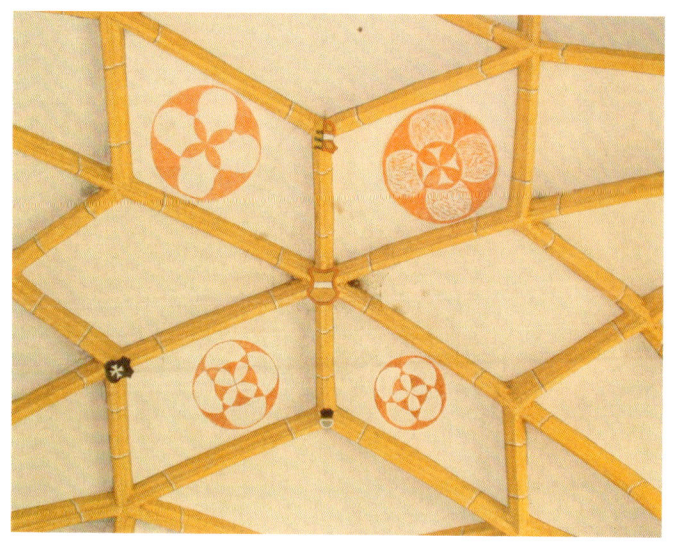

Foto 13

Kleeblattförmige Strukturen und ein Tatzenkreuz (Templerkreuz, Malteserkreuz) modulieren die Schwingung, die von den Dachrippen auf den Altar zurückstrahlt. Die Kirche in Pulst (Kärnten) wird als Pfarrkirche genutzt sowie von Angehörigen des Malteserordens.

Foto 14

Der heilige Schalenstein in Mitterretzbach (Niederösterreich) weist 14 Schalen auf und ist der wohl bedeutendste Stein seiner Art in Österreich. Das ganze Jahr über befindet sich in den Schalen Wasser, das als heilkräftig gilt. Neben dem Stein wurde die ehemalige Wallfahrtskirche Maria zum Stein erbaut (heute stehen nur noch die Grundmauern), zu der auch eine heilige Quelle gehörte. Hier sehen wir drei Phasen ihrer Entwicklung: die vorchristliche Steinkultstätte mit heiliger Quelle, die christliche Wallfahrtskirche, die beide Objekte mit einbezog, und der heutige Status, eine kleine Kapelle am ehemaligen Ort der Quelle, die kirchlicherseits keine Bedeutung mehr hat.

Die ursprüngliche Bedeutung der Schalensteine ist nicht geklärt. Man vermutet, dass hier Gaben geopfert wurden, zum Beispiel Getreide. Das heilbringende Wasser wurde sicher von Pilgern genutzt, wie auch Pulver, das aus diesen Näpfchen geschabt wurde. Man geht davon aus, dass sich in solchen Schalen vielfach Naturgeister aufhalten.

Foto 15

Nachbau eines Lituus nach anti-
kem Vorbild (Länge 42 cm). Mein
Lehrmeister Reinhard Schneider
demonstrierte mit diesem Gerät
dessen Verwendung für die Wassersuche sowie für die Unterscheidung energetischer Strahlungs-
qualitäten in der Geomantie.

Foto 16

Warnhinweis an der „Templer-
scheune" in der ehemaligen
Zisterzienserabtei Bronnbach im
Taubertal. Die rechte Hand trägt
einen Schild (Abwehr), die linke verschließt die Lippen. „Hier
waltet ein Geheimnis. Hüte
dich, es kundzutun." Das Relief
ist heute stark verwittert. Ältere
Aufnahmen zeigen die Details
genauer.

Foto 17

Vor dem Kircheneingang der Kreuzbergkir-
che zu Haardorf, die ein wundersames Kru-
zifix beherbergt, ist der ehemalige Standort
eines Diana-Tempels. Hier war auch einst das
wundertätige Kreuz aufgestellt, bevor man
es in die Kirche holte. Das Kirchenareal strotzt
nur so von Wellenlängen, die vorchristlichen
Weihen entstammen (heidnische Energie-
ströme). Der Platz ist nicht ungefährlich; es
kann sogar so weit kommen, dass er einem
die Lebenskräfte entzieht. Das war einst offenbar so erwünscht: Wenn die körperlichen
Kräfte schwinden, verstärkt sich die spirituelle
Empfindsamkeit, und höhere Energien können leichter in den Menschen eindringen.

Foto 18

Im direkten Umfeld der Kirche findet man Gräber heute nur noch selten. Hier, an der katholischen Kirche von Hallstatt, die auf dem Platz eines römischen Kastells steht, ist dies noch der Fall. Das Kirchenareal ist besonders geheiligt, hier herrscht ein besonderer Friede (Friedhof, Einfriedung). Teile der Seele des Verstorbenen halten noch einige Zeit Kontakt zum Körper. Die heilsame Energie des Ortes soll ihnen die „Himmelfahrt" erleichtern. Hohe kirchliche Würdenträger oder Adlige ließen sich gern direkt auf der mittleren Energiezone des Kirchenschiffs bestatten. Deshalb findet man unmittelbar hinter der Kirchenapsis und natürlich im Innern der Kirche die ältesten Gräber. Die Bestattung im Kirchenareal ist heute generell verboten und wird nur in Ausnahmefällen gestattet.

Foto 18a

Der Altar der Wallfahrtskirche St. Salva-
tor in Bettbrunn steht auf einem ganz
besonderen Platz. Hier ereignete sich
ein Hostienwunder:

Der Wind trug die Hostie, die ein Hirte
verlor, auf jenes Felsenstück, das heute von dem Gnadenaltar überbaut
ist. Das Vieh kniete vor der Hostie nieder, und erst dem Bischof gelang es,
sie aufzuheben.

Foto 18b

Hier sieht man die Innenansicht des Altares. Hier befindet sich eine Grube, die sich nicht verschließen lässt. Früher entnahmen Gläubige dieser Grube heilige Erde. Dieser Ort ist mit ganz besonderer Kraftstrahlung gesegnet.

Fotos 19 und 20

Außenwand (Innenseite) der karolingischen Pfalz-kapelle in Karnburg (Kärnten). Die Kapelle wurde gegen Ende des 8. Jahrhunderts erbaut. Die Strahlung von mehreren Wasseradern und aus unterschiedlichen Einströmungswinkeln wird hier durch mehrfaches Opus spicatum in der Mau-erwand kompensiert (rechts im Detail). Die Atmo-sphäre in der Kirche ist eher streng, weniger ange-nehm. Der Platz gehörte zur Anlage der Pfalz und war ursprünglich nicht als Kirchenanlage konzipiert. Die Apsis (nach Ausgrabungen ältester Kirchenteil) wurde im Verhältnis zum Kirchenschiff um einige Grad von der Ostrichtung nach Norden abge-knickt, um den erwünschten Polarisierungseffekt im Raum zu erreichen.

Foto 21

Abwehrknoten und andere strukturierende Ornamente am Fuß
eines Säulenpfeilers im Dom zu
Regensburg. Die Ornamente
dienen der Harmonisierung der
Bodenstrahlung, denn so verteilen sich unerwünschte Energien
nicht über den Säulenpfeiler in
der Kirche.

Foto 22

Fischgrätmuster (Opus spicatum) als Fußbodenbelag im Museum (Ausgrabungsstätte) auf dem Magdalensberg in Kärnten. Hier befand sich einst ein bedeutendes römisches Handelszentrum. Das Fischgrätmuster vermag die belastende Bodenstrahlung vollständig zu harmonisioron. Die Römer verwendeten Ziegel, die aus rechtsdrehendem Ton gebrannt wurden.

Foto 23

Schalenstein (sogenannter Dreikopfstein) in der Magda-
lensbergkirche in Kärnten. Er wird der keltischen Epoche
zugeordnet. In frühchristlicher Zeit wurden solche alten
Schalensteine oder auch römische Weihesteine als Taufbecken verwendet. Gibt man Wasser in die Schale, so
nimmt dieses die heiligen Energien des Steines auf. Für
die Energien sind maßgeblich: das Material des Steines,
die Weihen des Steines sowie die Art (Herkunft) und die
Weihen des Wassers.

Foto 24

Ein nicht mehr genutztes Weih-
wasserbecken in einer Kirche.
Wenn ein Engel darüber angebracht ist, kann man sicher
sein, dass die spezielle kapazitive (elektrische) Energie des
Engels in dem Wasser der
Schale vorhanden ist.

Foto 25

Engelsköpfe an der Unterseite eines Treppenaufganges in der Kirche Mariastein in Tirol. Die Köpfe weisen die spezielle kapazitive Energie der Engel auf und „bestrahlen" damit den darunter liegenden Kirchenbereich. Die „Dreikirchenanlage" befindet sich auf den Überresten einer mittelalterlichen Burg.

Foto 26
Beispiel für die in früheren Zeiten oft benutzten Konstruktionen, mithilfe derer der Messe
in halb stehender Position beigewohnt werden konnte.

Foto 27

Unterseite eines Hostieneisens zum Backen der Priesterhostien (Museum Rattenberg, Tirol). Die Darstellung des Gekreuzigten entspricht der Man-Rune.

Foto 28

Alter Beichtstuhl in einer Kirche, der noch am „richtigen" Ort steht. Die Plätze für die Beichtenden unterscheiden sich energetisch vom Platz des Priesters. Dort, wo der „reuige Sünder" kniet, finden sich leicht negative Energien, die zu Zerknirschung und Reue über die eigenen Sünden führen. Der Platz des Priesters (Mitte) ist mit heiligen, heilsamen und aufbauenden Energien versehen. Er muss ja den heilkräftigen Segen spenden. Wie die unterschiedlichen Energien in den Beichtstuhl kommen, ist unklar. Es kann sich um einen Effekt des Ortes handeln, der bewusst aufgesucht oder beeinflusst wurde, es kann aber auch sein, dass der jahrzehntelange Gebrauch des Beichtstuhls die Energien der Parteien hier aufgespeichert hat.

Foto 29

Glocke zur liturgischen Verwendung in einer alten Kirche. Durch die Glockenform werden über die Öffnung Energien abgesaugt und an der Oberseite wieder abgestrahlt. In diesem Beispiel konnte die Abstrahlung der Glocke als heißer Strahl deutlich erfühlt werden. Ist das Glockenmaterial rechtsdrehend, so weist auch der Glockenschall eine besondere energetische Wirkung auf, zum Beispiel zum Vertreiben von Dämonen.

Foto 30
Der Autor während eines Vortrages bei einem Seminar in Kärnten (am Magdalensberg).

Orgelmusik und Chorgesang

Orgelmusik gehört zu den beliebtesten „Schaustücken" von Kirchen allgemein und Messfeiern im Besonderen. Solo-Orgelspiel hat Tradition und kann sehr beeindrucken. Während der Messfeier soll die Orgel den Gesang untermauern oder ersetzen. Da die Orgelmusik aber erfahrungsgemäß meist voraneilt, ergibt sich ein schauerliches Missverhältnis zwischen Orgelton und Gesang. Zudem wird der Gesang in den meisten Fällen übertönt. Das ist eher „Katzenmusik" als das Unterstreichen einer weihevollen Handlung. Die traditionelle Position der Orgel auf der Empore über dem Eingangsbereich ist wenig sinnvoll, wenn nicht durch das gesamte Längsschiff eine heilige Wasserader läuft. Die Akustik ist dann auch dementsprechend. Wo wir über dem Kirchenschiff einen Dachreiter finden, liegt geologisch ein Kreuzungssystem vor, das die allerbeste Akustik verschafft. Transportierbare kleinere Orgeln wurden früher gerne eingesetzt, um belastende Wasseradern zu kompensieren. Das hat mit den Größen der Orgelpfeifen zu tun, die als Hohlraumresonator wirken und auch ohne Gebläse eine Eigenstrahlung im Mikrowellenbereich aufweisen, die mit den Zonen am Aufstellungsort in Wechselwirkung tritt. Das ist das Prinzip der Äolsharfe oder der im Feng Shui eingesetzten Bambusflöten.

Kirchen auf geomantischen Zonen weisen stets eine hervorragende Akustik auf. Der Hall des Gesanges wird ganz leise getragen und emporgehoben, sodass insbesondere bei höheren Tonlagen engelsharfengleich eine zweite und dritte Stimme zu erschallen scheint. Das ist ein Erlebnis von unvergleichlicher Schönheit. Hier bildet sich heilige Ehrfurcht aus; die liturgischen Gesänge klingen wie Lieder aus dem Jenseits. Die Orgelmusik zerstört diesen Effekt.

Wenn viele Gläubige heute nicht mehr mitsingen, liegt das vielleicht auch daran, dass zu viele neue Melodien mit schwierigeren Tonlagen Einzug gehalten haben. Viele wunderschöne alte Melodien finden sich nicht mehr im Gesangbuch. Lieder wie „Rosenkranzkönigin" aus dem Gesangbuch zu streichen ist fast schon ein Sakrileg.

Wenn schon nicht bei allen Messen ein großer Chor anwesend sein kann, sollte analog zur orthodoxen Liturgiepraxis eine Gruppe von drei bis vier Personen (Chor-Schola) mit schönen Stimmen immer anwesend sein und zumindest die Messgesänge übernehmen. Choräle und Litaneien (insbesondere der Gregorianische Gesang) sind als Gesang zu bevorzugen, weil von ihnen die stärkste energetische Wirkung ausgeht. Sie sind, schön gesungen und genügend lang, derart ergreifend, dass mit einer Reihe spontaner „Bekehrungen" oder „Erweckungen" zu rechnen ist. Durch sie spürt man die „heilige Resonanz" des Gesanges.

Zurück zu alten Ritualen

In der Kirche kommt es darauf an, die Kraft des Heiligen Geistes zu spüren. Wer die Kraft in der Kirche schon nicht spürt, ist für den Glauben längerfristig verloren. Die Messe ist keine Zirkusveranstaltung, die Abwechslung bieten will. Sie braucht weder übertriebenen Pomp noch eine „offene Liturgie". Was hier anziehend wirken soll, ist einzig und allein die Kraft des Allerheiligsten und des Mysteriums. Darauf muss die gesamte Liturgie mit äußerster Konzentration ausgerichtet sein. Der alte Messritus, der 1570 durch *Papst Pius V.* festgelegt wurde, war eine optimale Basis. Dieser, ausgebaut mit noch älteren Formen des (heute) orthodoxen Rituals, ergäbe ein Optimum an ritueller Kraft.

Die Einstellung des Priesters, seine Konzentration und die Ausführung der heiligen Handlungen sind für die Schaffung einer Gnadenatmosphäre entscheidend. Wer das Ritual nur gewohnheitsgemäß verrichtet, wird nicht sehr viel Kraft in Messwein und Hostie „bannen" können und den Heiligen Geist auch im Raum kaum spürbar werden lassen. Und das ist doch gerade seine Aufgabe: die Gläubigen am Heilsmysterium teilhaben zu lassen, damit sie es „hautnah" erleben, spüren, empfinden und derart gestärkt die Kirche wieder verlassen, dass sie das Heil verbreiten können. Wer schafft, braucht Kraft, und um diese zu bekommen, müssen Priester wie Gläubige einen Lernprozess durchmachen, der an keiner Universität gelehrt wird, aber im Glauben und Ritual erfahren werden kann.

Liturgische Hilfsmittel

Der Chorgesang wurde bereits erwähnt; für die Litaneien sollte ein Solist zur Verfügung gestellt werden. Der Chor oder Solist sollten tunlichst auf den geomantischen Zonen positioniert sein, damit nicht nur der Ton des Gesanges, sondern auch seine Intention und das Gefühl des Solisten übertragen werden. Es gibt meines Erachtens im Rahmen der gesamten Messfeier kein anderes Ritual als die gesungene Litanei, das eine so tiefe Versenkung in Gott ermöglicht! Der Choralgesang wird heute in klösterlichen Gemeinschaften noch immer im Sinne einer liturgisch gesteuerten Spiritualitätslenkung eingesetzt (Stundengebet, Psalmen). Auch die Messfeier könnte davon profitieren.

Die Messe sollte in Latein gelesen werden, da es hier auf die Kraft des Wortes ankommt, die in der Übersetzung verlorengeht. Zum leichteren Verständnis für die Gläubigen sollten die lateinischen Texte deutsch unterlegt herausgegeben werden, damit im Laufe der Zeit ein wörtliches Verständnis ermöglicht wird. Denn wenn man etwas aufnahmebereit empfangen will, muss man wissen, was auf einen zukommt, und sich darauf „ausrichten" (resonanzfähig machen). Die Texte sollten laut und deutlich gesprochen werden. Von Lautsprecheranlagen ist abzuraten, auf geomantischen Zonen sind sie ohnehin überflüssig.

Alle heiligen Handlungen sollten genau an den Orten der Kraft vollzogen werden, wie sie durch die alte Bausubstanz vorgegeben sind. Von einer Verlegung der

Lesungen vom Altar zum Ambo ist abzuraten. Die Verwendung des „Volksaltares" ist nur dann sinnvoll, wenn durch das gesamte Längsschiff der Kirche eine heilige geomantische Zone läuft. Alle in Frage kommenden Positionen sollten zuvor von einem in diesen Dingen erfahrenen Rutengeher überprüft werden, wie es nachweislich der Intention der Baumeister entsprach.

Die Priestergewänder und andere während der Messfeier verwendete Textilien sollten wieder mit Runensymbolen bestickt sein, wie es noch vor etwa 30 Jahren durchweg üblich war. Im Schmuck des Altarbereiches sollte die Runensymbolik auch wieder Verwendung finden. Die Orationsstellung als Runenhaltung ist exakt einzuhalten; sie muss einhergehen mit bewusster Konzentration auf den Empfang göttlicher Kraft. Die Höhe, in der die Hände dabei gehalten werden, ist von Bedeutung: etwa in Augenhöhe oder etwas tiefer. Das ist eine sogenannte „gebende Schichtebene", wie es aus dem asiatischen Brauch bekannt wurde. Hier kann der Priester etwas bekommen, das er dann weitergeben kann. Das ist besonders wichtig, wenn der Priester einen Segen mit geöffneten Händen weitergibt. Aus der Schichtebene kann er sich die Kraft dazu holen. Die genaue Höhe müsste allerdings an Ort und Stelle ermittelt werden.

Weihrauch, Kerzen und Glockenläuten sind in die rituelle Handlung verstärkt einzubeziehen. Der zur Zeit praktizierte Ritus der Weihrauchanwendung ist sehr gut, er sollte unverändert beibehalten werden. Kerzen wären besser durch reine Wachskerzen oder wenigstens Stearinkerzen zu ersetzen. Zumindest bei Hochfesten sollte der gesamte Altarbereich durch Messdiener mit brennenden Kerzen „abgeschirmt" werden. Wachskerzen sind teuer und brennen nicht so gut; eine Mischung aus echtem Wachs und Stearin ist ausreichend. Soweit ich mich erinnern kann, war es einmal Vorschrift, dass die Messkerzen einen kleinen Bestandteil an Bienenwachs aufweisen. Paraffin ist linksdrehend, die Mischung mit echtem Wachs macht es rechtsdrehend. Der Brauch der Gabendarbringung sollte wieder ausgeweitet werden. So könnten die Gläubigen die geeigneten Kerzen spenden. Jegliches Aufdecken des Messkelches sollte wieder als Ehrfurchtsbezeugung von einer Kniebeuge begleitet werden. Als ritueller Schutz ist gleichzeitiges Glockenläuten erforderlich. Beim Glockenmaterial ist darauf zu achten, dass es eine gute Ausstrahlung hat, sonst wird der Glockenschall linksdrehend und somit als unangenehm empfunden.

Kommunionpraxis

Wenn die Bestrebungen andauern, die Kommunionfrequenz zu erhöhen, wird sich bald jeder im Vorbeigehen aus einer aufgestellten großen Schale mit der konsekrierten Hostie bedienen können. Das Missverhältnis zwischen Beichtenden und an der Kommunion Teilnehmenden zeugt vom moralischen Verfall, der durch die jetzige Praxis der Handkommunion im Stehen unterstützt wird. Die Ehrfurcht vor dem geweihten Objekt ist verlorengegangen, was zwangsläufig zurückwirkt, sodass die Gläubigen auch mit ihrem eigenen Gewissen „lockerer" glauben umgehen zu können. Man sollte die Hostie kniend, in andächtiger Haltung, mit gefalteten Händen, in Form der Mundkommunion empfangen. Die andächtige Stimmung, die durch ein gutes Ritual erzielt wird, macht den Gläubigen aufnahmebereiter für die durch die Hostie übertragenen Energien.

Die Hände des Priesters sind geheiligt (wenn er selbst einen wirksamen Segen erhalten hat) und seine Finger speziell mit Chrisam gesalbt. Jeder andere (Kommunionhelfer, Gläubige) ist unwürdig, die Hostie zu berühren. Ich kenne noch die Praxis, die Hände unter dem Tuch der Kommunionbank zu verschränken, was die profane Ausstrahlung der eigenen Hände mildern soll. Das Argument, damit einen Schutz für die eventuell herabfallende Hostie zu gewähren, ist unsinnig, da jedem Kommunizierenden die Patene unter das Kinn gehalten wurde.

Wenn die Mundkommunion wieder generell üblich würde, könnte die Hostie auch in den Messwein eingestippt werden, sodass auf diese Weise auch jeder Gläubige das „Blut Christi" empfangen kann.

Die Fastengebote sind auf den alten Stand zurückzuführen. Maßgeblich ist, dass der Magen zum Kommunionempfang leer ist, wenn das Heiligtum in der Hostie wirken soll.

Die Ausrichtung des Rituals auf die ihm innewohnende Kraft und die Orientierungen der Kirchenbauten nach geomantischen Zonen lassen die Frage aufkommen, ob hier nicht Gott in Form eines physikalischen Prinzips gehuldigt wird. Deshalb soll ausdrücklich betont werden, dass es sich bei den hier besprochenen Dingen um

Hilfsmittel handelt, die uns verstärkt zu Gott hinführen sollen und in keiner Weise einen allein selig machenden Anspruch haben; sie sind kein Selbstzweck, sondern Gottesdienst. Die Orientierung an den besprochenen Kräften ist historisch gewachsen und verinnerlicht. Sie existierte bereits vor der Zeitenwende in allen Kulturen und ist vom Christentum übernommen und bis etwa zum Mittelalter perfektioniert worden. An diesem Stand sollten wir uns heute orientieren, da er für uns das Optimum eines Heilsweges darstellt. Wer Kirchen betritt, die Orte der Kraft darstellen (wie die meisten Wallfahrtskirchen und alte Klosterkirchen), hat das Gefühl, bereits vom Portal aus auf den Altar zuzuschweben! Dieses Erspüren ist eine Gnade Gottes, ein „Erweckungsgefühl", vergleichbar mit einem „mystischen Liebesakt" oder wie man das einströmende Gefühl der ankommenden Gnade Gottes auch immer bezeichnen mag. Dieses Gefühl kann man in solchen Kirchen bereits ohne Messfeier erfahren und noch viel stärker in exakt ritualorientierten Messen, sodass bei empfindsamen Gläubigen mit spontanen Gefühlsausbrüchen, „Fieberschauern" und Weinkrämpfen zu rechnen ist. Ein solcher Kirchenbesuch ist bereits eine Erweckung! Und wer das einmal gespürt hat, wird sein ganzes Leben darauf ausrichten, dieses Gefühl nie wieder zu verlieren – das ist erfahrbares Christentum!

Gott ist der Schöpfer der Natur. Er hat uns diese Hilfsmittel gegeben, damit wir uns ihrer bedienen können. Ihm allein gehört der Ruhm, er ist der Weg und zugleich das Ziel.

Der individuelle Weg zum Heil und zur Gesundheit

Kosmologische Standortbestimmung

Wie ein Baum wächst und sich in der Abfolge der Jahre entwickelt, ein Vergehen und Wiedergeborenwerden im Wechsel der Jahreszeiten erlebend, so erlebt auch das Menschengeschlecht in Zyklen von ca. 26.000 Jahren eine fortschreitende geistige Reifung mit Höhen und Tiefen im Wechsel der vier kosmischen Jahreszeiten, jede eine Spanne von etwa 2.000 Jahren umfassend (Abb. 4, S. 298).

Das Sonnensystem bewegt sich in 26.000 Jahren auf einer Bahn durch das All, die es wechselnd in den Einflussbereich der 12 Tierkreiszeichen bringt. Jedes Tierkreiszeichen hat eine Regentschaft von 2.150 Jahren. Unter dem Einfluss des Sonnensystems entwickelt sich das Leben auf der Erde und wird die geistige Entwicklung programmiert.

Der Zenit der geistigen Entwicklung der Menschheit liegt 14.000 Jahre zurück, wenn wir vom Jahr 2000 unserer Zeitrechnung (Nadir) ausgehen; es war der Übergang des Sonnensystems von der Regentschaft der Waage zum Zeitalter der Jungfrau.

Die Hoch-Zeit der geistigen Entwicklung, der „kosmische Sommer des Geistes", ist 18.000 bis 12.000 Jahre zurückzudatieren und umfasst die Einflusssphären

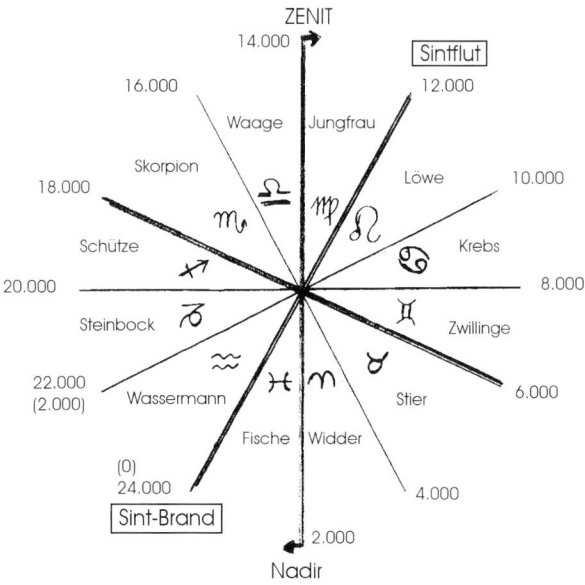

Abbildung 4

Kosmogramm der menschlichen Entwicklungsgeschichte[1]

Die Sonne durchläuft alle Tierkreiszeichen in 25.796 Jahren (hier vereinfacht in 24.000 Jahren dargestellt). Die Planeten-Regenten (Planeten der Tierkreiszeichen) wirken auf die Lebens- und Geistesentwicklung alles Irdischen. Im Jahre 2000 unserer Zeitrechnung befinden wir uns im Jahre Null des Kosmogramms, im Maximum des geistigen Tiefstandes. Im beginnenden Wassermann-Zeitalter erleben wir eine Ära aufstrebenden geistigen Lebens, begleitet vom Verfall des Materialismus.

---

1   Abbildung frei nach Hans Sterneder: Der Wunderapostel, S. 130. Ihm folge ich eben- falls in den Gedankengängen dieses Abschnitts.

von Skorpion, Waage und Jungfrau mit je 2.000 Jahren. Hier lag unsere einstige geistige Hochkultur; es ist die Zeit der Atlanter, gekennzeichnet von hohem Geistwissen sowie einer Liebe zum Leben, Gott und dem All; es war eine Ära des Lichtes und der Reinheit.

Der Bruch mit der Gottheit, die Loslösung vom Geist und die Hinwendung zu Intellekt und Materialismus waren von einer kosmischen Katastrophe begleitet, die uns noch heute in den Ohren klingt: die Sintflut im Übergang vom Zeitalter der Jungfrau zu dem des Löwen, 12.000 Jahre zurückliegend. Damit begann der „kosmische Herbst", die allmähliche Loslösung von Gott und der Aufbau von Herrschafts- und Machtstrukturen. Dieses Zeitalter umfasst die Regenten Löwe, Krebs und Zwillinge. In dieser 12.000 bis 6.000 Jahre zurückliegenden Zeit entwickelten sich die Hochkulturen der Chinesen, Peruaner, Mexikaner, Arier, Inder und Perser. Es ist das Zeitalter des Abstieges, des beginnenden Sterbens des Geistes.

Der „kosmische Winter" beginnt mir dem Übergang von den Zwillingen zum Stier vor 6.000 Jahren. Es beginnt das Zeitalter des stofflichen Wahnsinns, eingeleitet von der Kultur der Ägypter. Vor 4.000 Jahren trat das Sonnensystem in die Regentschaft des Widders, die von Egoismus, Herrschsucht, Stoffanbetung und Habgier gekennzeichnet war. Mit dem Übergang vom Widder zu den Fischen vor 2.000 Jahren, also dem Beginn unserer Zeitrechnung, ist der Tiefpunkt der kosmischen Geistesumnachtung erreicht. Hier ist die Regentschaft des Satans auf ihrem Gipfelpunkt. Aber genau zu diesem Zeitpunkt, dem Jahre Null unserer Zeitrechnung, dem Stadium der größten Gottesferne, wurde uns Christus geboren als Licht in der Finsternis, das uns den Weg zeigt hinaus aus der kosmischen Nacht zum Licht, zu Gott, der allein der Weg ist, die Wahrheit und das Leben.

Die Ära vom Jahr Null bis 2000 unserer Zeitrechnung kennzeichnet unsere heutige Entwicklungsstufe unter der Regentschaft der Fische mit der Kulturstufe des christlichen Abendlandes. Es ist das Ende des kosmischen Winters, die Grabesnacht, Todesfinsternis und Eiseskälte, denn am kältesten ist es immer, kurz bevor die Sonne aufgeht. Mit Jesus kam das Licht in die Finsternis (und in die Herzen der Menschen), aber die Finsternis hat es nicht begriffen. Durch das Leiden und Sterben und die Grablegung Christi drückte die christliche Religion das aus, was der Menschheit selbst zuteil wurde. Wir leben im Maximum der Entfernung von Gott und brechen all seine Gebote. Der Triumph des Glaubens an die Macht des Mammons hat uns vom wahren Glauben, der Kirche und ihrer Heilslehre losgelöst.

Der Missbrauch des Namens Gottes wird nicht mehr strafrechtlich verfolgt, Kirche und Papst werden ungestraft angegriffen. Das Gebot der Heiligung von Sonn- und Feiertagen ist rechtlich außer Kraft gesetzt und wird bestenfalls mit Gelächter bedacht. Kinder lehnen sich gegen ihre Eltern auf und Gläubige gegen ihre Priester. Die Zahl der Tötungsdelikte an Mensch, Tier und Pflanzen hat apokalyptische Ausmaße erreicht; Tiere, Pflanzen und das ungeborene Leben sind „Freiwild" geworden, mit dem man ungestraft experimentieren kann. Ehebruch und Scheidungen sind an der Tagesordnung; niemand denkt sich etwas dabei. Statt Enthaltsamkeit wird sexuelle Ausschweifung praktiziert. Was wir haben und erreichen wollen, versuchen wir uns widerrechtlich anzueignen. Es herrschen Uneinigkeit, Zank und Streit zwischen den Menschen; die Liebe ist gestorben. Dass einer des anderen Last trage, ist eine Lebensform, die nur noch für unrealistische „Spinner" Gültigkeit hat. Jeder versucht, den anderen zu übervorteilen, es wird gelogen und betrogen, und jeder rühmt sich, darin der Größte zu sein. Es herrschen Neid und Missgunst, der Nachbar wird gehasst, weil er mehr besitzt als man selbst.

Doch die Menschheit musste in diese Tiefe der Nacht hinabsinken, weil sie von allein keinen Ausweg mehr aus ihrer verzweifelten Lage sah. Die totale Hinwendung zum Bösen, die wir zur Zeit erleben, schafft die Hilflosigkeit eines Säuglings. Am Tiefpunkt angekommen, geläutert im galaktischen Schmelzofen Gottes, wird der Mensch wieder bereit, sich tragen zu lassen. Aufgefangen und getragen von der Allmacht und Güte Gottes, hat der Mensch nun wieder eine Chance, den rechten Weg zu erkennen, Hilfe anzunehmen, sich hinauftragen zu lassen zum Licht und an der Auferstehung Jesu teilzunehmen; ein Prozess, der in der heiligen Messfeier tagtäglich stattfindet. Die Gottesfürchtigen finden ihren Weg zum Heil und Licht allein, wenn sie ihr Herz dem Überirdischen öffnen. Die abgrundtief Bösen können in Gottes unendlicher Güte und Barmherzigkeit getragen und wieder emporgehoben werden, aber die Lauen, die sich nicht entscheiden können sind der ewigen Verdammnis geweiht.

Der Übergang vom Zeitalter der Fische zu dem des Wassermanns im Jahre 2000 steht im kosmischen Jahreskreis der Sintflut gegenüber (vgl. Abb. 4, S. 298) und kennzeichnet den kosmologischen Tiefstand. Damit erfüllen sich uralte Prophezeiungen, die von einer Vernichtung eines Großteils der Menschheit sprechen, eine Vernichtung durch eine erneute Katastrophe globalen Ausmaßes, den Sint-Brand, der ebenso wie ehemals die Sintflut die Laster der Welt auslöschen wird. Im Petrusbrief (2. Petr 3,10–12) heißt es über den Sint-Brand: „Es wird aber des Herrn Tag kommen wie ein Dieb; dann werden die Himmel zergehen mit großem Krachen; die Elemente aber werden vor Hitze schmelzen, die Himmel werden im Feuer zergehen, und die Erde und die Werke, die darauf sind, werden ihr Urteil finden."

Der Sint-Brand ist ein unsichtbares Feuer kosmischgeistiger Strahlungskräfte, dessen vernichtende Kraft und Allgewalt wir zur Zeit in ihrem Beginn erleben. Ein Großteil der Menschheit und des Lebens der Natur wird dahinsiechen und vernichtet werden wie unter einer Seuche, und es gibt niemanden, der sich ihr entgegenstellen und Einhalt gebieten könnte. Doch wer die Zeichen der Zeit erkannt hat, die uns mit dem nun beginnenden Wassermann-Zeitalter entgegenleuchten, der wird geläutert und siegreich aus allem Elend hervorgehen wie der Phönix aus der Asche und darf die Herrschaft des Geistes über die materielle Welt bereits jetzt erfahren. Denn „so du nicht wiedergeboren wirst aus Wasser und Feuer" (Widder gehört zum Element Feuer, Fische zum Element Wasser), „kannst du das Himmelreich nicht gewinnen" (nächtliches Gespräch des *Nikodemus* mit Christus). Johannes verweist in der Offenbarung (Off 21,1) auf eine neue Sternenkonstellation, die das neue

Zeitalter einleiten wird, indem er sagt: „Und ich sah einen neuen Himmel und eine neue Erde; denn der erste Himmel und die erste Erde sind vergangen …"

Mit dem Beginn des Wassermann-Zeitalters tritt die Sonne in das Geistesfeld des ewigen Lebens, eines erneut 6.000 Jahre währenden galaktischen Frühlings, in dem jeder Materialismus zurückgelassen und auf dem einstigen Urwissen wieder aufgebaut wird, um eine höhere Entwicklungsstufe zu erreichen. Mit der Ära des Steinbocks und des Schützen wird die Blütezeit beendet, und es naht beim Übergang in den Skorpion, nach weiteren 6.000 Jahren wieder der Sommer, die Zeit der höchsten geistigen Entwicklung und größten Gottesnähe.

Dem Bösen entsagen

Wer also die Lage der Menschheit erkannt und seinen individuellen Standort darin gefunden hat, der kann sich bemühen, die Einheit mit Gott wiederherzustellen. Die Kirche kann uns noch immer ein guter Wegweiser sein, doch gilt es zu beachten, dass auch sie dem Verfall unterworfen ist und Zugeständnisse macht, die dem offenbaren Willen Gottes widersprechen. Vorsicht geboten ist, wenn auch in geringerem Maße, ebenso beim Heranziehen der Heiligen Schrift. Auch sie kann keine Lösung für alle Lebensfragen geben, denn sie ist eine Offenbarung mit zugelassenen Fehlern, zumindest wie es unserem heutigen Verständnis entspricht. Bestünde sie aus zweifelsfrei eindeutiger Lebenslehre, müsste jeder mühelos und sicher auf diesem Weg zum Heil gelangen, und die individuelle Freiheit des Geistes wäre zerstört. Wenn wir also keinen weltlichen Leitfaden finden, der uneingeschränkte Zuverlässigkeit verspricht, so müssen wir uns an Gott selbst wenden, auf ihn hören und uns seiner Führung anvertrauen. Das setzt die Bildung eines Gewissens voraus, das Gut und Böse zu unterscheiden lernt, ohne auf Gesetzestexte schauen zu müssen. Die Zehn Gebote sind sicherlich ein guter Leitfaden, wenn man ihren Sinn erkennt und nicht nur an der wörtlichen Bedeutung haften bleibt.

Damit man wieder in die göttliche Ordnung zurückfinden kann, ist es unumgänglich, eindeutig allem Bösen zu widersagen und es auch nicht mehr in sich einkehren zu lassen. Wenn jemand böse mit mir spricht, mich angreift oder bedroht, so geht von ihm das Böse aus. Ärgere ich mich über diese Rede, fühle ich mich bedroht oder entgegne ich sogar mit bösen Worten, habe ich das Böse bereits in mir. Ich habe meine Entsagung gebrochen und verliere den göttlichen Schutz. Damit werde ich hilflos, ein Spielball fremder Machtinteressen, haltlos, verliere jede Orientierung und falle infolge der Macht der Gewohnheit und der Wirkungssphäre meiner Umwelt wieder in das Böse zurück. Wirklich entsagt habe ich erst, wenn ich durch böse Worte und Taten nicht mehr angegriffen werden kann. Dann erfahre ich die Liebe Gottes besonders, der mich umso mehr stärkt, je mehr das Böse mich zu schwächen droht. Auch darf ich keinen Zweifel, keinen Ärger, keinen Neid in mir aufkommen lassen, über andere Menschen weder böse reden noch denken, auch nicht menschenhörig sein, nicht probieren, denn dies alles und noch mehr öffnet dem Bösen das Herz, das besetzt wird und dessen Liebesfähigkeit verlorengeht; sondern ich muss gotthörig sein und aus absoluter Überzeugung und Gottvertrauen heraus handeln.

Heilung von Krankheit

Unser jetziger Standort im galaktischen Entwicklungssystem ist der einer maximalen Gottesferne. Krankheit und Siechtum haben ihren Höhepunkt bald erreicht. Die Loslösung von Gottes kosmischen Gesetzen, verbunden mit der bewussten Hinwendung zum Bösen ist die wahre Ursache jeglicher Krankheit. Andauernde, bleibende Heilung, wie man sie nach Wunderheilungen oder „Erweckungen" erleben kann, vollzieht sich nur dann, wenn der Mensch in die natürliche Ordnung zurückkehrt. Das muss freiwillig geschehen, aus eigenem Willen, aus Liebe zu Gott und nicht aus Eigennutz. Wir sind göttliche Wesen, und Gott ist in uns. Das Göttliche kennt keine Krankheit, sondern nur Heil. Der Weg ist so einfach, und doch ist er für die meisten Menschen so unendlich schwer zu gehen. Das Böse ist bereits so tief in den Menschen verwurzelt, dass sie lieber sterben, als ihre Gewohnheiten zu ändern, Lehre anzunehmen und den göttlichen Weg zu gehen.

Vom göttlichen Weg abzukommen heißt gleichzeitig, sich von seiner Gesundheit zu entfernen, denn nur wenn der Geist als Regent des stofflichen Körpers im Heil und in göttlicher Harmonie lebt, kann auch der Körper gesund bleiben, sofern er nicht als Nachfolger Jesu auch dessen Leiden über- und anderen Menschen abnimmt. Von bestehender Krankheit geheilt werden kann nur jener, der bereit ist, den Weg Gottes auch anzutreten. Nur das eigene geistige Gefängnis macht den Menschen unheilbar. Er benötigt neue Kraft zur Umkehr und weiß nicht, wo er sie zu suchen hat. Der Weg zum Leben, zur geistigen Freiheit und damit auch zur physischen Losgelöstheit führt nur über den Geist. Im Einssein mit Gott sehen alle großen Kulturreligionen ihr höchstes Lebensziel. Fort mit allen Zweifeln und niederen Gedanken, fort mit störendem Eigennutz und vor allem fort mit dem Gedanken an das eigene Leiden! Wer seine Krankheit liebt, dem kann nicht geholfen werden. Krankheit ist das Böse, von dem wir uns trennen müssen. Jeder Kranke kann nur so weit geheilt werden, wie sich in ihm eine Umkehr anbahnt. Die Gesundheit wächst mit der inneren Reife; man kann sie nicht *ver*langen, sondern nur *er*langen.

Schlechte Gedanken, Zweifel, auch von anderen, sind eine Gefahr, die der Heilung widerstrebt; sie dürfen nicht mehr zugelassen werden, denn sie sind ein Verbrechen gegen die gottgewollte Gesundheit und können die Erlangung des höheren geistigen Lebenszieles unmöglich machen. Trennen müssen wir uns auch von der Dummheit, Arroganz, Ignoranz und Leichtfertigkeit unserer Kontaktpersonen und Medien, da sie den Heilsweg in ernste Gefahr bringen, ja ihn sogar unmöglich machen können. Und wer glaubt, nach der Heilung wieder in seine alten Denk- und Verhaltensgewohnheiten zurückfallen zu können, der wird durch die spontan wieder einsetzende Erkrankung belehrt werden, dass es ein geistiges Gesetz gibt, das überall und jederzeit Gültigkeit hat und dem jegliche Materie untergeordnet ist.

Das göttliche Lebensziel ist es wert, mit aller Kraft und allem Mut angestrebt zu werden. Allen Menschen geht es gleich; wir entwickeln uns nur durch das Leid aufwärts. Gott straft und züchtigt nicht, er ist reine Liebe. Das Leid ist nicht von Gott gesandt, sondern als böser Gegenpol von Gott zugelassen, damit wir uns unserer Göttlichkeit überhaupt bewusst werden können und damit wir uns aus freiem Willen für einen Lebensweg entscheiden, der herausführt aus allem Leiden und uns der Liebe Gottes wieder teilhaftig werden lässt. Sehen wir das Leid als zum Leben gehöriges Geschenk, und lernen wir daraus. Danken wir Gott für das Leiden, und hadern wir nicht mit ihm, denn es ist eine unschätzbare Hilfe auf dem Weg zum Licht. Gott hat uns nicht für das Gericht seines Zornes bestimmt, sondern dafür, dass wir durch unseren Herrn Jesus Christus das Heil erlangen. Er ist für uns gestorben, damit wir vereint mit ihm leben, ob wir schlafen oder wachen (1. Thess 5,9–19).

> Du gabst, o Herr, mir Sein und Leben
> und deiner Lehre himmlisch Licht
> Was kann dafür ich Staub dir geben?
> Nur danken kann ich, mehr doch nicht;
> nur danken kann ich, mehr doch nicht!
> (Schubert-Messe)

Das Gute verstärkt aufnehmen

Um dem Bösen zu entsagen, benötigen wir Kraft. Energiemangel führt zu Nervosität und Angst, und es gibt nur wenige Menschen, die nicht daran leiden. Doch die Kraft, die wir benötigen, die Lebensenergie, ist um uns; es ist die göttliche Schöpfungskraft, die allgegenwärtig ist, und wir brauchen nur zu lernen, sie in uns aufzunehmen. An „heiligen" Orten spüren wir diese Kraft, auch wenn wir noch nicht geistig „umgekehrt" sind. Gott schenkt uns diese Orte als Zeichen und ewige Mahnung, damit wir uns besinnen und die Kraft zur Umkehr finden. Der Mensch ist durch das Böse so abgestumpft, dass er nur noch starke Reize empfinden kann. Deshalb ist es zwingend notwendig, die Menschen wieder verstärkt an solche Orte zu führen, ihnen im Ritual die Kraft spürbar zugänglich zu machen, damit sie aus eigener Erfahrung heraus nachdenklich werden, sich besinnen auf die Bedeutung ihres Erdenlebens und ein inneres Streben nach jener göttlichen Führung erlangen, die sie verspüren durften.

Hinwendung zum Guten heißt, offen und aufmerksam zu werden, sich mental einzustimmen auf den Empfang der göttlichen Ordnungskraft. Nehmen wir uns die Zeit, auf das Göttliche zu hören und der inneren Stimme zu folgen. Gottes Sprache ist leise, aber immer vorhanden. Vernehmen können wir sie nur, wenn wir alles Laute um uns herum verstummen lassen, den drängenden Gedanken um das tägliche Wohl und Weh

Einhalt gebieten. Dann kommt die Kraft von ganz allein zu uns, wir fühlen es kribbeln und strömen, werden beruhigt und gestärkt. Wenden wir uns in allen Lebensfragen an diese Kraft, und wir werden Antwort und innere Führung bekommen. Nur wer das irdische Leben um Christi willen „verliert", der wird das innere Leben und den Weg zum bedingungslos Guten finden. Wer nach dem Reich Gottes trachtet, dem wird alles andere von selbst zufallen (Bergpredigt); das ist nicht nur Bibelweisheit, sondern praktische Lebenserfahrung. Wer aber das irdische Leben im sinnlichen Genusse sucht und in irdischen Bestrebungen, der wird das innere Leben verlieren. Erbitten wir die Gnade Gottes, und wir werden sie empfangen, wenn wir bereit sind. Aber bitten wir nicht ohne innere Umkehr, denn das ist nutzlos. Die Rückverbindung zum göttlichen Ursprung gelingt nur durch Ehrlichkeit und Offenheit. Wer glaubt und vertraut, wer sich in Demut und Ehrfurcht der Gnade Gottes wert zeigt, der wird getragen werden von dem göttlichen Strom des Lebens *(Thomas von Aquin)*.

Die Vermittlung des göttlichen Kraftstromes durch Heiler, Heilige und heilige Orte tastet in keiner Weise den freien Willen an. Wir können den Kraftstrom in uns aufnehmen, aber wir können uns ihm auch verschließen. Eine gläubige Seelenhaltung und geistige Aufgeschlossenheit sind aber die zwingenden Voraussetzungen dafür, die Verbindung zur höheren Natur wiederzugewinnen. Entfernen wir uns von allen selbstsüchtigen Gedanken, minimieren wir unsere störende „Eigenstrahlung", und wenden wir unsere Seele in dankbarer Gläubigkeit Gott zu. Werden wir „wie die Kinder", um das unschätzbare

Gut empfangen zu können. Legen wir unser Geschick vertrauensvoll in Gottes Hände, bewahren wir Demut und Ehrfurcht vor allem, was uns umgibt, dann werden wir die göttliche Kraft am stärksten empfinden und in jeder Hinsicht zu Heil und Heilung gelangen.

„In der Natur sind große geheime Kräfte enthalten, und wenn sie von den Hindernissen befreit werden, die ihrer Entwicklung im Wege stehen, so ist es, als ob ein gefangener Mensch seiner Bande entledigt wird und sein Gemüt frei ist. Das Mysterium der Natur in den Körpern ist wie ein Feuer im Holz, das nicht brennen kann, solange das Holz nass ist. Wollen wir aber diese Geheimnisse kennenlernen, so müssen wir vor allem dasjenige bedenken, was dem Menschen am nützlichsten und edelsten allein zu wissen nötig ist und wie sich Gott und Mensch zueinander verhalten, da nur durch Gott das ewige Gute erkannt werden kann."[1]

1   *Paracelsus*, zitiert nach: Häusler: Bruno Gröning, S. 43.

Wider die Zerstörung der Glaubensgrundlagen

Bedeutung des Glaubens und der Religionslehre

Glaube ist das persönliche Erkennen einer höheren, göttlichen Weltordnung. Glaube ist aber auch das Fürwahrhalten von Lehren religionsstiftender Gemeinschaften mit teilweise dogmatischen Glaubensgrundlagen. Den Religionsstiftern und Hütern der Glaubenslehre kommt die Aufgabe zu, Glaubenslehren aufzubauen, sie entsprechend der geistigen Entwicklung der Gläubigen anzupassen und ihre Einhaltung zu überwachen.

Weit verbreitet ist die Ansicht, dass die Einordnung in und Unterordnung unter ein Glaubensdogma einem natürlichen Instinkt des Menschen entspreche, der als „Herdentier" einer lenkenden Autorität bedarf. Das führt zu einer psychoanalytischen Auslegung des Glaubensphänomens, welche die Glaubensnotwendigkeit im Menschen selbst begründet sieht und von einer geistigen oder besser seelischen Fortentwicklung des Menschen durch den Glauben und die Stellung unter die Autorität Gottes nichts weiß. Demzufolge sei der Mensch mit sich selbst uneins und brauche das künstliche (von Menschen geschaffene) Glaubensgebäude, um mit der Ein- und Unterordnung besser leben zu können. Das scheint dadurch begründet, dass der Mensch beim Abfall vom Glauben und seiner Sittenlehre den inneren Halt verliert, desorientiert wird, alles in Zweifel zieht und sich aus einer inneren Notwendigkeit heraus neue „Götter" wie Konsumorientiertheit, Sucht nach Rauschmitteln, Hingabe an fragwürdige Werte und Idole suchen muss („Null-Bock-Generation"). Weiter unterstützt wird diese Glaubensdarstellung durch wissenschaftliche beziehungsweise historische Entwicklungen, die Glaubensgrundlagen entlarven und überflüssig erscheinen lassen. Selbst ernannte „Aufklärer" versuchen, die Glaubensgrundlagen zu unterminieren, um Kirche, Religionslehre und letztlich auch den Glauben überflüssig zu machen.

In sogenannten „Pfaffenspiegeln"[1] werden dann die Kirche und ihre Mitarbeiter, besonders aber der Papst als verantwortliches Oberhaupt von Kircheninstitution und Glaubensfragen als Geschichtsfälscher, Lügner, Betrüger und Verbrecher bezeichnet, weil sie Lehren, Dogmen und Verwaltungsanordnungen wider besseres Wissen in einer Lehre durchgesetzt haben, die ihnen allein Macht, Ansehen und Profit einbrachte. Es ist das Ziel dieser Irrlehrer, ihre Leser über die Verbrechen, Lügen und Fälschungen „aufzuklären" und die gesamte Kircheninstitution damit zu diffamieren. Sie versuchen, den Glauben von der Institution Kirche zu trennen, indem wiederholt darauf hingewiesen wird, dass man den persönlichen Glauben des Einzelnen in keiner Weise angreifen will.

---

1   Vgl. die „Pfaffenspiegel" und vergleichbare Werke von Hoensbroech, Otto von Corvin oder K.-H. Deschner sowie das neuere Werk von Hans-Jürgen Wolf: „Neuer Pfaffenspiegel; Sünden der Kirche; das Geschäft mit dem ‚Glauben'", Historia Verlag, Dornstadt 1990.

Aus der materialistischen Sicht der „Aufklärer" ist der Glaube ein überflüssiges Relikt des Geistes, dessen der moderne Mensch nicht mehr bedarf. Dabei wird der wichtigste Aspekt aller Glaubenslehren übersehen, nach dem nicht der Geist das höchste Gut der Schöpfung ist, sondern die individuelle Seele des Menschen. Der Geist ist nur ein Vermittler zwischen der übergeordneten leitenden „Seeleninformation" und dem physischen Körper. Die gottgegebene Seele wirkt auf den Geist, damit er das körperliche Leben so lenke, dass die Taten des Menschen der individuellen Seelenentwicklung zum Göttlichen hin förderlich sind. Und Glaube ist in diesem Zusammenhang eben kein Fürwahrhalten von Kirchenlehren und Dogmen, sondern ein Wissen der Seele um ihre göttliche Bedeutung, welches es zu entwickeln gilt.

Der physisch orientierte Glaube (an die ethisch-sittlichen Lebensformen der Kirchenlehre) ist lediglich ein Unterglaube, ein Hilfsmittel zum Erreichen des wahren Glaubens an die göttliche Ordnung aller Dinge, aus dem heraus dann auch die Kirchenlehren verständlich werden. Der Glaube ist das höchste Gut des Menschen, weil er ihn zu Gott führt; ohne ihn wird das Leben sinnlos, und alle Religionslehren der Welt können nur einen schwachen Abglanz des Glaubens darstellen, weil sie auf niederen, materialistischen Bausteinen aufbauen müssen. Der Glaube ist Gottes Geschenk an die Seele, er wurde ihr an die Hand gegeben, damit sie ihre Stellung in der Weltordnung erkenne und ihr Ziel vor Augen habe – die Entwicklung zum Göttlichen hin.

Esoterische Sicht der Weltordnung

Nach global verbreiteter esoterischer Lehre schuf Gott das All, dessen Planeten, Kräfte und Gesetzmäßigkeiten aus einem Urstoff, dem Urlicht, kraft seines Geistes und Willens.[2] Gottes Schöpfung ist das Leben selbst, sodass alles Geschaffene Sein Leben in sich trägt und damit beseelt ist. Die Größe Gottes als schöpferische Urseele kann aber nur erfasst werden, wenn ein Gegenpol vorhanden ist. So schuf Gott die Erde, mit allem, was darauf ist, als gottesfernstes, eben materialisiertes Objekt. Und auch das Niederste auf der Erde ist göttliches Prinzip, atmet Seinen Geist und ist damit beseelt. Und Gott gab der Seele die Erkenntnis ihres niederen Zustandes und zugleich das Erkennen ihres Entwicklungsweges zu höheren Stadien bis hin zum Göttlichen.

Die Seelenentwicklung beginnt im Mineralreich, dessen einzelne Gebiete zu Gruppenseelen zusammengefasst sind, weil hier noch keine Individualität und kein Eigenbewusstsein existiert. Diese Gruppenseelen bilden das ordnende, strukturgebende Prinzip aller Mineralien. Der göttliche Zustand lebt hier noch im Unbewussten; er muss im Laufe von Jahrtausenden erst entwickelt werden. Sichtbare Form einer bereits hoch entwickelten Gruppenseele ist der Berggeist, der Gottes Willen erkannt und seine zurückgebliebenen „Brü-

---

2 Vgl. die entsprechende esoterische „Einweihungsliteratur". Beim Thema der Weltordnung im vorliegenden Kapitel sowie beim Kapitel „Karma und Wiedergeburt" wurde Bezug genommen auf die Darstellung von Hans Sterneder in seinem Roman „Der Wunderapostel".

der" zum Höchsten zu führen hat, unter Erlösung der gemeinschaftlichen Seele und Auflösung der Materie.

Nach vollendeter Seelenentwicklung im Gestein erfolgt während des Befruchtungsvorganges ein geistig-astraler Übergang in das Pflanzenreich. Bisher Gelerntes ist nur noch intuitiv vorhanden, das Wissen um die vorherige Existenz ist erloschen. Wieder wird die göttliche Seelenkraft in einer Gruppenseele vereint, welche die Pflanzenentwicklung leitet und die Pflanzen „lehrt", die Lebenskraft des Alls, der Sonne, den Atem Gottes einzusaugen und die Kräfte des Kosmos und der Planeten in sich zu speichern und einem höher entwickelten Wesen, dem Tier oder Menschen, verfügbar zu machen. Die Gruppenseelen der Pflanzen erscheinen uns als Elfen, bei höher entwickelten Pflanzenformen auch als Faune (beispielsweise bei Eichen und Linden), Zwerge oder Moosmännlein (bei Nadelbäumen).[3] In älteren Zeiten bat man die Baumseelen noch um Vergebung, bevor man den Baum fällte.[4]

Nach abgeschlossener Seelenreifung schließt sich der Übergang ins Tierstadium an. Auch Tiere werden noch von einer Gruppenseele geleitet, haben aber bereits eine ausgeprägte Individualität und ein in der Entwicklung begriffenes Eigenbewusstsein, einen Geist. Das triebhafte, angeborene Verhalten ist ein Hinweis darauf, dass sich hier noch keine Individualseelen ausgebildet haben. Je höher die Tierart entwickelt ist, in welche die Seele

---

3   Zum Entwicklungsvorgang der Elementarwesen mit vergleichenden Autorendarstellungen vgl. auch Karl Spiesberger: Elementargeister – Naturgeister.

4   Die Beseelung der Natur weist zumindest im Volksglauben auch auf Kräfte des Bösen hin. So beschreibt *Biedermann* in seinem „Lexikon der furchterregenden mythischen Gestalten" allein 37 Geschöpfe, die unter „Naturdämonen" und „Gestirngeister" angeführt sind (siehe S. 246).

hineingeboren wird, desto länger ist auch ihre Entwicklungszeit, denn umso mehr Erfahrungen müssen gesammelt werden.

Dann kommt der große astrale Übergang der Seele in den Menschenkörper. Dem Menschen nun obliegt die Aufgabe, seine Seele mithilfe seines Geistvermögens aus dem intuitiv-triebhaften Materiellen zu befreien und stufenweise immer höher zu entwickeln. Kann er seine Aufgabe der Lösung und Verwandlung hier auf Erden nicht oder nur mangelhaft vollziehen, muss er im Jenseits umso mühsamer daran arbeiten. Die meisten Religionen sehen eine Wiedergeburt auf Erden vor, da die geistige Loslösung vom Materiellen hin zu Seinem Geist, zum Urquell der Schöpfung, nicht in *einem* Erdenleben zu bewältigen ist. Das Elementare und Triebhafte (wie Sexualität, Hunger, Egoismus usw.) muss überwunden werden, weil es Geist und Seele an das niedere, stoffliche Prinzip bindet. Die Kasteiungen und Entsagungen der Mystiker und Heiligen finden darin ihre Erklärung. Mühsam muss der Mensch ein „Kind des Himmels" werden, ein gottähnliches Ichbewusstsein erringen und im Erkennen Gottes den wahren Sinn des Lebens finden. So wird der Mensch zum heimkehrenden Sohn, der in das Vaterhaus zurückfindet.

Nach ihrer Erlösung weilt die Seele noch längere Zeit im Geistbereich der Erde und des Menschen, um als „Schutzengel" oder „unsichtbarer Helfer" dem Menschen auf seinem Entwicklungsweg beizustehen.

Doch ist die Seelenentwicklung damit noch nicht beendet. Denn wer das irdische Reich siegreich durchschritten hat, ist zu Höherem geboren: Er wird zur Seele eines Sterns, und der Planetenkörper ist sein Leib, seine Seele aber ist göttlich (Ursprung der Vergötterung der Planeten in Naturreligionen und in der Antike). Denn Gottes Schöpfung ist in aller Vollständigkeit beseelt, im Großen wie im Kleinen. Von hier aus wirkt die Seele des Sterns auf die Geschichte und Geschicke des Erdendaseins (Planeteneinfluss) und hat auch in diesem Entwicklungsstadium große Dinge zu vollbringen, um die ihm unterstehenden Systeme zu lenken und sich selbst dadurch zu noch Höherem zu entwickeln.

Die Planeten erfahren ihr Sein und Leben vom „Sonnengott", der Zentralsonne, dem Vater ihres Planetensystems. Diese Zentralsonne ist die nächste Entwicklungsstufe. Hier ist das Zentrum der neuen Seele, und das ganze Planetensystem ist ihr Leib. So leben wir Menschen im Leibe eines „Sonnengottes" und verstehen die Anbetung unseres Zentralgestirns als Naturgottheit. (In östlichen Religionen wird während der Fastenzeit erst nach Sonnenuntergang gespeist.)

Doch ist auch dieses nur ein kleiner Ausschnitt aus der Herrlichkeit des Unaussprechlichen, das es auch für diese Sonnenseelen zu erringen gilt. Letztendlich wird die Seele zum Zentrum eines Sonnensystems, um das viele Sonnen mit ihren Planeten kreisen. Aber auch diese Welt ist nur materieller Schein, und auch die Seelen der Sonnensysteme drängen zum Ausgang allen Lebens. Nun zieht es die Seele zur Quelle allen Lichtes, dem Ursprung aller Schöpfungskraft, zu Ihm, der ewig war und ewig sein wird. Sie schaut das Wesen, das keinen Namen hat (Ursprung des „A" und „O"), und sieht, wie alles zu Ihm hinströmt. Und die

Seele beginnt zu wachsen, die Zentralsonne glüht auf, wächst ins Unermessliche und strebt Ihm zu, dem ihr ganzes Sehnen galt, verlöscht in Ihm – und weiter tickt die Uhr der Ewigkeit.

> Es lobt das Licht und das Gestein
> gar herrlich dich mit Schweigen.
> Der Sonne Glanz, des Mondes Schein
> will deine Wunder zeigen …
> (Altenberger Wallfahrtslied)[5]

Karma und Wiedergeburt

Karma ist ein dem Buddhismus (und Hinduismus) entlehnter Begriff und bezeichnet das individuelle Schicksal des Einzelnen als Folge oder Wirkung seiner bisherigen geistigen oder besser seelischen Entwicklung. Die Seele hat als Auswirkung ihres alten (vorherigen) Lebens und der darin begangenen Taten ein belastendes oder förderndes Karma zu tragen, das es im gegenwärtigen Sein im Hinblick auf die weitere seelische Entwicklung „abzutragen" gilt. Die Karmalehre einer einstigen globalen Urreligion beziehungsweise ihre Wiederentdeckung in unserem Fische-Zeitalter macht wie keine andere Religionslehre verständlich, warum der eine glücklich und gesund durchs Leben geht, aber sein Nachbar trotz Fleiß, bestem Bemühen und vielleicht erfüllt von tiefer

---

5   „Gotteslob", Nr. 926.

Gläubigkeit ein sorgenvolles und leidenschweres Leben zu bestehen hat.

Es ist eine Frage aller Zeiten, warum die einen Menschen früh sterben, die anderen alt werden, warum es Leidende und Gesunde, gut Gewachsene und Verkrüppelte, hoch angesehene und unbedeutende Menschen gibt, warum arm Lebende und Sterbende und andere, die reich sind bis an ihr Ende, warum Menschen niederer Abkunft und hochwohlgeborene, und warum es Unverständige, arm im Geiste und dagegen weise und kluge Menschen gibt.

Gott als Vater aller Menschen ist aber ausnahmslos gut gegen alle, denn er ist die Gerechtigkeit selbst. Gott überlässt nichts dem Zufall, und nur der denkende Mensch sieht die Geschicke des Lebens ungleich verteilt. Unter dem allumfassenden kosmischen Wirken Gottes aber wandelt sich jede scheinbare Ungerechtigkeit in heiligste Gerechtigkeit.

Damit der Mensch die Erfahrungen seiner Umwelt sammeln und seine Seele daraus höher entwickeln kann, ist ihm die Individualität geschenkt, das Ichbewusstsein, die Tiefe des Gemütes und die Fähigkeit, Gott zu erkennen. Daraus erwachsen ihm Achtung und Heilighaltung des Lebens und die Erkenntnis, Gott dienen zu müssen. Der Mensch muss *selbst* tun, was ihm im Tier- und Pflanzenreich die Gruppenseele abnahm: sich von der irdischen Gebundenheit mit ihren Fehlern, Mängeln und Sünden lösen. Er hat aus eigenem Bewusstsein darüber zu wachen, dass seine Seele nicht gegen die kosmische Harmonie verstößt. Erst durch diese Freiheit der Entscheidung wird der Entwicklungsweg des Menschen göttlich, denn nur er kann zwischen Gut und Böse unterscheiden. Damit werden Versuchungen und Leid zum entscheidenden Mittel der Vergöttlichung. Auch dem Bösen sollte unser Dank gelten, denn ohne dieses gäbe es für uns keine Aufwärtsentwicklung.

Doch der Mensch, eingezwängt im Wahn des Materiellen, ist ein schwaches Geschöpf, das Fehler begeht und Versuchungen unterliegt; was nicht ohne Folgen für die Seelenentwicklung bleiben kann. Und da alle Stofflichkeit letzten Endes Geist ist, muss das geistige Vergehen sich in der Entwicklungsgeschichte der Seele auch im Körperlichen äußern. Wo die Harmonie gestört ist, muss so lange gewirkt und gearbeitet werden, bis das Gleichgewicht wiederhergestellt ist. Karma ist die ausgleichende Gerechtigkeit, das Fundament aller Religionen der Welt. Schuld vergeht nur, wenn sie gesühnt wird, alle Handlungen tragen die Früchte, die ihnen zukommen; der Gute wird letztlich belohnt und der Böse bestraft. „Irret euch nicht, Gott lässt seiner nicht spotten, denn was der Mensch säet, das wird er ernten."[6] Das ist das „Auge um Auge, Zahn um Zahn" des Alten Testamentes. Es bedeutet nicht „wie du mir, so ich dir" als Aktion zwischen Menschen, sondern es ist eine Aktion der ausgleichenden Gerechtigkeit Gottes, der den schlägt, der einem anderen Leid zufügt, und den belohnt, der anderen Gutes tut. Deshalb heißt es im *Matthäus*-Evangelium: „Selig sind, die da geistig arm sind, denn das Himmelreich ist ihrer. Selig sind, die da Leid tragen, denn sie sollen getröstet werden … Selig sind die Barmherzigen, denn sie werden Barmherzig-

---

6   Apostel *Paulus*, zitiert nach Sterneder, Wunderapostel, S. 334.

keit erlangen … Seid fröhlich und getrost, es wird euch im Himmel wohl belohnet werden" (Mt 5,3–12).

Doch Lob und Leid erlangen wir nicht erst im Himmel. Bereits auf Erden müssen wir einen Teil des Leides sühnen, das wir anderen zugefügt haben. Der Herr richtet uns zwar als Strafe für unsere Sünden, aber gleichzeitig gibt er uns mit dem Leid eine Lebenshilfe auf den Weg zu unserem Heil. „Indem wir aber gerichtet werden vom Herrn, so geschieht es zu unserer Züchtigung, damit wir nicht mit der Welt verdammt werden" (1. Kor 11,32).

Auch die Lebensgeschichte des Apostels *Petrus* lehrt uns, dass Krankheit zum Heil führen soll. So ließ er seine Tochter *Petronella* erkranken und leiden, bis ihr Geist geläutert war, und machte sie erst dann wieder gesund.[7]

Die Frage nach der Ursache des Leidens wird in christlichen Religionen einfach auf den Sündenfall Adams und Evas „abgeschoben", und auch die Philosophen älterer und neuerer Zeiten fanden kaum befriedigendere Antworten. Einzig der Buddhismus scheint diese Frage theoretisch und praktisch voll beantwortet zu haben: Man leidet, *weil man es will.* Der Wille ist mit den Organen unserer Sinne verbunden; wir können nur wollen, was wir mit unseren Sinnen wahrnehmen. Die Sinne sind aber vergänglich. Will man das Leiden beheben, muss man das Wollen beheben, denn im Willen besteht das eigentliche Wesen des Menschen. Solange man ihm nicht entflieht, kann man auch dem Leiden nicht entfliehen. Mit der Loslösung vom Wollen kann also alles Leiden vernichtet werden.[8]

7   Legenda Aurea, S. 394.
8   Grimm: Die Lehre des Buddho, S. 270 f.

Gewisse Parallelen zur buddhistischen Lehre zeigen sich auch im Christentum, wenn es darum geht, den *bösen* Willen zu vernichten. Während der Buddhist die Loslösung vom eigenen Willen aktiv über Erkenntnis und Meditation sucht, geht der Christ eher den passiven Weg der Sühne, Buße und Unterwerfung.

> „Je größer jemandes Kreuz ist und je schwerer zu tragen, desto leichter und unfühlbarer wird sein Übertritt von dieser Welt der Materie in die des Geistes sein. Denn alles, was Christus nachfolgt, muss den Weg des Fleisches wandeln. Alles muss in Christus gekreuzigt werden und in Ihm sterben, ansonst es in Ihm und durch Ihn ewig zu keiner Erweckung und Auferstehung gelangen kann!"[9]

Demnach gilt die tätige Selbstsühne als das herrlichste Geschenk für ein willenfreies Wesen. Das Karma, das nur scheinbar straft, ist unermüdlich bestrebt, in allen Dingen wieder Harmonie einkehren zu lassen. Wenn einem Menschen Leid widerfährt, kann es ihm nur geschehen, weil er einst Leid über andere brachte. Gott hat kein Mitleid im menschlichen Sinne (mit-leiden) und erlässt uns nicht unsere Schuld. So ist das von ihm zugelassene Leid kein strafender Fluch, sondern befreiender Segen, der Böses in Gutes verwandelt. Gottes Gesetz hat Gnade für alle. Keine Seele ist verdammt für die Ewigkeit, sondern wird immer wieder an den Platz gestellt, an dem sie sich bewähren und zur Gotterkenntnis heranreifen kann.

9   Lorber: Jenseits der Schwelle, S. 81.

Die Loslösung vom Leid kann durch Selbstsühne erfolgen oder durch den Eingriff einer anderen Person, die für den Leidenden betet, bittet oder ihm Leiden abnimmt, um es am eigenen Körper auszutragen. Das Karma-Gesetz fordert nur den Ausgleich der durch den eigenen Geist geschaffenen Negativität.

> „Diese kann auch ein anderer auf sich nehmen. Da die Menschheit nicht dem Weg des Meisters aller Meister folgte und seine [Christi] Erlösung an vielen somit nicht wirksam werden konnte, trugen in seiner Nachfolge weiterhin Menschen für andere mit, wenn es der Wille des Höchsten war. Nicht nur viele christliche Heilige litten für das Heil ihrer Nächsten. In allen Religionen gab [und gibt] es innerlich gereifte Menschen, die nach dem Willen Gottes die geistige Schuld auf sich zogen, um deren Weg in die höheren Ebenen des Seins zu erleichtern …
>
> Die geistigen Gesetze verlangen von einem Meister jedoch nicht, dass er jedes Mal krank wird, wenn er einen Menschen heilen will. Gewöhnlich heilen die Meister direkt [durch Übertragung der göttlichen Energie], ohne selbst in Mitleidenschaft gezogen zu werden. In seltenen Fällen jedoch, wenn ein Meister die Entwicklung seiner Jünger beschleunigen will, trägt er einen großen Teil ihres schlechten Karmas am eigenen Körper ab."[10]

Diese Lehre, dieses Grundprinzip der Urreligion erhebt den Menschen aus der Rolle, ein Spielball des Zufalls zu

10   Kamp: Revolution in der Medizin, S. 440 f.

sein, und macht ihn selbst zum eigenständigen, selbstbestimmenden Gott, für den es kein Vergehen gibt, sondern nur ein ständiges Wechseln der Hüllen. Aus Gott kommend, streben wir zu ihm zurück, ihn in uns tragend und in ihm ruhend. Wer das weiß, hält sein Leben heilig und hegt es zu jeder Stunde. Er müht sich, keine Schuld auf sich zu laden und Gutes zu tun, weil die Erdenbahn seine große Prüfungsstunde ist, in der Fehler ausgebessert und neue Aufgaben gelöst werden können. Wer sein ganzes Leben in Liebe lebt und Glück und Segen um sich herum verbreitet, der wird auch einst in einer Glück ausstrahlenden Umgebung wiedergeboren werden.

Das Grundbestreben in den Charaktereigenschaften des Menschen bestimmt also die Richtung seiner Wiedergeburt. Die erlangte Geisteshaltung bleibt der Seele gewissermaßen anhaften und prägt dadurch ihren weiteren Schicksalsweg. Sie wird im Augenblick des Todes für die „Ewigkeit", wirksam; sie glimmt gleichsam unter der Asche fort. Wer Menschen und Tiere tötet, trägt im Innern die Neigung, Leben abzukürzen. Kurzlebige „Keime" bilden also seine Wahlverwandtschaft, die sich nach seinem Tode bei der Anhaftung an einen neuen Lebenskeim in der Wiedergeburt zu seinem eigenen Schaden geltend machen. Wer Misshandlungen und Verunstaltungen begeht, trägt in sich die Anlage, sich zu einem verunstalteten Körper zu entwickeln. Dem Eifersüchtigen und Hochmütigen sind dann arme äußere Verhältnisse verwandt. Wer aber erkennt schon seine Neigungen und Triebe, wenn er nicht bewusst auf diese Erkenntnis hinarbeitet?

Das Karma-Gesetz ist also nichts weiter als ein Kausalitätsgesetz auf geistig-materieller Ebene. Die geistige Ursache der Taten dieses Lebens bestimmt den materiellen, physischen Charakter des wiedergeborenen Lebens. Das Psychische überdauert den Tod und bildet einen allumfassenden Geltungsbereich für das jenseitige und wiederkehrende Leben. Es ist die Vorsehung, die als finsteres Schicksal gefürchtete Macht, der jede Willensbetätigung unterliegt. Damit haben wir unser Schicksal selbst in der Hand – Auge um Auge, Zahn um Zahn!

An zahlreichen Stellen in der Bibel wird auf das Gesetz des Karmas und seine logische Folge, die Wiedergeburt, hingewiesen. Das Verurteilen der in allen Konfessionen der Welt geoffenbarten Inkarnations-Notwendigkeit hat maßgeblich zum Unverständnis des christlichen Erkenntnisweges beigetragen. „Wer Menschenblut vergießt, dessen Blut soll auch durch Menschen vergossen werden" (1. Mose 9,6). Jesus selbst weist in den Evangelientexten mehrfach auf die Notwendigkeit der Wiedergeburt hin: „Wer überwindet, den will ich machen zum Pfeiler im Tempel meines Gottes, und er wird nicht mehr hinausgehen ... Wer überwindet, dem will ich geben, mit mir auf meinem Thron zu sitzen, wie auch ich überwunden habe und mit meinem Vater sitze auf seinem Thron" (Off 3,12 u. 21); das heißt, er soll nicht mehr wiederverkörpert werden. „Wer das Schwert nimmt, der soll durchs Schwert umkommen" (Mt 26,52). Viele Bibelstellen bekommen erst einen Sinn, wenn man die Inkarnation berücksichtigt.

Die frühe christliche Kirche hatte die Lehre von der Wiedergeburt akzeptiert. Sie wurde von den Gnostikern und zahlreichen Kirchenvätern, unter ihnen *Klemens von Alexandrien*, von dem berühmten *Origenes* (beide aus dem 3. Jh. n. Chr.) und dem heiligen *Hieronymus* (5. Jh. n. Chr.) erläutert. Im Jahre 553 n. Chr. wurde die Lehre im zweiten Konzil von Konstantinopel zum ersten Male für einen Irrglauben erklärt, wohl um den Menschen einen Antrieb zu geben, sich schon im jetzigen Leben um eine Erlösung zu bemühen. Doch die meisten Menschen haben die „einmalige Lebenszeit" nicht genutzt und müssen so oft wiedergeboren werden, bis in ihnen der Funke der Gotteskindschaft erwacht und das Christusbewusstsein ausgebildet wird.

Der Tod wie auch der Schlaf sind eine Notwendigkeit in der irdischen Welt, weil sie den unerleuchteten Menschen vorübergehend von den Fesseln der Sinne befreien. In beiden Fällen erfährt er eine „Erinnerung" an sein ewiges, unkörperliches Dasein.

Die Zeit, die dem Menschen im Astralreich und auch hier auf Erden bestimmt ist, wird durch sein Karma bestimmt, das Gesetz von Aktion und Reaktion, von Ursache und Wirkung. Die natürliche Gerechtigkeit sorgt dafür, dass jeder Mensch aufgrund seiner Gedanken und Handlungen zum eigentlichen Urheber seines Schicksals wird. Die Kräfte, die er in Bewegung gesetzt hat, müssen zu ihm als Ausgangspunkt zurückkehren.

Der Mensch, der diese Welt-Ordnungs-Prinzipien nicht einsehen will, leidet. In jedem neuen Dasein leidet er zunehmend unter der Qual unerfüllter Wünsche. Solange er sich mit seinem stofflichen Körper identifiziert, findet er keine Ruhe in seinem wahren Selbst; die unbefriedigten Wünsche seines Herzens rufen immer wieder neue Sehnsucht hervor. Und um diese zu befriedigen, muss er immer wieder in das irdische Entwicklungsstadium zurückkehren, in dem er alle Leiden des Lebens und des Todes durchzumachen hat. Zwar wollen alle vom Leid erlöst werden, doch weil sie sich der Selbstverursachung nicht bewusst werden, suchen sie Hilfe bei denen, die ihrer eigenen Entwicklungsstufe entsprechen – und die ihnen natürlich auch nicht helfen können. In einem Ausspruch der indischen Weisen heißt es sinngemäß: „Manche glauben, dass die Gottheit im Wasser (das heißt in den natürlichen Elementen) lebt, während die Gelehrten sich Gott im Himmel (in der Astralwelt) vorstellen. Die Unwissenden suchen ihn im Holz und in den Steinen (das heißt in Bildern und Symbolen), doch der Yogi verwirklicht Gott im Heiligtum seines eigenen Selbst."[11]

Die Religionen in der Weltordnung

Dass von Gott alles geschaffen ist, mit Seinem Sein belebt und durchwirkt ist und dass letztlich wieder alles zu Ihm zurückstrebt, ist Urreligion, Naturreligion und letztlich Glaubens- und Lebensgrundlage für alle Religionen. Es sind nicht die Religionsstifter, die sich die Aufgabe gestellt haben, den Menschen zu bessern und zu veredeln. Religion ist ein Naturprinzip, ein Urinstinkt, der von allem Beseelten ausgeht. Es ist der Urtrieb, aus der materiellen Seinswelt wieder in die Heimat, in Gott zurückzukehren. Religionspraktiken wurden von gleichge-

11   Yukteswar: Die heilige Wissenschaft, S. 66.

sinnten Menschen geschaffen, die in ihnen einen Weg sahen, der sie zu Gott führt. So ist aus diesem Grund keine Konfession und Glaubensrichtung prinzipiell zu verurteilen, die zu Ihm als Ziel führt. Viele Wege führen zu Gott, und welcher Mensch kann es wagen, darüber zu richten? Doch die Konfessionen sind, obgleich göttlich inspiriert, von Menschen geschaffen und müssen auch deren Unzulänglichkeiten beinhalten. Es ist eine parteiische Wertung des Verfassers, die christlich-orthodoxen beziehungsweise römisch-katholischen Konfessionen sowie die buddhistische Lebensform anderen Lehren vorzuziehen. Die uneingeschränkte Feindesliebe (Lk 6,27; Mt 5,44) ist wohl ein guter Prüfstein für alle hoch entwickelten Konfessionen und sicher in keiner so ausgeprägt wie in der römisch-katholischen Glaubenslehre.

Im Rahmen der Religionslehren bildeten sich kultische Riten, die gleichermaßen fühlende Menschen vereinigten und es ihnen ermöglichen sollten, das Einswerden mit Gott verstärkt zu erfahren. Darin gipfeln alle Meditations- und Andachtspraktiken, und dazu wurde eine liturgische Ordnung erstellt. Dem Priester kommt in allen Religionen die Aufgabe zu, zwischen der göttlichen Kraft und den Gläubigen zu vermitteln, die Gottheit herbeizurufen und sie spürbar werden zu lassen – doch nur wenige Priester sind dazu heute noch in der Lage. Dies liegt nicht an mangelnder Glaubenskraft, Gottes- und Nächstenliebe, sondern an der Verkennung und mangelhaften Anwendung des Rituals sowie an fehlender Imagination (zur kosmischen „Abstimmung") und charismatischer Kraft. Auch der Priester ist ein Mensch, und jeder

Mensch kann nur dann die göttliche Kraft weitergeben, wenn er sie selbst empfangen und gespürt hat, wenn Gott in ihm gewirkt hat, zu seinem persönlichen Heil. So kann letztlich jeder Mensch zum „Medium", zum Vermittler der göttlichen Kraft werden, der Seine Kraft am eigenen Leibe erfahren hat, wie auch jeder Mensch andere heilen kann, wenn in ihm selbst das Heil bewirkt wurde.

Religion hat nur den einen Zweck, den Menschen unter Beachtung Seiner Gebote zu Gott und seiner Weltordnung zu führen; und alles, was diesem Zweck dienlich ist, sollte als hilfreich und gut betrachtet werden. Wenn die römisch-katholische Kirche ihre Lehre als allein selig machende bezeichnen kann, so ist das kein Standesdünkel, sondern erfolgt deshalb, weil in dieser Religionslehre in optimaler Weise alles zusammengefasst wurde, was dem Heil des Menschen dienlich ist. Nur leider scheint sie sich dessen selbst nicht bewusst zu sein, sonst wäre eine derartige Verfälschung der Liturgie und Glaubensgrundlagen nicht möglich, wie wir sie heute mit dem Untergang des apostolischen Sendungsbewusstseins erleben. Die Priester und Bischöfe wissen nicht mehr, was sie lehren sollen, und vor allen Dingen, warum sie es lehren. Weil ihnen selbst das Sendungsbewusstsein fehlt, können sie auch andere Menschen nicht gewinnen und lassen sie der allmählichen Verdammung anheimfallen.

Auch die Runenpraxis im Rahmen der Liturgie war oder ist nur *ein* Aspekt der Kraftanziehung und Kraftentfaltung, nur *eine* Methode der sie praktizierenden Religion, alle Gläubigen zu der dahinter stehenden Urreligion zu führen, die theoretisch keine Lehre mehr benötigt, wenn die Menschen ihre Gottähnlichkeit und Gottes

Wirkungsprinzip erkannt haben und sich ihrer Position auf dem Weg zu Ihm bewusst geworden sind. Obwohl im germanischen Sprachraum entwickelt, sind Runen Bestandteile aller Religionen, denn ihr Ursprung ist kosmischer Natur, und die kosmischen Gesetze haben die gleiche Gültigkeit für alle Länder, alle Völker und alle Sprachen. „Rune" ist lediglich ein Name für ein Zeichen, das kosmische Harmonie repräsentiert, und kann von allen Völkern verstanden werden. Erst die Wandlung der ursprünglichen Runenzeichen zu Schriftsymbolen kann zu Verständigungsschwierigkeiten führen, was aber keineswegs der Runenpraxis selbst angelastet werden kann.

Gert *Meier* weist in seinem Buch „Und das Wort war Schrift"[12] nach, dass Sprache und Alphabet aus dem Gesichtskreis-Sonnenjahr entlehnt sind, also den ersten Wahrnehmungen des Menschen vom Sonnenauf- und Sonnenuntergang und den Bewegungen der Planeten. Und er weist auch darauf hin, dass die heiligen Zeichen, die bei den Grundrissen der Kirche eine Rolle spielten, aus den Markierungen eines Sonnenjahres (Kalenderjahr) stammen. Und ebendiese Zeichen sind auf der ganzen Welt gleich, zumindest ähnlich; genauso ähnlich wie Grundrisse und Aufbauten aller gleichzeitig entstandenen Sakralbauten der Erde einschließlich der der buddhistischen Sakralarchitektur. Insbesondere zeigen sich Übereinstimmungen in der Form der meisten Buchstaben und ihrer Reihenfolge im Alphabet, der Form und Gestaltung von Sakralbauten, der Gestaltung von Sakralschmuck und zahlreichen Mustern der Ornamentik (hier liegt der

---

12 zitiert nach Gert Meier: Die heiligen Zeichen; das Sonnenjahr und das Alphabet. Haupt-Verlag, Bern; „Raum & Zeit" 69 (1992), S. 61–69.

Ursprung der sakral verwendeten Runen) und in Formen des sakralen Tanzes oder Volkstanzes.[13]

Alle Religionen kommen aus dem Kosmos und orientieren sich an den kosmischen (gottgeschaffenen) Gesetzmäßigkeiten. Alles strebt zum Fühlen der Gotteskraft, und es wird endlich die Religion die Oberhand gewinnen, der es gelingt, dem Menschen Gottes Gesetze nahezubringen, ihn den Heilstrom fühlen zu lassen und ihn zurückzuführen zu seinem göttlichen Ursprung.

Fragwürdige Zusammengehörigkeit von Glaube, Dogmen und Kirche

Nur zu oft wird die Institution der Kirche in Frage gestellt, weil sie auf historisch fragwürdigen oder gar gefälschten Urkunden beruhe. Kritik wird ebenso an ihren Mitarbeitern angesetzt, die man für viele Schändlichkeiten im Laufe der Geschichte verantwortlich macht. Das Aufdecken von Untaten der geistlichen Herrscher mag lobenswert und aufklärerisch erscheinen, bezieht sich aber nur auf ihr weltliches Handeln im Zusammenhang mit weltlich orientierten Christenlehren und Dogmen, nicht aber auf die Gewissheiten der Religion generell. Dennoch wird von dem einen auf das andere geschlossen: Die Lehre ist eine Lüge (weil auf wider-

---

13 Der Ursprung des sakralen Tanzes ist der Drang nach einem Abbau der empfangenen und aufgestauten heiligen Energien aus dem Verehrungsritual. Der Stau des „Heilstromes" drängt zur Aktion, zur Abgabe an die Umgebung durch die periodische Bewegung des Tanzes. Noch heute spricht man davon, ein Fest zu „begehen".

legten Grundlagen aufbauend), also hat auch der damit verbundene Glaube (die Intention der Lehre) keine Daseinsberechtigung. Aus dieser Schlussfolgerung heraus führt die „Aufklärung" nicht nur zur Diffamierung der gesamten kirchlichen Institution, sondern auch zur Negation ihrer geistigen Aussagen und damit zur systematischen Vernichtung auch der Glaubensgrundlagen.

Für uns Materialisten des christlichen Abendlandes bedeutet Glaube, etwas anzuerkennen, was unserer Ratio nicht zugänglich ist, was aber als gegeben hingenommen und in unser Leben integriert wird. Dabei kann sich der Glaube auf eine Person, eine Aussage oder auf eine Lehre beziehen, die man als „wahr und richtig" anerkennt. Glaube kann sich aber auch auf eine selbst geschaffene Vorstellungswelt beziehen, wenn es dem Individuum gelingt, seine geistigen Inhalte an diesem „Imaginat" zu orientieren. Der Glaube ist Inbegriff aller Religionen, und an nichts zu glauben gilt als bedenklich und wird einem gottlosen Menschen nachgesagt.

Wenn der Glaubensbegriff vonseiten der Kirche verwendet wird, ist damit aber eben nicht gemeint, dass wir an die Wahrheit und absolute Richtigkeit einer Kirchenlehre glauben und ihre Dogmen aus Gehorsam akzeptieren müssen, sondern es ist gemeint, dass wir den (durch die Kirche offenbarten) Willen Gottes, seine Natur und Allgewalt in allem erkennen, was uns umgibt, seinen Gesetzen gehorchen, nicht aus Zwang, sondern aus dem Erkennen ihrer Richtigkeit heraus. Glauben heißt, zu erkennen, dass es einen Weltenschöpfer gibt, aus dem wir hervorgegangen sind mit unserem geliehenen Leben und in den wir einst wieder zurückkehren, wenn wir uns seiner Ordnung gemäß bewährt, dem Bösen, Materiellen entsagt und mithilfe unseres freien Willens und Geistes die Seele vom Irdischen, Stofflichen erlöst haben.

Wir sind es gewohnt, unseren Glauben an ein Dogma zu binden, weil unser Geist zu sehr im Materiellen verwurzelt ist. Das Glaubensdogma sollte uns lediglich als stoffliche Brücke dienen zu Ihm, der alleiniges Ziel des wahren Glaubens ist. Fehlen uns diese Vorgaben, verlieren wir leicht unseren Glauben; werden diese systematisch zerbröselt (Thema aller „Pfaffenspiegel" und Irrlehren), weicht meistens gezwungenermaßen auch der Glaube. Der Mensch glaubt, sich unterordnen zu müssen, um einer Heilslehre folgen zu können; er kann es aber nicht akzeptieren, wenn er in dieser Lehre etwas als „falsch" erkennen muss oder ihm etwas als falsch „bewiesen" wird. Somit erschüttert die Irrlehre seine Glaubensfestungen, sie zerstört die stoffliche Brücke, die ihn zum wahren Glauben führen kann. Der Mensch wird hilflos, desorientiert und verliert schließlich seinen Glauben.

Aufgabe der Kirchenlehre sollte es aber sein, ihn zum wahren Glauben zu führen, sodass er die Brücke nicht mehr benötigt. Ist er erst einmal „drüben", kann ihm eigentlich nichts mehr passieren. Wer den wahren Glauben hat, braucht nicht mehr zu zweifeln. Er erkennt, dass er Gottes Geschöpf ist, das Er mit sicherer Hand zu sich führt. Für ihn verlieren dann alle fragwürdigen Lehren und Irrlehren seine Schrecken, denn er hat den wahren Gott hinter der materiellen Scheinwelt erkannt. Er kann zwar noch wanken, aber niemals mehr irren, denn sein Weg ist vorgezeichnet; seine Aufgabe ist es nur noch, diesen Weg stets durch Reinhaltung des Gewissens zu erkennen und ihn zu beschreiten.

An sich ist es also völlig unsinnig, durch „historisch begründete Tatsachen" dem Gläubigen oder Glaubenslehrer etwas „beweisen" zu wollen, denn der Glaube steht über diesen Dingen und kann dadurch überhaupt nicht angegriffen werden. Nur der Zweifler, der Schwache im Glauben fühlt die Irrlehre auf sich bezogen, fühlt „seinen" Glauben angegriffen, weil es eben noch kein Glaube ist, sondern lediglich ein Produkt seiner Erziehung und Umweltbeeinflussung. Glauben heißt „ewig Gott schauen" und bezeichnet eine Entwicklungsform oder -stufe der Seele, die bereits von vielen irdischen Hindernissen gelöst ist und dadurch unangreifbar wurde.

Zerstörung der Glaubensgrundlagen durch die Naturwissenschaften

Die Geschichte ist voller Beweise, dass die Kirche aufgrund naturwissenschaftlicher Entwicklungen und Entdeckungen ihre Glaubenslehre revidieren musste. Als die Wissenschaft noch weitgehend in den Händen der Kirche lag, wurden neuere Entwicklungen – möglicherweise aus Angst vor Verlust der Machtstrukturen – gewaltsam verhindert. Doch im Laufe der Zeit wurde die Kirche durch Öffentlichkeitsdruck wiederholt gezwungen, zum Teil jahrhundertelang bestehende Lehren zu revidieren. Die Beispiele eines Kepler oder Galilei zeigen diese

Zeitenwende. Die Hinwendung zur naturwissenschaftlichen Erkenntnis rüttelt an den Glaubensfesten, weil man meint, nun einen „Gegenbeweis" zu haben. Das Zugeständnis, das die Kirche schließlich machen musste (die Erde ist nicht Mittelpunkt des Universums), war ein erneutes „Steinchen", das von ihr selbst und von dem von ihr vermittelten Glauben „bröckelte". Auch die Kirche ist wissenschaftsgläubig und scheint bis heute nichts dazugelernt zu haben; ihre Kirchenlehrer sind heute keine Glaubenslehrer mehr, sondern Wissenschaftler. Während man zur Zeit des alten Kirchenimperiums die modernen Denker höchstpersönlich verbrannte, verbrennt man im heutigen Wissenschaftsimperium den Geist, die Schriften der unbeliebten Personen.

Die Kirche ist seit dem Beginn der wissenschaftlichen Entwicklung dem herrschenden Zeitgeist verfallen. Deshalb glaubt sie, die Gläubigen mit Dogmen halten zu müssen oder zu können. Sie versucht auf diese Weise, ihr Gesicht zu wahren, und meint, der Entwicklung etwas entgegensetzen zu müssen, um nicht unglaubwürdig dazustehen. Doch für dekadente Anpassungen besteht überhaupt kein Grund; Kirchenlehre hat mit Wissenschaft nichts gemein, denn Kirchenlehre ist eine Glaubenslehre – oder sollte es zumindest sein. Aus der Wissenschaft hat man bislang für den Glauben nicht viel Positives entnehmen können. Es geht uns wie *Goethe*, der *Faust* sagen lässt:

> Habe nun, ach! Philosophie,
> Juristerei und Medizin,
> Und leider auch Theologie!

Durchaus studiert, mit heißem Bemühn.
Da steh' ich nun, ich armer Tor!
Und bin so klug als wie zuvor [...]

Faust hat wenigstens noch vor seinem Tode erkannt, dass alle Wissenschaft dem Erkennen Gottes direkt hinderlich ist! „Komm, o Geist der Wissenschaft ... leite meine Wissbegierde, damit ich nichts zu wissen und zu erkennen wünsche, was mir schädlich oder unnütz ist", heißt es in einer Heilig-Geist-Novene.[14] Die kommende Erneuerung der Kirchenlehre muss und wird wieder vom Glauben getragen sein, der höchsten Entwicklungsstufe des Geistes. Die Kirche vergibt sich nichts damit, wenn sie dem Weltlichen entsagt und wieder mehr für den Glauben lebt; im Gegenteil, sie wird wieder glaubwürdiger und kann dadurch nur gewinnen. Denn viele Menschen sind auf der Suche nach dem geistigen Sinn ihres Lebens. Sie ohne Glauben an Regeln zu binden ist ein hoffnungsloser Weg. Können wir sie aber Gottes Kraft spüren lassen, dann setzen wir an der „übergeordneten Steuerungszentrale" der Seele an, und das Leben in und aus dem Glauben ergibt sich von ganz allein.

Irrlehren in geistigen Strömungen

Früher als naturwissenschaftliche Erkenntnisse begannen neue, geistige Strömungen der Glaubenslehre ge-

14   Holböck: Der Schlüssel zu den Schätzen Gottes, S. 174.

fährlich zu werden. Noch heute geht von den Hermetikern und Ketzern in den eigenen Reihen dabei die größte Gefahr aus, weil sie als „Fachwissenschaftler" glaubwürdiger erscheinen. Doch auch sie versuchen letztlich, die Kirche dem Zeitgeist anzupassen, was nur beweist, dass sie den wahrhaftigen Glauben niemals besessen haben, denn den kann man nicht mehr verlassen. Glauben ist der Seele zuzuordnen, dem ewig Überlebenden unseres Selbst. Irrungen zu begehen heißt, sich hinabzubegeben auf die Ebene des Geistes, und dieser ist vom Verstand, also von der materiellen Seinsebene abhängig, die prinzipiell als dämonische Komponente angesehen werden kann, weil sich der Mensch aus ihr herauszuentwickeln hat.

Die Irrungen des Geistes in den eigenen klerikalen Reihen hat *Umberto Eco* in seinem Bestsellerroman „Der Name der Rose"[15] eindrucksvoll in Szene gesetzt:

Glaubenstreue Bibliothekare hüten das letzte Exemplar des Buches der Poetik von *Aristoteles*, in dem die Komödie behandelt wird. *Jorge von Burgos* hält dieses Buch versteckt und vergiftete dessen Seiten, damit die vorwitzigen Lesenden daran sterben würden und die Irrlehren nicht weiter verbreiten könnten. Nach der Entdeckung des Geheimnisses durch *William von Baskerville* gelingt es Jorge, das Buch zu verbrennen. Das Kernthema des Werkes von Aristoteles ist das Lachen, scheinbar kaum von Belang, wenn man es mit anderen Gotteslästerlichkeiten vergleicht.

15   Eco: Der Name der Rose. Carl Hanser Verlag, München 1982, S. 602 ff.

Und dennoch steckt ein tiefer geistiger Sinn dahinter.

William fragt Jorge: „Aber was schreckt dich so sehr an dieser Abhandlung über das Lachen? Du schaffst das Lachen doch nicht aus der Welt, indem du dieses Buch aus der Welt schaffst."

Und Jorge antwortet sinngemäß: „Lachen ist Schwäche, die Hinfälligkeit und Verderbtheit unseres Fleisches. Es ist die Kurzweil des Bauern, die Ausschweifung des Betrunkenen. So bleibt das Lachen etwas Niedriges und Gemeines, ein Schutz für das einfache Volk. Aber hier wird das Lachen umgestülpt und zur Kunst erhoben, hier werden ihm die Tore zur Welt der Gebildeten aufgetan, hier wird das Lachen zum Thema der Philosophie gemacht, zum Gegenstand einer perfiden Theologie. Das Lachen befreit den Bauern von seiner Angst vor dem Teufel. Dieses Buch könnte lehren, dass die Befreiung von der Angst vor dem Teufel eine Wissenschaft ist. Der lachende Bauer fühlt sich als Herr, denn er hat die Herrschaftsverhältnisse umgestürzt. Das Lachen vertreibt dem Bauern für ein paar Momente die Angst. Doch das Gesetz verschafft sich Geltung mithilfe der Angst, deren wahrer Name Gottesfurcht ist. Das Lachen würde zu einer neuen Kunst: zur Kunst der Vernichtung von Angst! Der lachende Bauer fürchtet sich nicht vor dem Tod, solange er lacht; doch sobald die Ausschweifung vorüber ist, auferlegt ihr die Liturgie nach dem göttlichen Plan wieder die Angst vor dem Tod. Aus diesem Buch aber könnte das neue und destruktive Trachten nach Überwindung des Todes durch Befreiung von Angst entstehen. Und was wären wir sündigen Kreaturen dann ohne die Angst, diese vielleicht wohltätigste und gnädigste aller Gaben Gottes? Aus diesem Buche ließe sich der Gedanke ableiten, dass der Mensch auf Erden den Überfluss des Schlaraffenlandes genießen könnte. Genau aber das ist es, was wir nicht anstreben dürfen und niemals bekommen werden! Das Volk Gottes würde zu einer Versammlung von Monstern, zu trommelbäuchigen Zwergen mit Wasserköpfen. Die Knechte würden das Gesetz diktieren, und wir müssten blind gehorchen in totaler Gesetzlosigkeit!"

Betrachten wir die Argumentation des Jorge von Burgos, dann finden wir eine nur auf den ersten Blick ungewohnte, in Wahrheit aber äußerst exakte, schlüssige Beweisführung, die nicht nur von hoher Geisteskraft zeugt, sondern auch vom Glauben getragen scheint. Die Befreiung von der Verderbtheit unseres Fleisches ist tatsächlich wahre Glaubenslehre. Doch wird hier auf niederem Niveau argumentiert, eben auf der Ebene des materiegebundenen Geistes und nicht auf der Ebene einer göttlichen Seele. Die Geistesargumentation dient hier wieder der Aufrechterhaltung eines Dogmas, der Angst vor Strafe und Verdammung. Wahre Glaubenslehre kann jedoch nicht mit der Angst aufrechterhalten werden, sondern nur mit Liebe, und gerade das ist es, was den selbst ernannten Glaubenshütern fehlt. Gotteskraft ist reine Liebe, die alles, aber auch alles durchdringt und belebt. Gegen diese Liebe zu verstoßen ist die einzige Sünde, mit welcher der Mensch sich schuldig machen kann. Liebe ist nicht nur stärker als Angst, sondern auch stärker als der Tod. Und das wussten die, die selbst mystische Gnadenerfahrungen gemacht haben: die alten Kirchenlehrer, Ordensgründer, Heilige usw. Sie verstanden es – nein, sie hatten die Gnade –, Menschen in ihren „Bannkreis" zu ziehen, sie Gottes Liebe spüren zu lassen. Diese wahren Lenker der Christenheit benutzten weder theologische Lehren noch spitzfindige Argumentationen; sie verbreiteten (nicht lehrten) Liebe statt Angst und impften ihre Liebe in die Herzen der Gläubigen, die ihnen zuströmten, ohne den eigenen Verstand zu bemühen. In ihrer Person sahen die Menschenseelen so etwas wie „Magneten Gottes", die ihnen ihre göttliche Erfüllung gaben, ihren Weg zum Heil, wie auch die Pflanzenseelen in Menschen ihr Heil suchen. Auch heute noch wirkt diese Liebe, die nur aus Gott kommen kann, wie eine „ansteckende" Heilquelle, die ihre Eigenschaften auf andere Objekte überträgt und ihnen damit die göttliche Gnade und das Gefühl zukommen lässt, zu Höherem geboren zu sein als nur dazu, den Wirren des menschlichen Geistes zu folgen.

Naturreligion und christliche Glaubenslehre

Das Wissen um die Ursprünge der Religion scheint heute verschwunden zu sein.[1] Die Anbetung von Planetengöttern wurde in Unwissenheit der betreffenden Glaubensgrundlagen als Götzendienst disqualifiziert und verdammt. Ganze Volksstämme wurden zu Religionsdiensten vergewaltigt, zu denen ihnen jegliche Beziehung fehlte.

Naturreligion heißt, im Rhythmus der Natur zu leben, das jährliche Vergehen und Auferstehen der Pflanzenwelt mitzuerleben, davon abhängig zu sein. Naturreligion ist aber auch das persönliche Empfinden des Jahresrhythmus: die Freude über die Beobachtung, dass die Sonne zur Wintersonnenwende ihren Tiefstand erreicht hat und nun langsam wieder höher steigt, die Freude über das Erwachen aller Lebenskräfte zur Zeit des Frühlingspunktes, die Freude über die wohltuende Wärme des Sommers, in dem alles blüht und heranreift, aber auch die Freude über die milde und ausgeglichene Stimmungslage des Herbstes, die Zeit der Reife und des Erntens, und auch die Freude über die Zeit des Winters, in der die Arbeit ruht,

---

1   Zu den hier dargelegten Ausführungen vergleiche Hans *Sterneders* „Tierkreisgeheimnis und Menschenleben". Beim Zitieren einzelner Textpassagen dieses Kapitels von Sterneder wurde aus Gründen der leichteren Lesbarkeit auf exaktes Zitieren verzichtet, zumal die stark gekürzten Textpassagen mit verbindenden Worten des Verfassers überbrückt wurden.

der Mensch für sich selbst Zeit hat und zur Besinnung kommt.

Die natürlichen Rhythmen der Jahreszeiten, der Vegetationsperioden, des Datums, der Tageszeiten usw. gehen einher mit spezifischen energetischen Änderungen in der kosmischen Einstrahlung. Tiere und Pflanzen spüren das direkter als der Mensch. Dennoch sind wir diesen Strahlungsrhythmen ebenso unterworfen wie jedes Lebwesen. Aus diesem Grunde sind auch die Tage der Kirchenfeste, die Patrozinien der Kirchengründung oder die Feiertage, die auf Sterbedaten von Märtyrern gründen, sinnvoll in den Rhythmus des Jahreslaufes integriert.

Die Sonne ist und war stets unser lebensbestimmendes Zentralgestirn. Sie war der Lebenspender, nur durch sie entwickelte sich das Leben, und mit ihrem Untergang erstarb es wieder. Die erste Frühreligion war deshalb sicher auch ein Sonnenkult, auf dessen Boden und dessen kosmobiologischen Gesetzen auch das Christentum fußt. Könnte Jesus mit der Wahl von gerade zwölf Jüngern[2] nicht seine Tätigkeit mit der Natur in Einklang gebracht haben wollen (zwölf Monate)? Ist Jesus nicht die „Sonne" unseres Heils? Die Beobachtung der Pflanzenentwicklung muss gezeigt haben, dass ihr Entwicklungswerk aus zwölf Stufen bestand; deshalb teilte man den Himmel je nach Sonnenstand in zwölf Felder. Das

---

2 Die zwölf Jünger waren: Simon Petrus; Andreas, Bruder des Simon Petrus; Jakobus der Ältere (Sohn des Zebedäus); Johannes, Bruder des Jakobus (Sohn des Zebedäus); Philippus; Bartholomäus (Nathanael); Matthäus; Thomas; Jakobus der Jüngere (Sohn des Alphäus); Judas Thaddäus, Bruder des Jakobus (Sohn des Alphäus); Simon der Eiferer (der Zelot) und Judas Iskariot (der Verräter), ersetzt durch Matthias. Später stieß auch noch Saulus (Paulus) dazu.

ist der Schlüssel zur Ergründung des ältesten Wissens der Menschheit. Die Zahl Zwölf trägt geheimes Leben in sich und wurde neben der Sieben zur bedeutendsten heiligen Zahl der Schöpfung. Leben und Zwölf waren eins.[3] Wenn die heilige Zahl Zwölf im Tierkreis eine solche Wirkung auf das Pflanzenleben der Erde hat, dann muss sich der Tierkreis auch auf das Tier- und Menschenleben auswirken und auch für sie ein Lebensgerüst bilden. So müsste sich ebenfalls unser körperliches Leben in zwölf Stufen erfüllen. Das Pflanzen-Normalter von 365 Tagen entspräche beim Menschen einem Alter von 84 Jahren mit zwölf Siebenjahreszyklen. 12 mal 7 Jahre beim Menschen sind wie bei der Pflanze 12 mal 30 Tage. 84 Lebensjahre scheinen das von der kosmischen Norm angesetzte Alter des Menschen zu sein. „Unser Leben währet 70 Jahre", heißt es dagegen in der Bibel, „und wenn es köstlich gewesen ist, so ist es Mühe und Arbeit gewesen; denn es fähret schnell dahin, als flögen wir davon" (Psalter 90,10).

Doch die Sonne war niemals Quelle des Lebens. Sie konnte kein Leben schaffen, sondern es nur fördern. Sie konnte nur auferstehen lassen, was den Keim des Lebens bereits in sich trug. Die Sonne belebt im jährlichen Wechsel einen kurzen, überschaubaren Zeit-

---

3 Wenige Beispiele aus der Religionsgeschichte sollen an die heilige Zahl 12 erinnern: Zwölf Stämme Israels geleitete Mose aus Ägypten (Ex 24,4–8); er baute einen Altar mit zwölf Steinmalen. „Wahrlich ich sage euch: Ihr werdet bei der Wiedergeburt ... auf zwölf Thronen sitzen und die zwölf Stämme Israels richten." Zwölf Körbe voll Nahrungsmittel blieben nach der ersten wunderbaren Brotvermehrung übrig. Die Gottesmutter wird mit einem Kranz von zwölf Sternen um ihr Haupt dargestellt. Man spricht von zwölf Früchten des Heiligen Geistes (Liebe, Freude, Geduld, Milde, Güte, Langmut, Sanftmut, Treue, Bescheidenheit, Enthaltsamkeit, Keuschheit). Zwölf Gründe gibt die Legenda Aurea für den Wortlaut des Grußes des Engels Gabriel an. Gerade in diesem Werk des Jakobus de Voragine finden sich besonders viele Beispiele für die heiligen Zahlen Zwölf und Sieben.

raum. Doch was kommt danach, was regiert den Lebenszeitraum eines Menschen, was den einer ganzen Kulturstufe? Wo ist die Ordnung des Lebens, wo ist die Schöpfung? Sie liegt begründet im Wechsel der kosmischen Einstrahlungen, der hervorgerufen wird, indem die Sonne unter unseren Planetensystemen einherzieht. Hier stoßen wir auf den mysteriellen Tierkreis, über dessen Einwirkungen auf unser Erdenleben wir heute kaum noch etwas wissen, der aber unseren Altvordern durchaus vertraut war. Hier liegt die Wurzel der Naturreligion, der Anfang der christlichen Religion, aber auch der wahre Ursprung der uns überlieferten Sagen und Mythen aller Völker.

Die Beobachtung der erneuten Wiederkehr des Lebens bei der Pflanze ergab die Begründung für den Glauben, dass auch beim Menschen auf das Sterben eine neue Wiederkehr kommen müsse, damit ein neuer Körper mit einem neuen Geist das große Werk der Seele vollenden und zur Vollkommenheit bringen könne. Hier setzt die Religion an, hier ist der Ursprung aller Kulte und Mysterien. Hier ist auch die Geburtsstunde des Glaubens an die Reinkarnation.

Unser Christentum ist eine edle Religion, die aufgebaut ist auf Gottesehrfurcht und Nächstenliebe, doch lebt die Menschheit nicht in ihr. Sie sucht nicht die Versenkung und Verinnerlichung, sondern ist ständig auf der Flucht vor sich selbst und sinkt immer tiefer in Zwiespalt und Zerrissenheit. Jede Religion, auch das Christentum, ist in ihrem Urgrunde eine Sonnen-, Natur- und Lebensreligion. Der die Axt an die Eichen der germanischen Kultstätten legte, hat im gottesfrommen Eifer auch die Axt an die Wurzeln des Christentums gelegt! Eine Lehre kann nur so lange im Menschen lebendig sein und blühen, wie ihr Volk naturverbunden lebt, und solange diese Lehre als Lebenssaft aus dem göttlichen Ursprung allen Lebens geholt wird – solange Religion und Natur *eins* sind, denn in allem Lebendigen thront Gott. Die Schöpfung und ihre wunderbaren Gesetze sind nichts anderes als eine Offenbarung Gottes, des Vaters des Lebens. Weil der Mensch von der Natur abgeschnitten ist, kennt er sich selbst nicht mehr; wie sollte er dann Gott erkennen? Und solange der Mensch nicht wieder die kosmischen Gotteskräfte in seinem Körper spürt, sie sucht und zu erlangen sich bemüht, so lange kann ihm trotz aller Predigten und Ermahnungen Gott nicht bewusst gemacht werden.

Kirchliche Feste und Symbole im Jahreslauf

Die biblische Geschichte setzt die Erschaffung *Adams* im März an.[4] Der 21. März ist der Tag der Frühlings-Tagundnachtgleiche. Es ist der Beginn des Leben schenkenden Frühlings. Das Wunder der Auferstehung begann bereits mit der Wintersonnenwende am 21. Dezember, in dessen Nähe Christi Geburt angesetzt wurde, ist aber in der Ausbruchphase im März/April erst sichtbar geworden.

4   Legenda Aurea, S. 264 f.

Unsere nördlichen Länder nannten die Göttin der Frühlingsgestaltung *Ostara*; die Erdgöttin wurde im Christentum durch die Gottesmutter ersetzt. Das Osterfest wird (seit dem Ersten ökumenischen Konzil von Nicäa, 325 n. Chr.) an dem Sonntag gefeiert, der auf den ersten Frühlingsvollmond folgt; dies reicht bis in die Zeit der Apostel zurück. Das Römische Missale deutet das Zusammenfallen von Osterfest und aufstrebender Natur schlicht als „Vorsehung Gottes"[5]. Zum Frühlingsbeginn wird statt des Osterfestes im römisch-katholischen Christentum der Sonntag Laetare gefeiert. Hier darf die Orgel spielen, österliche Freude ist trotz Fastenzeit gestattet, die Farbe der Messgewänder wechselt von Violett zu Rot. Die Israeliten feierten an 21. März ihr „Überschreitungs-Fest". Jede Familie musste in der Vollmondnacht des Lenzmonats (Nisan) ein Lamm als Sühneopfer darbringen – das Lamm ist ein Kind des Widders (21. März bis 21. April).

Im Heidentum wie im Christentum ist Ostern die Geburt des Lebens. Deshalb werden Eier im Gras und in Büschen versteckt, denn die Entfaltung des Lebens kann nicht besser ausgedrückt werden als durch das Ei. Eier werden auch nur in der Natur versteckt, am Erdboden, niemals im Haus. Die kirchliche Eiersegnung ist seit dem frühen 12. Jahrhundert belegt. Eierspeisen unterlagen dem Fastengebot. Das Backen der Osterfladen geht bis ins Alte Testament zurück (Jer 7,8), wo die Frauen im alten Jerusalem zur Vermeidung von Unfruchtbarkeit der Mondgöttin (die als Fruchtbarkeitsgöttin galt) den Kuchen geopfert haben. Osterkuchen sind

---

5 Römisches Messbuch, S. 492.

ein Sinnbild des heiligen Lebens, so wie der Mutterkuchen im Leib der Frau. Noch heute werden in der Messe der Osternacht Brote gesegnet. Zu Ostern wird in der christlichen Kirche die Feuer- und Wasserweihe vorgenommen. Feuer symbolisiert seit Urzeiten das Leben, den Geist, die Schöpferkraft. Mit der Feuerweihe vor Sonnenaufgang weiht der Priester die Sonne als Symbol für den Gott allen Seins.

Der Kampf des Erzengels *Michael* mit dem Drachen ist nicht nur ein Kampf des Guten gegen das Böse, sondern auch ein Kampf des Lebens mit dem Tode, des herannahenden Sommers mit dem ausklingenden Winter. Am 24. April feiert die Kirche das Fest des heiligen *Georg*, des Drachentöters. Er reitet auf einem weißen Ross auf Strahlen des Lichtes: der Frühling, der den Winter-Drachen besiegt. Auch der heidnische *Wotan* reitet auf einem weißen Ross.

In der Vornacht zum 1. Mai ist Hexensabbat, zu dem alle Dämonen sich noch einmal austoben können, bevor sie verschwinden müssen. Die Kirche hat diesen Tag der heiligen *Walburga* gewidmet.

Am 21. Juni ist die Sommersonnenwende. Hier hat die Sonne ihren Höchststand im Jahreslauf erreicht. Sie wendet sich allmählich und beginnt herabzuschreiten, sich rückwärts zu bewegen wie ein Krebs. Sie rollt hinab vom Himmelsberg, wie eine brennende Holzscheibe den Berg hinabrollt. Im Christentum wurde dieser Wendepunkt durch das Fest *Johannes des Täufers* ausgedrückt (24. Juni). Er ist der Erste, der für Christus geopfert wird, der dahinschwinden muss wie an diesen Tagen die Sonne. In der frühchristlichen Symbolik wurde Christus immer mit der Sonne gleichgesetzt. Wie sie der irdische Lebenspender ist, ist er der geistige Lebenspender, der Bringer des Heils. Auf uralten schottischen Steinkreuzen finden wir statt des Leibes Christi eine Sonnenscheibe. Niemand stand Christus so nahe wie Johannes, sodass er im kosmischen Bezug zur Sonne mit Christus gleichgesetzt wird. Exakt 180 Grad gegenüber, am 24. Dezember, wurde Christi Geburt als historisch rein fiktives Datum angesetzt. Johannes ist „das andere Gesicht" des Christus. Im Johannesevangelium (Joh 3,30) heißt es unmissverständlich: „Er muss wachsen, ich dagegen muss abnehmen." Das neue Leben ist nur möglich, indem das alte sich zum Opfer bringt. Wir sehen darin, wie meisterlich es die christliche Kirche verstanden hat, die kosmische Symbolkunst der alten Völker fortzuführen.

Das Sich-Zurückziehen der Natur ist ein Zeichen der Wende. Zur Zeit der Sonnenwende haben sich Griechen, Juden und Inder das Weltgericht gedacht. Die ersten zehn Tage des Waagemonats galten deshalb im Judentum als Bußtage. Die christliche Kirche feiert zu dieser Zeit ihr Schutzengelfest (Angelum Custodum). Da Licht mit Glut und Dunkel mit Böse gleichgesetzt wurden, folgerte man, dass in der Waage-Phase die bösen Geister mehr Macht über den Menschen bekämen, und sandte verstärkt Bittgebete zum Himmel. Wer sich zu Gott wendet, braucht sich „nicht zu fürchten vor den Schrecken der Nacht" (Psalm 91). „Der Gerechte wird weder Stöße noch Wunden im Grabe leiden", heißt es in der Zend-Avesta des *Zoroaster*, „denn er wird am vierten Tage auferstehen." Setzen wir für die vier Tage vier Monate an, kommen wir zum Sternbild der Fische, an dessen Ende mit der Wintersonnenwende wirklich die „Himmelsfahrt" beginnt. So verstehen wir auch, warum der Tod ausgerechnet eine viersträngige Geißel schwingt.

Am 21. Oktober tritt die Sonne in das Feld des Skorpions; sie überschreitet die „Pforte des Todes". Das Christentum setzt in dieser düsteren Zeit das Allerseelenfest an (2. November) und gedenkt der Verschiedenen, der Hinfortgegangenen, des Todes. Mitten im Skorpion-Monat, am 11. November, wird das Fest des heiligen *Martin* gefeiert. Er bedeckte den nackten Bettler mit seiner Kleidung, wie die Natur die nackt gewordene Erde mit einem schützenden Kleid aus Laub und Schnee bedeckt. Diese wunderschöne Symbolik finden wir auch im germanischen Norden, wo *Wotan* auf einem weißen Ross reitet, und auch in Indien in der Göttin *Indra*. Immer verweist das Ross auf den Himmel, von dem es gleich dem Winter herabsteigt zur Erde, um diese zu schützen.

Der blonde Sonnenmensch *Siegfried* wurde vom schwarzhaarigen, düsteren *Hagen* (Haken, Stachel des Skorpions) heimtückisch getötet, als er sich nach erschöpfendem Lauf (Jahreslauf der Sonne, Entwicklungsweg des Menschen) an der Quelle (geistige Welt) erquicken wollte – eine Tötung vor dem aktiven Eindringen in die geistige Welt. Die zwölf Apostel umkreisen Christus wie eine Sonne (was auch der kirchlichen Auslegung entspricht). Dem schwarzhaarigen, stets düster und mit einem Geldbeutel dargestellten *Judas* kommt die Rolle zu, das Irdische, Geschlechtliche zu verkörpern.

Die Sonne ist gestorben. Die Erde liegt in einem Grab von Nebel, Schnee und Dunkelheit. Die Menschen sind müde und bedrückt; sie sehnen sich nach Licht, Wärme und Lebensfreude. Die Kirche drückt diese Sehnsucht in den vier Adventswochen aus, die in den Monat des Schützen fallen: das Warten auf Christus als geistiges Licht der Welt. Mit jeder Woche wird ein Licht mehr angezündet. „Adventus" ist „die Ankunft", die Sehnsucht nach Seinem Kommen. „Tauet Himmel den Gerechten, Wolken regnet ihn herab!" – der Ruf drückt das Verlangen nach der endgültigen Befreiung aus. In dieser Zeit der Stille, Sammlung, Reue und Einkehr feiert die Kirche im Dunkel der Nacht in den heranbrechenden Morgen ihre Rorate-Messen; der Himmelstau (Geist Gottes) ist auf Maria gefallen; am 8. Dezember ist Mariä Empfängnis. Es ist der Monat der höchsten Anbetungswürdigkeit, die geheimnisvollste und gewaltigste Zeit, die Zeit der Lichtsehnsucht und des Wartens auf die Überwindung des Todes.

Der 8. Dezember (Mariä Empfängnis) ist genau die Mitte der Schütze-Zeit; am 24. Dezember (heidnisch 21. Dezember) ist Christi Geburt. Obwohl es unsinnig erscheint, Mariä Empfängnis so kurz vor Weihnachten anzusiedeln, haben die Kirchenväter hier das einzig Richtige getan, denn früher überließ man nichts dem Zufall. Hiermit sollte das dem Schütze-Monat innewohnende kosmobiologische Geschehen in der Natur als heiligstes Wunder in der Religion verklärt werden! Jede Religion wächst aus dem heiligen Mutterboden der Natur, und es ist unsinnig, hinter jeder Naturliebe, die zugleich Gottesliebe ist, immer gleich einen Heidenkult zu wittern, denn die Natur kommt von Gott; sie sollte allerdings kein Selbstzweck sein, sondern zu Ihm hinführen.

Die belastende Not der niedergehenden Natur wird in der germanischen Mythologie durch den 9. Monatsgott *Widar* (einer der zwölf Söhne *Odins* = *Wotans*) ausgedrückt, der in christlicher Zeit durch die Gestalt des heiligen *Nikolaus* verdrängt wurde. *Widar* ist am linken Fuß mit einem Schuh belastet. Da die linke Körperseite den Geist repräsentiert (die rechte steht für den Körper), ist die Belastung des linken Fußes eine Behinderung des Strebens zu Gott. Diese Belastung präsentiert uns die Kirche am 6. Dezember in Gestalt des heiligen Nikolaus, der in der finsteren Nacht (und nicht etwa am Tage) zu uns kommt und uns durch Naschereien die glückselige Verheißung der kommenden Lichtzeit verkündet. Dieser Trost hat sich in der altheidnischen Form des Herausstellens des (linken) Schuhs am Vortag bis heute erhalten.[6] Nur durch das Füllen des *linken* Schuhes gibt man der Belastung der Seele den richtigen Ausdruck, und dies nur durch Füllungen von Äpfeln, Nüssen, Mandeln, Pfefferkuchen mit Nüssen etc., die in ihren Kernen das neue Leben behüten – also kein Zuckerwerk! *Nikolaus* ist ein Symbol der Verheißung und beschenkt deshalb nur Kinder, während das später kommende „Christkind" Jung und Alt mit seinen Gaben beschenkt.

6   Die Legenda Aurea leitet den Namen des heiligen Petrus vom „Ausziehen der Schuhe" ab, „denn er zog von den Füßen seiner Neigungen alle irdische Liebe wie einen Schuh, auf dass er nicht nur im Leib, sondern auch im Geist jungfräulich sei" (S. 322).

Im Wendemonat Dezember wurde Christi Geburt angesetzt, denn Christus wird mehrfach mit einer aufgehen-
den Sonne verglichen (zumindest in geistiger Hinsicht),[7]
was die Nähe zur Sonnenwende und die Herkunft der
christlichen Religion aus einer Naturreligion begründet. Die frühen Kirchenväter hatten allerdings Christi
Geburt im März angesetzt, in der Nähe des Frühlingspunktes, des sichtbaren Beginns des neuen Lebens. Aus
den Evangelien lässt sich Christi Geburtstermin im
März leicht ableiten: Zur Zeit der Geburt, wird ausgesagt, waren in derselben Gegend Hirten auf dem freien
Felde, die in jener Nacht Wache hielten bei ihrer Herde.
Was müssen das für Hirten sein, die Ende Dezember
im rauhen Bergland von Betlehem Schafe weiden, wo
kaum Vegetation existiert! Selbst im März kann nur das
genügsamste Vieh Nahrung finden – nämlich das Schaf.
Die alten Kirchenväter haben das besser gewusst, denn
im März ergibt sich eine Einheit von Heiland, Sonne
und pflanzlichem Lebensgeschehen. War Christi Geburt

7   Zum Beispiel im Missale Romanum, S. 10 der Einführung: „Das Kirchenjahr wird von
der geistigen Sonne, von Christus bestimmt, den schon der Seher des Alten Bundes
(Mal 4,2) mit der Sonne vergleicht." Und im Stundengebet der Kirche heißt es: „Nacht,
Nebel, Dunkelheit, / was alle Welt verwirrt und schreckt / – es flieht hinweg, das Licht
erscheint, / der Himmel klärt sich: – Christus kommt." Auch im „Ehre sei Gott" heißt es:
„Der Erde Finsternis vergeht, / durchbrochen von der Sonne Strahl, / es prangt in Farben
neu die Welt, / im Schein des leuchtenden Gestirns." (Gebet- und Gesangbuch für das
Bistum Berlin. Morus-Verlag, Berlin 1968, S. 768.)
   In vielen Kirchen weist die nach Osten zeigende Apsis ein kreisrundes Fenster auf,
durch das die Sonne beim Aufgang (exakt zur Sonnenwende oder zum Patroziniums-
tag des Kirchenheiligen) auf das Altarkreuz scheint. Hier wird heidnischer Sonnenkult
(Lochsteine an Kultstätten) mit Christus gleichgesetzt. Die östliche Ausrichtung der
Kirchenschiffe beruht nicht auf astronomischen Überlegungen oder der Orientierung am
Erdmagnetfeld, sondern auf dem **sichtbaren** Sonnenaufgang, vom Standort der Kirche
aus gesehen. Verhinderte ein Hügel den „rechtzeitigen" morgendlichen Sonneneinfall,
wurde die „Ostrichtung" weiter südlich angesetzt, eben beim sichtbaren Erscheinen der
Sonne (vgl. S. Grabowski, Der Heilstrom, S. 90 ff). Die häufiger anzutreffende leichte
Abweichung der Ostrichtung nach Nordosten hängt mit den magnetischen Strömungen
der Erde zusammen: Ein Mauerwerk in exakter Ostrichtung würde keine magnetischen
Kraftfelder im Kircheninnern aufbauen.

also Ende März, dann stand die Sonne im Tierkreisfeld des Widders, und es ergäbe sich eine kosmischsymbolische Gleichheit zwischen dem Tierkreis Widder und den weidenden Schafen. Auch stellen alle Maler die Geburtsstunde stets mit Schafherden dar, niemals aber mit Rindern oder Kamelen – denn die standen zu dieser Zeit noch im Stall. Bei einer Geburt im März wäre die heute praktizierte (symbolische) Gleichsetzung von Christus mit der Sonne sinnvoll und könnte der Christenheit eine Vertiefung geben, die ihr bis heute fehlt. Das jetzige Weihnachtsdatum ist also eigentlich überhaupt kein Geburtsdatum (denn das wird von der Natur im Widder angesetzt), sondern ein *Auferstehungsdatum!* Und das wussten unsere Frühväter, als sie Christi Geburt im März ansetzten. Damit entspricht die Leidensgeschichte Christi dem pflanzlichen Entwicklungsweg und zeigt eine wunderbare Einheit zwischen Naturleben und Religiosität. Es widerspricht jeglichem Naturempfinden, in einem Geburtsmonat (März/April) Christi Tod zu gedenken und seine Geburt in einem Todesmonat anzusetzen! Im Steinbock (jetziges Weihnachtsfest) kann es nur eine geistige Auferstehung geben, nicht aber eine leibliche. In der neueren Zeit muss man sich auf Seiten der Kirche dieser Misere wohl bewusst gewesen sein, sonst hätte man das Hochfest der Verkündigung des Herrn nicht am 24. März angesetzt, genau neun Monate vor dem Weihnachtsfest. Das Verkündigungsdatum ist also gleichzeitig zu einem Empfängnisdatum geworden.

Die ganze Unsinnigkeit dieser Daten basiert aber nur darauf, dass unser heutiger Kalender nicht mehr mit den

Naturgesetzen übereinstimmt! Ein sinnvoller Kalender sollte mit dem Frühlingspunkt als Jahresanfang beginnen, dem 21. März. Unser zwölfter Monat, der Dezember, ist nicht der zwölfte Monat, sondern der zehnte, denn „dezem" heißt zehn. Und genau das wäre er auch, wenn man die Zählung mit dem Widdermonat begänne! November kommt von „novem", und das heißt *neun*. Oktober kommt von „octo", und das heißt *acht*. September kommt von „septem", und das heißt *sieben*. Die anderen Monate tragen leider keine Zahlenbezeichnung mehr. Dennoch zeigen uns die bisher genannten Zahlennamen-Monate eindeutig, dass der naturorientierte Kalender im Widder mit dem ersten Monat beginnt und im Fische-Monat als zwölftem Monat endet. Nicht Christi Geburt wurde also falsch gelegt, sondern der Kalender wurde verdreht! Schuld daran war die Arroganz der römischen Konsuln, die den Kalenderlauf wegen eines Aufruhrs in Spanien stoppten, um die Neuwahl der Konsuln nicht ungünstig zu beeinflussen. Der Kalender wurde für etwa zwei Monate angehalten und der neue Amtsantritt im Jahre 153 v. Chr. als 1. Januar festgesetzt. Wir ersehen daraus, wie weit bereits zu dieser Zeit die Menschen von einem Naturleben entfernt gewesen sein mussten, nachdem der kosmische Lebensrhythmus nicht mehr zwingend genug für die äußere Ordnung war. Und es gelang weder dem heidnischen Kalendermacher *Julius Caesar* 46 v. Chr. noch dem Papst *Gregor XIII.* 1582, diesem beschämenden Chaos ein Ende zu bereiten.

Das elfte Tierkreisfeld (Wassermann) beherrscht den Vegetationszyklus vom 21. Januar bis zum 21. Februar.

Trotz schwerster Winterzeit beginnen die ersten Frühlingsboten zu sprossen und durchbohren die „Grabplatte" der Erdoberfläche. Die Sonne steht an Lichtmess (2. Februar) bereits eine Stunde länger am Himmel als zur Wintersonnenwende. Schon im 5. Jahrhundert n. Chr. wurde dieser Tag in Jerusalem durch Kerzenweihe und Umgang mit brennenden Kerzen gefeiert, denn Kerzen sind ein Sinnbild Christi als „Licht der Welt". Hier wäre „Christi Himmelfahrt" naturverbundener angesetzt als Mitte Mai, einer blütenstrotzenden Diesseitszeit.

Im Menschen wie in der Natur beginnt im Februar das Wasser wieder zu fließen, auch die Geschlechtsdrüsen verstärken ihre Tätigkeit. Naturvölker haben in den Ruhezeiten des Skorpions, Schützen und Steinbocks die Eheschließung gemieden. Es war eine Ruhezeit zur Erhaltung und Auffüllung der Lebenskräfte. So wurde dann mit dem Eintritt der Sonne in das Feld des Wassermanns von den Priestern die Zeit der Eheschließung verkündet, gleich der jetzt zu beobachtenden „kosmischen Ehe" zwischen der göttlichen Sonne und der Erde. Die Feierlichkeiten begannen mit kultischen Tänzen. Durch drehende Bewegungen der Männer und der Frauen kommt es dabei zur Verwirbelung ihrer odisch-magnetischen Pole, die ein Wirbelfeld erzeugen wie ein elektrischer Strom. Das führt zur gegenseitigen Lebenskraft-Aufladung und zum verstärkten Erfühlen eines möglichen Zusammenpassens. Der Gleichklang ihrer Seelenstrahlung gewährleistete dann eine harmonische Ehe, sodass Trennungen und Ehebruch nichtig wurden. Diese kultische Zeit des Tanzes entspricht unserem heutigen Faschingsfest; aber es weiß niemand mehr um dessen schicksalhafte Bedeutung, man tanzt nur noch zum Vergnügen. In ländlichen Gegenden hat sich der Brauch der Maitänze noch erhalten; viele Burschen finden hier ihre Partnerin fürs Leben. Tanz dient heute aber auch der psychischen Entwicklung (Eurythmie der Anthroposophen) und der Heilung.

Die Rolle des Christentums in der kosmobiologischen Lebenslehre

Naturreligion ist Kosmobiologie. Der Ursprung aller Religionen ist das sichtbare und fühlbare kosmische Geschehen. Aus der Natur können wir lernen, das Diesseits zu leben und uns auf das Jenseits vorzubereiten. Die Naturkräfte halten alles bereit, was uns auf Erden notwendig ist: Dinge zur Lebenserhaltung wie Wärme, Nahrung, Sauerstoff, sichtbare und unsichtbare Energien, eingeschlossen alle Arten von krank machenden Kräften in Form terrestrischer und kosmischer Schwingungen, aber auch alles, was uns zur Gesundheit führt. Sie erhält, wie Heilpflanzen, aufbauende Kräfte, heilige Orte und heilige Zonen. Dem Menschen steht hier auf Erden alles zur Verfügung, was er braucht, um Leib und Seele gesund zu erhalten und einst in die ewige Glückseligkeit einzugehen. Er hat den freien Willen, er braucht sich bloß der Kräfte zu bedienen, der guten wie der bösen. Versündigen wir uns gegen die Natur und ihre Gesetze, mehren wir bloß ihre schädigenden Eigenschaften und belasten uns selbst. Religionen hatten stets das gut gemeinte Ziel, den Menschen zu seinem Heil zu führen, zum seelischen wie auch zum körperlichen. Die Religionsstifter wussten um die ewigen kosmischen Gesetze und gaben sie an „Eingeweihte" weiter, das heißt an Personen, die ihrerseits „auf der Suche" waren und sich bemühten, ihren Lebensweg zu vervollkommnen. Das kosmische Geschehen und sein Einfluss auf die Entwicklung des Lebens durchzieht auch heute noch unsere ganze Seinswelt, die des Ungläubigen ebenso wie die des Gläubigen.

Die monotheistischen Religionen, die nur einen einzigen Gott anerkennen, bilden den Höhepunkt der geistigen Entwicklung der Menschheit. Wir müssen hier bei der geistigen Entwicklung ansetzen und können uns nicht auf das physische Heil beschränken, denn der Geist beherrscht alle Materie. Die eher physisch orientierten Planeten-Gottheiten oder andere Natur-Anbetungsobjekte sind stets der rein geistig wirkenden Schöpfer-Gottheit untergeordnet. Geistige Gesetze sind es, welche die Natur und alle Lebewesen formen und erhalten. Sie beherrschen auch unseren Körper, sodass jedwedes Heil nur über die geistige Ebene erzielt werden kann. Auch Arzneimittel wirken über ihre geistigen Schwingungsanteile! Der Ausgangspunkt der geistigen Schöpfung ist die einzigartige Gottheit, die universelle Urkraft, die in jedem von uns genauso steckt und wirkt wie im Grashalm oder im Blatt des Baumes, wie im Kosmos, dessen Gesetze sie schuf und dessen Energien sie steuert. In polytheistischen Religionen werden alle höheren Entwicklungsstufen der Materie mit einem

Geist, der den unseren überragt, als Gottheiten angesehen (zum Beispiel die Planeten), oder man wendet sich an selbst geschaffene neue Gottheiten, die geistige Kräfte und Einflüsse personifizieren und in die sie ihre eigene Geisteshaltung projizieren.

Der Mensch kann sich nur dergestalt entwickeln, dass er den einen und einzig wahren Gott als Schöpfer sucht, findet und anerkennt. Er kann nur die Religion als Weg beziehungsweise die Lebenslehre anerkennen, die ihm dabei hilft. Das gilt vor allen Dingen für den Menschen, der zum „Übernatürlichen" und zu geistigen Gesetzen keinen Zugang findet. Er sucht zu Recht für seine Entwicklungsstufe zunächst das körperliche Heil und dann erst die geistige Gesundheit. Auch das muss die Religion ihm geben können, und das ist es, woran auch die monotheistischen Religionen in der Regel scheitern: Sie vermitteln kein körperliches Heil, das ja auf geistigen Grundlagen und Kräften beruht. Sie sind größenwahnsinnig geworden, gigantisch aufgeblasene Machtzentren mit übernommenen „Lebenslehren", die sie den Menschen von ihrer Geburt an „einbläuen". Auch wenn es gut gemeint ist, das Ziel wird damit durchaus nicht immer erreicht. Der Mensch ist sinnesorientiert und kann von anderen Menschen fast nur über die Sinne gelenkt werden. Eine Religion, die nur vom Wort lebt und keine Erfahrungen vermittelt, reicht hier nicht aus. Entscheidend ist das vorgelebte, nachahmenswerte gute Beispiel und die Fähigkeit, den Menschen die Kraft Gottes fühlen zu lassen. Das sind die Kriterien, die eine Religion erfüllen muss; der Worte sind genug gefallen, sie haben nicht gefruchtet. Das Christentum bildet darin keine

Ausnahme. Altes und Neues Testament sind ideale Orientierungshilfen, die alles beinhalten, was der Mensch wissen muss, um zu seinem Heil zu gelangen. Aber das bloße Lesen dieser Worte bleibt leider fruchtlos, und auch die Deutung durch Kirchenlehrer kann daran nichts ändern, denn auch ihnen fehlt in den meisten Fällen die Erkenntnis aus der praktischen Heilserfahrung und damit die göttliche Inspiration, der Schlüssel zum Text und seinem verborgenen Inhalt. Auch die christliche Religion ist eine Mysterienlehre. In der Schrift steht ein Geheimnis, das man nicht herauslesen kann, sondern das man erfahren muss, erfahren und erfühlen am eigenen Leibe.

> „Es gibt Leute, die behaupten, dass die Verkündigung des Wortes das Wichtigste sei; Wunder und Zeichen seien unnötig. Zahlreiche Kirchen sind jedoch nur deshalb leer, weil die Verkündigung des Wortes den meisten Besuchern eben nicht genügt. Sie möchten die Wirkmacht des Wortes erleben. Sie brauchen Manifestationen, die den Sieg Jesu, seinen Triumph über Sünde, Krankheit und Tod offenbaren."[8]

Ein wirksamer apostolischer Dienst liegt meist nur dann vor, wenn das Wort von Zeichen und Wundern begleitet wird, denn die Predigt des Evangeliums kann ihre Wirkung nicht allein durch das Wort entfalten, sondern auch durch ihre Kraft (1. Thess 1,5). Dieses Erfahren und Erfühlen der Lebenslehre, die in den Glaubens-

8   Tardif: Jesus ist der Messias S. 130.

schriften steht, kann man nur realisieren, wenn man zunächst am eigenen physischen Körper beginnt, indem man die kosmischen Gesetze und Einflüsse der Planeten fühlt, spürbar erfährt und danach lebt. Das versuchten die Mysterienschulen zuerst zu vermitteln: dass wir eingebettet sind in kosmische Rhythmen und Kräfte, denen wir uns unterwerfen müssen, wenn wir den Heilsweg gehen wollen. Es gilt also, zunächst einmal den Kosmos selbst zu erfahren, bevor der Geist bereit wird, weitere Lehre anzunehmen. Heute wird dieser Prozess von der anderen Seite betrachtet: zuerst die Verkündigung der (religionsdogmatischen) Heilslehre. Damit will man das physische und seelische Heil erzwingen. Auch dieser Weg ist nicht verkehrt, man sollte sich nur vorher überlegen, wo man im Einzelfall ansetzen muss. Dem Frierenden kann man nicht helfen, indem man ihm erzählt, wie man ein Feuer anzündet und wie herrlich es wärmt; man muss ihn zuerst einmal in eine warme Stube führen. Dann ist er bereit, Lehre anzunehmen und die größeren Zusammenhänge zu erkennen, die ihn in seine Misere gebracht haben.

Religion ist eine Erfahrungswissenschaft! „Das Heil erfahren, das ist die Wahrheit", sagte seinerzeit der gottgesandte Heiler Bruno *Gröning*. Denn wer das Heil am eigenen Körper erfahren hat, wird zwangsläufig auch seinen Geist öffnen können, um die Heilslehren in sein Leben zu integrieren, weil er sie dann erst wirklich versteht. Und nun kann er Fortschritte auf seinem Heilswege machen, auf dem er dann nicht schlendert, sondern forteilt, um in Windeseile das nachzuholen, was er in den früheren Siebenjahresphasen versäumt hat. Es ist wahr,

360

dass ein Leben in Gott Krankheiten heilt beziehungsweise fernhält und vor allen Gefahren durch Einflüsse des Bösen schützt. „Siehe, ich sende einen Engel vor dir her, der dich behüte auf dem Wege" (2. Mosc 23,20). So hat es auch *Tobias* vom Erzengel *Raphael* erfahren, der ihm nahelegte, *Sara* zu ehelichen, obwohl sie von einem bösen Geist besessen zu sein schien, der ihre vorherigen sieben Männer getötet hatte (Tob 6,11–18).

Lernen allein ist wenig hilfreich für die Lebensentwicklung. Unzählige Menschen haben heute ein spirituelles Wissen, das unsere Väter nicht einmal erahnen konnten. Aber dennoch sind diese Wissenden nicht gesund geworden, ja gerade sie stecken oft in ärgsten Schwierigkeiten. Auf der anderen Seite gibt es Menschen, die wenig Bildung aufweisen, aber einen starken Kontakt zur Geistwelt Gottes bekommen haben und diese lebendige Erfahrung zum Wohle anderer Menschen sinnvoll einsetzen können. Sie brauchen das biblische Wissen nicht; sie haben die Erfahrung, dass Gott lebt und wirkt.

Beschäftigen wir uns zunächst also weiter mit dem physischen Ansatzpunkt der kosmobiologischen Lebenslehre, dem „Erfühlen" der kosmischen Kräfte, der „physikalischen Natur Gottes". Wenn wir diese erfasst haben, dann dürfte unser Geist so weit erleuchtet sein, dass wir alle in diesem Buch dargestellten Elemente in Religion, Mythologie und Brauchtum nicht nur dem Worte nach verstehen und unter entwicklungsgeschichtlichem Hintergrund betrachten, sondern auch ihre wahre geistige Bedeutung erfassen und ihre Kräfte spüren. Erst dann können wir auch die heilige Messe wirklich verstehen in ihrem Ritus und in der Kraft, die von ihr ausgeht, denn ihr Bild ist lediglich physikalischer Ausdruck der ihr innewohnenden Gotteskraft, die durch sie erfahren werden soll, die aber nicht erfahren werden kann, wenn wir unsere „Antennen" nicht dafür bereithalten.

Die Aufnahme der kosmischen Heil- und Steuerungskräfte

Sich den kosmischen Steuerungskräften zu unterwerfen, dadurch mit seinem Schicksal zusammen- und nicht gegen sie zu arbeiten setzt eine bewusste mentale Öffnung voraus. Wer sich innerlich und äußerlich verschließt, kann nichts bewusst empfangen. Das Öffnen birgt aber auch die Gefahr, möglicherweise an eine falsche Kraftquelle angeschlossen zu werden. Wir haben die Wahl zwischen den Lebenskraft spendenden göttlichen Energien, die uns immer zu unserem Heil führen, und den Lebenskraft entziehenden dämonischen Energien, die mit der Vernichtung allen Lebens einhergehen. Geist und Ritual können auf beide Energien abgestimmt werden. Mit wachsender Übung steigt dann die Lenkbarkeit durch externe geistige Kräfte bis hin zur völligen Fremdbeherrschung des Leibes durch göttliche Wesenheiten (zum Beispiel bei „Heiligen") oder Dämonen (bei „Besessenen", Satanisten usw.).

Als materiellen Wesen ist uns die direkte Aufnahme des Steuerungsgeistes erschwert, weil unsere „Antennen" hauptsächlich auf Sinnenreize abgestimmt sind und nicht auf geistige Energien. Doch wie das Licht gleichzeitig und gleichberechtigt als Korpuskel und Welle angesehen werden kann und wirkt, weist auch der kosmische Steuerungsgeist neben der geistigen eine physikalisch fassbare Komponente auf. Auch ihm können Wellenlänge und Frequenz zugeordnet werden. Und ebendieser physikalische Aspekt des Geistes ist es, der mit der „Wünschelrute" empfangen und umgesetzt werden kann. Wenn ich die Frequenzen von Gottvater, Gottsohn und dem Heiligen Geist selektiert rutentechnisch erfasse und mit Frequenz und Wellenlänge belege, so ist das weder Überheblichkeit noch Gotteslästerung, sondern materieller Ausdruck der geistigen Energien, aus denen unser Kosmos aufgebaut ist. Die Menschwerdung Christi zeigt dieses Phänomen ebenfalls: Christus ist der Fleisch gewordene Geist Gottes, uns gesandt, damit wir über den physischen Kontakt eine geistige Beziehung zum Schöpfergott aufbauen können, weil nur der Geist überall zugleich und zu jeder Zeit wirken kann. Gott ist das Leben selbst; so ist er in allem, was lebt und sich bewegt, bis hin zum kleinsten Atom, voll gegenwärtig. Wir sehen aber nicht ihn, sondern lediglich sein physikalisches Abbild, und das können wir erfassen. Wenn wir uns auf heiligen geologischen Zonen aufhalten, verspüren wir Gott selbst auf dem Umweg über die sinnenhafte physikalische Energieaufnahme. Diese eigentlich geistigen Energien umfassen physikalisch gesehen unser gesamtes bekanntes Frequenzspektrum von der kleinsten subatomaren bis hin zur längsten Schwingungswelle und gehen sicher noch über diese bekannten Bereiche hinaus. Zumindest Teile dieses Spektrums können wir, das heißt unser physikalischer, biologischer Organismus, erfassen. „Spektrum" heißt so viel wie „Trugbild". Was wir also von diesen Energien erfassen und erfühlen können, ist nicht die ganze Wirklichkeit, ist nicht Gott selbst, sondern lediglich ein

Abbild dieser Wirklichkeit, ein Abbild, das uns aber genügt, um zur Wirklichkeit hingeführt zu werden. Doch wo sind dafür in uns die Empfangsorgane? Wie nehmen wir diese Energien auf? Begeben wir uns kurz zurück auf das Niveau der physikalischen Detektion von Frequenzen mit der „Wünschelrute", und verfolgen wir dann dieses Prinzip auf bewährte Weise über das Pflanzen- und Tierreich bis hin zum Menschen.

Strukturen von Stäben und Ruten als physikalische Antennen

Alle materiellen Gebilde mit stabförmigen Strukturen sind prinzipiell geeignet, die elektromagnetische Strahlung des Kosmos aufzunehmen. Diese Antennen fungieren dabei gleichzeitig als Empfänger und Sender der vorhandenen Energien. Durch sie können also die Energien empfangen und persönlich verwertet, aber auch wieder ab- und an andere Lebewesen weitergegeben werden, die über entsprechende Resonanzstrukturen ebenfalls in der Lage sind, diese Energien aufzunehmen. So kann beispielsweise die empfangene kosmische Heilkraft auf andere Menschen, Tiere oder Pflanzen übertragen werden, aber auch auf leblose Gegenstände. Bruno *Gröning* bezeichnete sich selbst als Transformator, Zwischensender oder Mittler der Heilkraft Gottes und der Menschen. Der Rutengeher benutzt die Rute, das Pendel oder entsprechende Instrumente als Medium (Mittler) zwischen den zu empfangenden Energien und sich selbst als Fühlendem, als Detektor, als Anzeige- oder Auslöseinstrument. Denn die Rute schlägt nicht allein aus, sondern es ist der Mensch, der über die aufgenommenen Energien die Rute über unwillkürliche Muskelreaktionen zum Ausschlagen bringt. Die Rute ist also nur Mittel zum Zweck und kann bei hinreichender Übung fortgelassen werden.

Gewisse Rutenformen und auch Pendel können wie eine Radioantenne auf die zu empfangende Frequenz „abgestimmt" werden, was insbesondere dem Anfänger in der Radiästhesie das Arbeiten erleichtert. Je nach Verhältnis zwischen Rutenlänge und der zu empfangenden Wellenlänge kommt es dabei zu einer Bündelung der empfangenen Strahlung. Die Rutenstellung ist dann optimiert, wenn das Maximum der zu empfangenden Energie auf den Rutengänger, also auf den Menschen hin zeigt, der dann diesen Energiereiz umsetzt.

Aus den hier nur kurz dargestellten Beziehungen resultiert die gabelförmige Form der „Wünschelrute", denn sie garantiert den optimalen Empfang. In meiner Arbeit „Über natürliche Radiästhesie und Antenneneffekte molekularer Strukturen" habe ich diesen Zusammenhang ausführlich dargestellt. Die V-Form oder Y-Form der „Wünschelrute" besteht also im Grunde genommen aus zwei beziehungsweise drei Stabantennen, die kosmische Energien aufnehmen. Die Länge der einzelnen Stabstrukturen zeigt eine Beziehung zur empfangenen Wellenlänge beziehungsweise Frequenz. Die von diesen Stabstrukturen abgestrahlten, nun gebündelten Energien überlagern sich (bei richtigem Winkel der Instrumententeile) und kumulieren so ihre Energien. Das Maximum der abgestrahlten Energie trifft dann den Körper des Rutengängers. Er muss diese Belastung verarbeiten, sie zwingt ihn zur Reaktion, sei es der Rutenausschlag oder gefühlsmäßige Reaktionen wie Kribbeln, Wärme, Kälte und Zittern, aber auch Angst, Herzklopfen, Übelkeit oder Wohlbefinden, Kraft, Andacht, Heiligkeit und Zeitlosigkeit.

Antennenstrukturen im Bereich von Pflanzen

Natürliche Verzweigungen von Ästen, Blattansätzen, Blattrippen usw. zeigen ebenfalls typische Winkelstrukturen, die denen von Stäben, Pendeln und V-förmigen Wünschelruten analog sind (Abbildung 5).

A   B   C   D   E   F   G

Abbildung 5
Natürliche Antennenstrukturen der Pflanzengeometrie
Die Schematisierung zeigt in **A–D** die am häufigsten vorkommenden Verzweigungsstrukturen natürlicher Astgabelungen und Blattansätze. **E** zeigt die Antennenformen von Blattrippen, **F** die von Kiefernnadeln und **G** die von Tannen- und Fichtenzweigen. Insbesondere die Gabelungen von **B** und **C** sind typische Wuchsformen der Wünschelrute, die sich „alte" Rutengeher jedes Mal frisch vom Baum abgeschnitten haben.

Damit liegt die Vermutung nahe, dass auch Pflanzen über diese Strukturen lebenspositive oder -negative Schwingungsformen (kosmische Schwingungen beziehungsweise technische Störfrequenzen) aufnehmen können. Pflanzen empfangen genau die Wellenlängen, die sich aus der Länge ihrer mikroskopischen oder makroskopischen Stabstrukturen ableiten lassen. Auch der umgekehrte Fall ist möglich, indem diese Strukturen als Sender fungieren, sodass ihr abgestrahltes Frequenzspektrum ermittelt werden kann. Die Hauptschwingungsfrequenzen lassen sich dabei auch mit der Rute nachweisen. Letzten Endes beruht auf diesem Empfangs- und Abstrahlungsprinzip die Wirkungsweise der Phytotherapeutika und Homöopathika, ja sogar der Nahrung allgemein.

Bei Pflanzen ändern sich Antennenlänge und Antennenwinkel in den verschiedenen Wachstums- und Reifestadien. So kann jede Entwicklungsphase die momentan benötigten Energien aus dem Gesamtspektrum herausfiltern. Dieser Antenneneffekt erklärt die unterschiedlichen Reaktionen von Pflanzen auf diverse Umweltreize, vom Wachstum durch Licht- und Wärmestrahlung bis hin zum Absterben durch technische (Mikrowellen)frequenzen, zum Beispiel im Einflussbereich von Sendern und Radaranlagen. Die im Millimeter- bis Zentimeterbereich liegenden Wellenlängen werden von den Blatt- und Nadelstrukturen offenbar besonders gut erfasst (Waldsterben). So kann beispielsweise aus der Länge vorzeitig abgestorbener Kiefernnadeln die Wellenlänge des den Schaden verursachenden Senders berechnet werden.[1]

---

1 Reinhard Schneider: Baumleben – Baumsterben. Zeitschrift und Archiv für angewandte und theoretische Radiästhesie 5 (1984), S. 3–30. Oktogon-Verlag, Wertheim am Main.

Antennenstrukturen bei Tieren

Im makroskopischen Bild zeigen sich entsprechende Antennenstrukturen insbesondere bei Fühlern bzw. Antennen von Insekten und diversen Kleinlebewesen. Diese „groben" Strukturen dienen allerdings weniger der Aufnahme von Lebensenergie als vielmehr der Ortung von Eigenresonanzschwingungen der Beutetiere. Entsprechende mikroskopische Strukturen finden sich auch in den „Gehörgängen" von Zugvögeln, die sich während ihres Fluges offenbar an kosmischen Strahlungsfrequenzen orientieren (Abbildung 6).[2]

Im Nahbereich von Sendern verlieren diese Tiere die Orientierung, da sie dort auftretende Frequenzen empfangen; Bienen können durch UV-Strahlen abgelenkt werden, und eine Schlange findet ihre Beute nicht mehr, wenn man ihr die Zungenspitze kürzt.

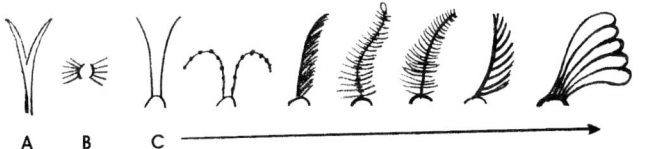

Abbildung 6
Strukturen von Fühlern bzw. Antennen bei Tieren
A zeigt die gespaltene Zungenspitze einer Schlange,
B die „Barthaare" von Katzen, Hunden, Nagetieren und anderen Kleinsäugern,
C stellt eine Reihe von Insektenfühlern dar. Das Bild lässt sich beliebig in den mikroskopischen Bereich hinein fortsetzen (Einzeller).

2   Lakhovski: Das Geheimnis des Lebens.

Der Mensch als Empfangsantenne

Betrachten wir zunächst auch hier nur die makroskopischen Strukturen: Millimeter-, Zentimeter- und Dezimeterwellen (Erdstrahlung, Funk, Mikrowellen) werden vom Menschen möglicherweise direkt über die Längen von Nervensträngen empfangen, was die hohe Affinität technisch erzeugter Strahlung zum Nervensystem erklären würde. Im Bereich der Zentimeter- bis Meterwellen können die Gliedmaßen und der Körper in seiner Gesamtheit als Empfangsantenne wirken. Für spezielle Wellenlängenbereiche (Fernsehband) scheint die Schädelkalotte als Resonanzorgan zu fungieren. Ihre Eigenresonanz liegt im Bereich der Fernsehsender.[3] Die Form der Schädelkalotte entspricht dem konkaven Hornstrahler (Richtstrahler) der Fernmeldeanlagen; die empfangene Strahlung wird direkt auf das Kleinhirn projiziert – man braucht durchaus kein Fernsehgerät, um die entsprechenden Sender zu „empfangen".

Im makroskopischen Bereich der Lebewesen scheinen Zellverbände und intrazelluläre Strukturen kosmische Schwingungsenergien aufzunehmen. Gehen wir weiter hinein in den Aufbau der Moleküle, also der Grundbausteine des Lebens, finden wir eine unglaublich große Anzahl von Strukturelementen und molekularen Bindungslängen, deren Empfangscharakteristik einen sehr weiten Frequenzbereich überstreicht. Vornehmlich handelt es sich hier um Strukturen für den Empfang

---

3   Gernot Mauritius: Bau und Biologie. In: Andreas Rech, Kosmopathie, S. 279–317.

hochenergetischer, extrem kurzwelliger Strahlung wie Höhenstrahlung und Ultrastrahlung, die für die Wetterfühligkeit von Menschen, Tieren (und Pflanzen) verantwortlich gemacht werden können.

Über die rein mechanische Aufnahme der Schwingungsenergien hinaus sind Organismen in der Lage, diese kosmische Lebenskraft gewissermaßen für den „Abruf" zu speichern. Dabei sprengen die aufgenommenen Energien lockere Bindungsstrukturen der Molekülverbände und zwingen sie zu einer Neuorganisation ihrer räumlichen Strukturen. Damit ist die aufgenommene Lebensenergie schwingungsmäßig in der Molekularstruktur der Zellflüssigkeit verankert. Diese veränderte Strukturinformation beeinflusst nun molekulare Diffusions- und Transportvorgänge, sodass letztlich Auswirkungen im makromolekularen Bereich bis hin zu Krankheiten erwartet werden müssen. Gesundheit und Krankheit hängen also letzten Endes ausschließlich von der Art der aufgenommenen Schwingungsenergien ab. So führt die Aufnahme „guter" Schwingungen zum Heil und die Aufnahme „böser" Schwingungen zur Krankheit.

Da jeder Empfänger aber zugleich als Sender fungieren kann („Ausstrahlung" eines Menschen), beeinflusst die *Eigenmodulation* der Empfangsstrukturen über den Geist *auch* den Gesundheitszustand des Menschen. Wer Böses denkt und böse handelt, von Zorn, Hass und Neid erfüllt ist, schadet auf diese Weise sich selbst und seinen Mitmenschen. Wer dagegen bestrebt ist, nur gute Gedanken zuzulassen und Gutes zu tun, der programmiert sich automatisch auf den Empfang der guten Schwingungen, die ihn umgeben. Wir haben es also selbst in der Hand, was wir empfangen wollen, welcher Kraft wir uns anschließen, von wem wir uns steuern lassen – das ist unser freier Wille!

Die entscheidende Schlussfolgerung aus dem hier Dargestellten ist, dass die uns von Natur aus vorgegebenen Resonanzstrukturen und Antennenlängen zwar prinzipiell unser Leben weitgehend aufrechterhalten, dass wir aber über unseren Geist und Willen (zumindest in gewisser Weise) in der Lage sind, zu entscheiden, was wir aufnehmen wollen und wogegen wir uns verschließen. Da gute und böse Kräfte allgegenwärtig sind, gleicht unser ganzes Leben einer fortlaufenden Entscheidung. Und mit jeder dieser Teilentscheidungen bestimmen wir unseren Lebensweg. In den meisten Fällen ist deshalb die Krankheit oder Belastung, die uns trifft, selbst dadurch verschuldet, dass wir dem Bösen Zugang zu uns gewährt haben. Und auch mit allen Dingen, mit denen wir uns umgeben, mit Büchern, Bildern oder mit der Musik, die wir hören, prägen wir uns selbst. Die unbelastete Natur ist rein göttlich, sie kann uns nur zu unserem Heil führen. Die Unnatur, die wir selbst schaffen durch unsere Technologie oder in unserem Innern, ist das Böse, das uns belastet.

Antennenstrukturen und -wirkungen von Runen, Amuletten und magischen Zeichen

Runen gelten ebenfalls als Antennen zu kosmischen und geistigen Kraftströmungen. Auch sie sind Akkumulatoren einer verstärkten Aufnahme von Lebenskraft. Der optische Eindruck gezeichneter Runensymbole entspricht den klassischen Antennenstrukturen, die wir im Tier- und Pflanzenreich bereits kennengelernt haben. Bei der Arbeit mit Runen werden die einzelnen Runensymbole oft zu Binde-Runen kombiniert, um deren Einzelkräfte zu kumulieren, das heißt ihre Antennenfunktionen zu verstärken (Abb. 7 und 8, S. 374).

Die Anwendung von Runen ist vielen Menschen wohl weniger aus dem sakralen Rahmen als vielmehr aus dem Bereich der Magie bekannt, in der sie in Form magischer Zeichen und Sigel Verwendung finden, unter anderem zur Anrufung von oder als Schutz vor Geistern. Die heute noch verwendeten Runen im Sakralbereich entstammen dabei der gleichen Quelle. Religion und Magie sind ursprünglich nie getrennt worden, weil beide mit den gleichen Kräften arbeiten. Sie unterscheiden sich bestenfalls in der geistigen Einstellung ihrer Anwender, denn alle um uns befindlichen Kräfte können zu guten oder bösen Zwecken herangezogen werden.

ᚢ ᚦ ᚱ ᚲ ✳ ᚼ ᛁ ᛋ ᛏ ᛒ ᛚ ᛉ ᛜ

Ur Thorn Rit Ka Hagal Noth Is Sig Tyr Bar Laf Man Gibor

Abbildung 7
Beispiele für Runensymbole

Überall zeigen sich Strukturen, die wünschelrutenartigen „Antennen" entsprechen. Auch die Stabform der *Is*-Rune findet als Antenne Verwendung. Formt der Mensch mit Händen, Armen und Körper eine Rune, so wird er zur Spezialantenne, die bestimmte kosmische Schwingungen verstärkt empfangen kann. Runen dienen aber auch als „Induktor" zur psychischen Abstimmung, das heißt als Objekt, das die mentale Wahrnehmung erleichtert. So können gezeichnete Runensymbole auch zu magischen Praktiken im Sinne der Anziehung himmlischer oder dämonischer Kräfte dienen oder als Amulette (Schutzsymbole) fungieren. Je nach Stellung des Runensymbols (aufrecht, liegend, kopfstehend) kann es als Symbol göttlicher Kräfte oder als Dämonium wirken.

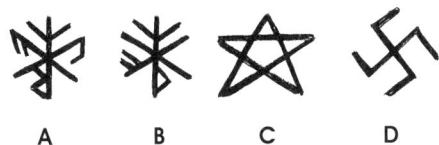

A B C D

Abbildung 8
Beispiele für Runen-Kombinationen

A kombiniert die wichtigsten Runen des weiblichen (aufnehmenden) Prinzips auf der Basis der *Hagal*-Rune, **B** die der wichtigsten männlichen Prinzipien.[4] Das Pentagramm **C** (Drudenfuß, Symbol zauberischer Volksfrömmigkeit) dient, in magischen Kreisen angewandt, oft als Schutz- oder Abwehrsymbol. Das Hakenkreuz **D** ist in der hier dargestellten Form eine zum Dämonium abgewandelte Rune und dient der Anziehung satanischer Kräfte.

4 Nach Spiesberger: Runenmagie, S. 112.

374

Wenden wir uns den Runenkombinationen zu, den Sigeln und Amuletten, dann fällt es schwer, in ihnen noch Antennenstrukturen zu erkennen. Auch werden diese Zeichen gewöhnlich nicht in Form von räumlichen Gebilden, Drahtgestellen oder Ähnlichem verwendet, sondern in Form von Zeichnungen auf Papier, Holz und Stein oder in Prägungen von Metall, Wachs und Ähnlichem. Abbildung 9 (S. 376) zeigt, dass in magischen Sigeln nur noch teilweise die klassischen Runenformen Verwendung finden. Und dennoch ist die Wirkung dieser Sigel für den „Eingeweihten" oder mit ihrem Umgang Geübten eine wesentlich höhere und stärkere als die der einzelnen Symbolteile. Daraus lässt sich ableiten, dass es nicht (nur) die physikalische Darstellung einer Rune ist, ihre Zeichnung oder ihr geschnitztes Symbol, sondern die geistige Haltung ihres Anwenders, welche die Runenkräfte zum Leben erweckt, damit er sich ihrer bedienen kann. Runen sind also gleichsam verschlossene Kraftquellen, zu denen nur der Zugang findet und die nur der nutzen kann, der dazu in sich den passenden Schlüssel trägt.

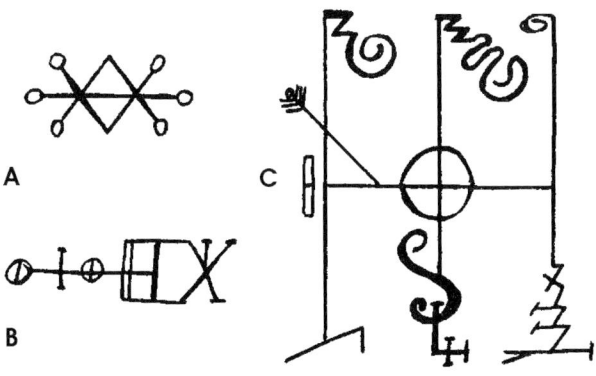

Abbildung 9
Übergang von Runenstrukturen zu
Sigeln mit reinem Symbolcharakter

A zeigt das Planetenzeichen des *Saturns*. Hier ist die Darstellung der Antennenstrukturen noch klar erkennbar. **B** ist das Sigel des Erzengels *Raphael* und **C** das des Geistes *Aziel*, wie es von *Dr. Faustus* im „großen und gewaltigen Höllenzwang" verwendet wurde.[5]

---

5   Die Abbildungen sind den Bänden 1 und 2 der „Zauberbibliothek" von Georg Horst entnommen. Bd. 1, S. 133 u. 144 bzw. Bd. 2, S. 117 der Freiburger Ausgabe.

Mentale Abstimmung der Aufnahme- und Sendefunktion

Runenübungen magischer Adepten bauen auf Atem- und Konzentrationsübungen auf. Der Mensch kann dabei durch bestimmte Körperhaltungen „eine Rune stellen" (Orationsstellung = *Sig-Tyr*-Rune) oder durch Fingerhaltungen, die als Mudras besonders bei den östlichen Mystikern buddhistischer und hinduistischer Schulen Anwendung finden. Abbildungen des stigmatisierten *Pater Pio* zeigen, dass er auch außerhalb der Messfeier bei Gebeten die Runenstellung (Orationsstellung) bevorzugte. Das Runengebet verwendet auch die Lautschwingungen gesprochener Worte (Mantras = hinduistische „Zauberworte"), um das „Versunkenheitsbewusstsein" (Carl *Albrecht*) zu wecken. Dabei verleihen „geheimnisvolle Buchstaben und Formeln" dem Sprecher magische Kräfte. Wiederholung (vgl. Rosenkranzgebet, Kettengebete) und richtige Aussprache sind dabei wichtige Methoden, um die empfangenen kosmischen Kraftströmungen zu verspüren und umzusetzen. Die bewusste Konzentration auf und Öffnung für das zu Empfangende schafft dabei den Übergang von der physikalischen zur geistigen Antenne. Beide Effekte gehen hier Hand in Hand. Über die äußeren Übungen, Stellungen, Worte und Betrachtungsobjekte werden gleichsam auch die inneren Antennen auf Empfang programmiert, sodass die Kraftströmungen das Innerste des Menschen durchdringen können. Wer die Kraftaufnahme durch die äußeren Faktoren beherrscht, kann dann zu gezeichneten Symbolen oder entsprechenden „psychischen Induktionsobjekten"[6] übergehen, die ihm bei der Aufnahme kosmischer Kräfte Hilfestellung leisten. Der Kraft der Imagination, mit der diese Objekte betrachtet werden (Kreuz, Heiligenbilder, Amulett), kommt damit praktisch ein „Antennen-Abstimmungseffekt" zu, der die körpereigenen Resonanzsysteme aktiviert. Damit wird dann der Übergang geschaffen zu einer rein geistigen Abstimmung, die im Versunkenheitsgebet zu ekstatischen Zuständen führen kann, die unter Umständen auch mit übernatürlichen Erscheinungen verbunden sind (Leuchten, Levitation, paranormal erworbene Erkenntnisse, Bilokation, Erscheinungen, Zungenreden oder Poltergeistphänomene). Ist der „Informationskanal" im Menschen erst einmal geöffnet, reicht dann allein die Vorstellungskraft, um mit unsichtbaren Kräften und Mächten, mit Verstorbenen, Heiligen, Engeln, Jesus, aber auch mit noch lebenden Menschen in Kontakt zu treten. Den Symbolen, Sigeln und Bildern kommt dann nur noch die Funktion eines vermittelnden Katalysators zu. Der wirklich Geübte und Begabte benötigt noch nicht einmal diese Hilfsmittel.

Von erfahrenen Radiästheten ist bekannt, dass sie die Strukturen geologischer und anderer Kraftfelder auch ohne Hilfsmittel per Blickkontakt erfassen können. Erfassen heißt dabei „inneres Sehen" oder „Erfühlen" mit

---

6   Als „psychischer Induktor" werden Objekte bezeichnet, die Sensitiven (paranormal Begabten) die Außersinnliche Wahrnehmung erleichtern. So kann beispielsweise die Halskette, Taschenuhr, Kleidung oder das Bild eines Menschen so von seinem „Fluidum" durchtränkt sein, dass dem Sensitiven über dieses Objekt ein mentaler Zugang zum Geist des lebenden oder toten Besitzers ermöglicht wird.

einer Projektion nach außen, das heißt bis hin zu Körperreaktionen wie Schaudern, Zittern, Kribbeln, Weinen usw. Der Mensch ist Empfänger und Sender zugleich. Er kann Kräfte aufnehmen, umsetzen und abgeben. Er kann entscheiden, ob er gute oder böse Kräfte aufnimmt (soweit er sie erkennen kann), und auch, ob er gute oder böse Kräfte aussendet, die dann ihn und seine Umgebung gleichsam imprägnieren. Deshalb können zum Beispiel Runen je nach Anordnung (aufrecht stehend oder gestürzt) die Aufnahme guter oder böser Kräfte ermöglichen. Wenn man dieses nicht weiß und die heiligen Zeichen beispielsweise im sakralen Rahmen falsch anwendet, kann man durchaus das Gegenteil von dem erreichen, was man eigentlich will. Es sei deshalb davor gewarnt, die heiligen Runenzeichen auf Messgewändern oder anderen liturgischen Objekten zu verändern. Auch die Neuschöpfung von Symbolen bringt große Gefahren für das Seelenleben mit sich, wenn sie sich nicht an den von Symbolen ausgehenden Kraftfeldern orientiert, sondern lediglich an Nützlichkeitsaspekten und zweifelhafter optischer Schönheit. Ich denke dabei besonders an „modern" und „künstlerisch" ausgestattete neuere Kirchenbauten, die eher das Gruseln als heilige Andacht erwecken.

Die aufgenommene Lebenskraft ist übertragbar. Mit Runen, Amuletten und geweihten Gegenständen kann man heilen. Ebenso kann der heilen, der die Kraft aufgenommen hat. Das zeigt, dass für die Wirksamkeit des Symbols auch die Glaubenskraft maßgeblich ist, die auf den zu Heilenden übertragen werden muss, sodass nicht

Material und Herkunft die Macht eines magischen Symbols bestimmen, sondern die gläubige Seelenkraft, die vom Anwender darauf überströmt. Ein Symbol wirkt also zweifach: Erstens bildet es einen psychischen Induktor, der den Anwendenden zur Berührung mit Kraftfeldern oder Wesenheiten führt, und zweitens wirkt es selbst als Objekt über die Kraft, die es aufgenommen hat oder die auf es beim Vermittlungsprozess vom Menschen übertragen wurde. Bruno *Gröning* „heilte" mit Stanniolkügelchen. Das heißt einerseits, dass die Kugeln mit einer heute noch messbaren Kraft imprägniert waren, und andererseits, dass diese („geweihten") Objekte es dem Träger ermöglichten, einen persönlichen Kontakt zur kosmischen Heilkraft, zum „göttlichen Heilstrom" herzustellen, denn nicht der Mensch heilt, sondern nur Gott.

Man kann also sogar Lebenskräfte auf „tote" Materie übertragen. Unter diesem Gesichtspunkt basieren die alten Erzählungen von einem selbst geschaffenen *Golem* oder *Tulpa* tatsächlich auf Tatsachen, weil die übertragene Lebensenergie an solchen Objekten gemessen werden kann. Auch die Schaffung gänzlich neuen Lebens durch derartige Prozesse ist im Rahmen neuerer Erkenntnisse der *Orgon*-Biophysik nicht völlig von der Hand zu weisen. Aus diesen Prozessen erkennen wir zumindest, dass wir für unser schwingungsmäßiges (energetisches) Umfeld selbst verantwortlich sind. Unser Geist kann das Gute schaffen und das Böse vernichten, er kann Krankheit heilen und auf physikalische Objekte einwirken (Uhren anhalten, Elektronik stören). Unsere Innenwelt und unsere Außenwelt sind nach den gleichen archetypischen Prinzipien aufgebaut, sodass wir nach dem Gesetz der Resonanz immer nur mit dem in Kontakt kommen können, zu dem wir in Schwingungsübereinkunft stehen. Dieses Naturprinzip führt zur Identität von Außenwelt und Innenwelt, wie es in den hermetischen Philosophien eindrucksvoll in die Worte „Mikrokosmos gleich Makrokosmos" *(Paracelsus)* beziehungsweise „wie oben, so unten" („Tabula Smaragdina" des *Hermes Trismegistos*) gekleidet wurde. Gottes Kraft ist Allgegenwart, im Kosmos wie im kleinsten Atom, sodass letztendlich alles alles zu beeinflussen vermag.

Ich weise in Gesprächen mit anderen Menschen vielfach darauf hin, dass auch Bücher eine Ausstrahlung haben, eine gute oder eine negative. Denn ich spüre es am eigenen Leibe, wie es prickelt oder brennt, wie ein Kältegefühl ausgestrahlt wird und ich unangenehme Gefühle oder sogar Schmerzen bekomme, wenn ich ein Buch mit negativer Ausstrahlung in der Hand habe, und wie es andererseits entspannt, wärmt und in den Händen pulsiert, wenn es ein Buch mit guter, heiliger Ausstrahlung ist. Natürlich kann auch diese Ausstrahlung in ihrer Reichweite und Intensität radiästhetisch vermessen werden. Meist sind es mehrere Wellenlängen, die hier ausgestrahlt werden. Auch hier entspricht heilig und profan, göttlich oder dämonisch oftmals nur der Polarisationsrichtung der Strahlung: rechtsdrehend ist göttlich und lebenspositiv, linksdrehend ist dämonisch und tödlich. Allerdings ist nur bei wenigen Frequenzen, speziell aber bei den heiligen elektrischen Frequenzen eine solch krasse Unterscheidung zu ziehen.

Wie kommt es dazu, dass so etwas möglich ist? Bei einem Buch handelt es sich doch nur um ein „reines Druckwerk", dem schwerlich Symbolcharakter oder Kraft durch Imagination zugeschrieben werden kann. Zudem hat man das Buch noch nicht einmal gelesen, sondern hält es nur in der Hand oder spürt es gefühlsmäßig unter mehreren anderen. Man muss sich dabei einfach klarmachen, dass alles Gedruckte geschrieben wird, um eine Aussage zu machen, uns etwas zu vermitteln. Diese Aussage, die dem Leser überbracht werden soll, hat einen geistigen Wert. Das Gedruckte soll geistige Informationen übertragen. Das ist eine geistige Schwingungskomponente, die gleichsam „im Raum steht" und die nur über unseren Geist aufgenommen werden kann. Das Geschriebene muss in unserem Geist umgesetzt und gefühlsmäßig erfasst werden. Nur so können wir zwischen einer traurigen oder einer freudigen Botschaft unterscheiden, die uns Anteil nehmen lässt oder Abwehr in uns hervorruft. Es ist die geistige Ausstrahlung des Geschriebenen, die hier in uns wirkt, auch dann, wenn wir sie gar nicht empfangen wollen.

Durch den Kontakt zu einem Buch oder einer sonstigen Druckschrift setzen wir uns sofort mit des Geistkomponente in Verbindung, die dieses Schreiben verfasst hat und die der Träger der Aussage ist, die über dieses Druckwerk vermittelt werden soll. Wenn man ein Buch nachts unter sein Kopfkissen legt, kann man tatsächlich seinen geistigen Inhalt erfassen. Was davon für den Verstand „zu hoch" ist, kann allerdings nicht in das Wachbewusstsein hinübergenommen werden, sodass ein verstandesmäßiges Lernen auf diese Weise nicht möglich ist. Den Geist, die Aussage, können wir gefühlsmäßig nur in einer Ganzheit ohne zeitliche und räumliche Komponente erfassen und brauchen deshalb nicht unbedingt das Gedruckte Wort für Wort zu lesen, doch können wir eben nicht ausdrücken, was in diesem Buch nun geschrieben steht, denn Geist ist mit Intellekt nur schwer vereinbar.

Das, was übertragen werden soll, wirkt in seiner Gesamtheit auf uns ein und veranlasst in uns die entsprechenden Gefühlsreaktionen. Aus diesem Grund sollte man mit seinen Büchern und Druckschriften recht sorgsam umgehen, insbesondere mit sogenannter esoterischer Literatur. So sollte man beispielsweise Bücher mit negativer Ausstrahlung, soweit man sie spürt und sofern man sie überhaupt lesen möchte, nicht in seinem Schlafzimmer aufbewahren, weil sonst die negative Ausstrahlung in der Nacht, wenn wir am aufnahmefähigsten sind, auf unseren Organismus einwirken und ihn umprogrammieren kann. Mit Büchern guter Ausstrahlung dagegen können wir uns gerne umgeben, um davon zu profitieren. Aber in der Nacht sollten auch sie gemieden werden, damit wir zur Ruhe kommen können. Nachts brauchen wir weder übermäßig positive noch negative „künstliche" Strahlungsanregung; die Aufnahme von Lebenskraft erfolgt von ganz allein; unser Schöpfer weiß, was wir benötigen. Wie ließ *Umberto Eco* seinen Romanhelden William von Baskerville im Buch „Der Name der Rose" doch so treffend sagen: „Bücher führen ein Eigenleben, sie kommunizieren miteinander; Bücher reden über Bücher." Sie können höhere Wahrheiten aussprechen, selbst wenn sie dem Buchstaben nach lügen, und ebendiese Wahrheiten bleiben ewig bestehen, sind der geistige Gehalt, der über die Zuhilfenahme des Buches „angezapft" werden kann. Ja, es ist wahr, dass jedes Buch seine eigene Ausstrahlung hat, eine Individualität aufweist, die mit anderen Werken, mit anderen Schwingungen, mit Schwingungen von Organismen, mit uns persönlich in Wechselwirkung tritt und uns dadurch helfen kann auf dem Weg zu unserem Verderben oder zu unserem Heil.

Das Heil erfahren,
das ist die Wahrheit

Dieser Titel des gleichnamigen Buches von Grete *Häusler* ist ein Ausspruch des Heilers Bruno *Gröning*. Die Worte sollen besagen, dass der Mensch nicht „menschenhörig" sein soll, sondern „gotthörig". Denn Rat und Handlungsweise des Menschen sind unvollkommen, vielfach eher schädlich als nützlich. Wenn wir in unserem Innern auf Gottes Stimme hören und uns Seine Gesetze in Geist und Praxis zu eigen machen, dann kann uns auch nur Gutes widerfahren. Und selbst das brauchen wir nicht zu glauben, aber wir haben die Pflicht, uns davon zu überzeugen. Wer nach seiner geistigen Umkehr zum Göttlichen hin das Heil, die Heilung von Krankheit am eigenen Leibe erfahren hat, wer mehrfach „unheilbare Krankheiten" hatte und die „Wunderheilung" (eigentlich ein unsinniges Wort) am eigenen Leibe erlebte, der wird den Sinn der Worte am besten verstehen können. Was man am eigenen Leibe verspürt, das ist die Wahrheit und nicht das, was uns die Wissenschaft glauben machen will oder was sie verleugnet.

Heilung aus dem Glauben

Wir alle sind auf der Suche nach unserem Heil, sei es, um seelisches Gleichgewicht und Selbstzufriedenheit oder körperliche Unversehrtheit zu erlangen. Wir alle wollen das Heil am eigenen Leibe erfahren und nicht nur davon reden hören. Das ist auch der wahre Grund, der uns zur Religion oder zur Kirche zieht – unsere eigene Heiligung, „denn ich bin der Herr dein Arzt", heißt es im 2. Mose 15,26. Doch wer nur aus Tradition an den kirchlichen Gepflogenheiten hängt und den Glauben an ein höheres Wirken nicht in sich hat, der gehört zu den Lauen, von denen es heißt, dass sie verdammt werden. Wer kann denn aufrichtig sagen, er gehe zur Kirche, um Gott zu loben und ihm zu danken, um im Sakrament des Altares mit ihm vereint zu sein? Viele, die es von sich heraus zur Kirche zieht, suchen doch wohl Hilfe und Stärkung. Doch nur den wenigsten kann die dort verkündete Glaubenslehre wirklich helfen. Wer hat schon dort seine Gesundheit wiederbekommen? Ist Jesus tot, gerade dort, wo er leben sollte, im Allerheiligsten, in der Eucharistie? Müssen wir ihn verleugnen, nur weil wir ihn nicht mehr fühlen, weil wir uns zu weit von ihm entfernt haben? Nein, Jesus lebt[1], und seine Lehre hat heute immer noch die Kraft, zu heilen; *seine* Lehre und nicht die seiner Verkünder, denn die Zeit der heilenden

---

1 Vgl. den gleichnamigen Buchtitel von E. Tardif und J. Fiores. Die Autoren berichten über Massenheilungen während eucharistischer Großveranstaltungen sowie in kleineren Gebetsgruppen. Das Buch zeigt die Heilungsmacht des auferstandenen Jesus, der auch heute noch Kranke in überraschender Weise heilt.

Apostel ist vorbei. Es ist auch heute noch wahr, dass es kein „unheilbar" gibt.[2] Nur, wer kann heute noch aus vollem Herzen glauben wie ein Kind? Es ist bezeichnend für unsere Zeit, dass in den ärmsten Ländern der größte Glauben herrscht und dass die Menschen dort viel rascher und zahlreicher auf geistigem Wege geheilt werden als bei uns in Deutschland. Wer kann heute noch in allen Lebenslagen voll vertrauen auf Gottes absolute Allmacht und Hilfe? Uns fehlt die direkte Verbindung zu Gott und seinen Helfern. Auch die Menschen, die sich „Stellvertreter Gottes auf Erden" nennen, haben diese Verbindung in den meisten Fällen verloren. Auch sie unterwerfen sich menschlichen Geboten und Gesetzen. Wie sollen sie anderen Menschen helfen können, wenn sie selbst nicht einmal wissen, wovon sie reden, weil sie das Heil am eigenen Körper niemals erfahren haben? Welcher Priester wird uns die biblische Heilung eines Besessenen, Gelähmten oder Aussätzigen glaubhaft machen können, wenn er sich selbst nicht von dieser Möglichkeit überzeugt hat, wenn er selbst nicht auf wunderbare Weise geheilt worden ist oder Wunderheilungen in der heutigen Zeit beigewohnt hat? Das Problem liegt darin, dass der Glaube für uns abhängig geworden ist von Erfahrungen, und das ist nicht mehr der Glaube, den Jesus uns gelehrt hat.

---

2   Vgl. M. Kamp: Bruno Gröning. – Unglaubliches geschah durch Grönings Wort: Lahme konnten wieder gehen, Blinde sehen, Taube hörten wieder. Die Wunder geschehen weiterhin; Tausende erleben in unserer Zeit Hilfe und Heilung durch seine Lehre.

Heilung durch das Wort und den Ort

Von welcher Kanzel ertönt heute noch das lebendige Wort Gottes, das Blinde sehend oder Lahme gehend gemacht hat? Das Wort ist nur noch dem Schall nach vorhanden; es fehlt die Kraft, weil die, die es verkünden, selbst nicht mehr daran glauben und selbst nicht danach leben, weil ihr Verstand es ihnen verbietet. Das Wort eines mit Gottes Gnade Ausgestatteten dagegen ist eine leitende, führende Kraft, die Heilung bewirkt. Und wer dieses Wort der Wahrheit nicht hören will, der braucht die Heilung erst gar nicht zu suchen. Das Wort wirkt nur dann heilend, wenn Sprecher und Hörer wirklich davon überzeugt sind, wenn der Sprecher das Heil selbst am eigenen Leibe erfahren hat und der Hörer absolut bereit ist, sein Leben zu ändern, dem Bösen in all seinen feinsten Schattierungen und Nuancen zu entsagen und die Wahrheit des Wortes aufzunehmen ohne Wenn und Aber, am besten unter Ausschaltung seines Verstandes.

Das Wort reinigt und vergibt Sünden: „Ihr seid schon rein, durch das Wort, das ich euch gesagt habe" (Joh 15,3). „Denn es heilt weder Kraut noch Pflaster, sondern Dein Wort, Herr, welches alles heilt" (Weish 16,12), weil es das „Wort des ewigen Lebens" ist (Joh 6,68). Wer selbst erlebt hat, wie das Wort eines gottbegnadeten Menschen, Heilers oder Priesters Dämonen austreibt, Blinde sehend und Lahme gehend macht, der wird verstehen, warum Kanzeln und Altäre auf den Kraft übertragenden geomantischen Kreuzungspunkten standen, und der wird auch verstehen, warum nicht nur das Evangelium vom (zumindest begnadeten) Priester gelesen werden muss und nicht vom Diakon oder einem Lektor. Die Lesungen werden heute allgemein von Ministranten gehalten, die noch weniger von dem verstehen, was sie vorlesen, als die Priester. Wen wundert es, wenn das Wort nicht mehr heilt, wenn weder Ort noch Person noch Glaube stimmen? Die Orte, an denen Heilungen bevorzugt stattfinden, sind nahezu überirdische Gnadenstätten, angelegt von Priestern alter Kulturen, welche die Kräfte der Erde kannten. Oder es sind Orte, die Gott selbst offenbart hat, indem er hier Wunderdinge geschehen ließ. Was uns fehlt, ist um uns, wir brauchen uns dessen nur zu bedienen.

Heilung durch das Gebet

Wem nutzt noch das Gebet, wenn nicht mehr geglaubt wird, was gebetet wird? Wer glaubt denn noch, dass es stimmt, was Jesus einst gesagt hat: „Wer meinen Vater in meinem Namen um etwas bittet, der wird es auch erhalten." Unsere Erfahrung scheint dem entgegenzustehen, wenn Gott nicht so will, wie wir wollen. Was wissen denn wir von unserem Heilsplan und den Wegen, die wir zu gehen haben? Heil kann man nicht verlangen, man muss es sich verdienen und in der Führung Gottes ausharren in allen Situationen. Bereits der Zweifel öffnet die Seele dem Bösen, sodass Gottes Heilkraft nicht mehr wirken kann, weil wir uns freiwillig vor ihr verschließen. Sich mit der Krankheit abzufinden ist bereits das Böse, weil es die Zweifel zeigt an Gottes Allmacht. Wer in vollem Glauben bittet, dem wird wirklich geöffnet, wenn er anklopft. Alles, was man sich sehnlichst erfleht, kann Wirklichkeit werden, man muss den Wunsch nur abgeben können. Was man festhält, kann sich nicht verwirklichen. All die Sorgen, die sich der Ungläubige macht, hemmen das Gottvertrauen und damit das Wirken Gottes auf den Betreffenden. Auch wer an seiner Krankheit festhält, wird sie behalten, denn Gott stiehlt nicht; man kann sie aber Jesus freiwillig übergeben – er hat sie bereits für uns am Kreuz getragen und würde es immer wieder tun. Damit eröffnet er uns den Weg zur Befreiung. Nur das absolute Gottvertrauen lässt Seine Führung und die Verwirklichung Seines Willens zu. Wir sind selbst Schuld daran, wenn unsere Gebete nicht erhört werden, weil sie erstens nicht aus vollem Herzen kommen und weil wir uns zweitens immer noch eine Hintertür der Vernunft offen halten wollen. „Ich möchte ja gesund werden, bin aber nicht bereit, auf meine vorgezogene Rente zu verzichten bzw. umzuziehen bzw. mich von meinem Partner zu trennen" und anderes mehr. So geht es nicht; dann sind die Gebete Zeitverschwendung und der Kirchenbesuch auch. Wer nicht bereit ist, aus vollem Herzen zu beten und zu bitten und sich allen Antworten und Führungen des Herrn zu unterwerfen, der kann Hilfe weder erwarten noch erlangen und schon gar nicht verlangen. Aber wer bereit ist, doch noch nicht fähig zum wahren Gebet, dem kann geholfen werden, denn wer sucht, der findet. Und wenn der Suchende in ein Heiligtum gerät, in dem er, bereits ohne zu beten, die Heilkraft Gottes verspürt, dann wird diese Kraft in ihm durch das Gebet eine Intensitätssteigerung erfahren, und seine Bitten können erhört werden. Deshalb betet man in Wallfahrtskirchen erfolgreicher, deshalb geschehen dort die Wunderheilungen. „Das Heil erfahren" wird damit zum Schlüssel der individuellen Heilung und Heiligung.

Die alten Kirchen wurden an Orten der Kraft errichtet, damit bereits der ungläubige Besucher, der auf der Suche ist, hier die Heilkraft Gottes verspürt und über die körperliche Erfahrung zu Gott und zu seinem persönlichen Heil geführt wird. Beim Gebet kommt es also erstens darauf an, mit welcher Empfangsbereitschaft gebetet wird, und zweitens, wo das Gebet stattfindet, zumindest für den Ungeübten. Nur der charismatisch bereits begnadete Mensch kann es sich erlauben, in einer Zelle zu beten. Er benötigt keine „energetischen Leitlinien" mehr, weil er sich mental auf den göttlichen Kraftstrom einstellen kann. Das ist das Ziel, und dann wird auch das Gebet zum Dialog mit Gott. Er antwortet immer, doch wir sind nicht immer fähig, ihn zu hören, oder wir wollen ihn nicht hören, weil wir wissen, dass wir auf sein Wort hin unser Leben ändern müssten. Die mystische Versenkung im Gebet, die Monotonie der Litaneien sind lediglich Hilfsmittel, die uns die mentale Abstimmung mit Gott erleichtern, sie sind kein Selbstzweck. Sie allein bewirken nichts, keinerlei Gnadengeschenk, keine Gebetserhörung. Nur der aufrechte Wille, Gottes Befehl und Gebote auch anzunehmen und in die Tat umzusetzen, bewirkt die „richtige Programmierung", die uns der göttlichen Heilkraft öffnet.

Heilung aus „toten" Kirchen schöpfen?

Eine Kirche, die nicht nach geomantischen Gesichtspunkten ausgerichtet ist, ist bereits eine tote Kirche, die Heilserfahrungen zwar nicht unmöglich macht, aber extrem erschwert. Wenn die spürbare Kraft fehlt, wird es dem Gläubigen schwerfallen, sich auf die „Frequenzen der Götter" einzustimmen, denn der Sinnenmensch kann leider nur das glauben, was er sieht und spürt. Erschwerend kommt hinzu, dass Kirchen heute durch Installationen von Technik im Innern sowie im Umfeld der Kirchen energetisch total zerstört werden. Das beginnt schon bei Wasserleitungen und Erdkabeln (Stromkabel), Laternenpfählen oder Ampelanlagen im kirchennahen Bereich, die ihre pathologischen Frequenzen in die geologischen und geomantischen Zonen „einspeisen" und so auch im Innern der Räume wirksam werden.

Ich fand bereits mehrere Beispiele, wo Sendemasten für die Handy-Sender in Kirchtürme eingesetzt wurden. In einem Fall in Kärnten konnte aus diesem Grund eine berühmte Domglocke nicht geläutet werden, weil die Installationen die Bewegungsfreiheit der Glocke einschränkten. Ein dort stationierter Priester wunderte sich, dass er sich in einem bestimmten Teil der Kirche überhaupt nicht mehr wohlfühlte und ihm schwindlig wurde. Auf die Zusammenhänge mit den Sendern im Kirchturm aufmerksam gemacht, ging ihm dann „ein Licht auf". Es sind auch die Stahlbetonbauten, die kosmische Kräfte abschirmen, geologische Zonen verzerren und an pathologische Schwingungen der technischen Installation „koppeln". Es sind die denaturierten und künstlichen Baumaterialien, mit deren unbiologischen Schwingungen die Gläubigen bestrahlt und unter Umständen sogar vergiftet werden (belastende Restaurationsmittel). Es ist der falsche Einsatz natürlicher Baustoffe, insbesondere massiver Natursteine. Wer einmal erlebt hat, wie mit einem einzigen Pflasterstein durch polungsrichtiges Auslegen eine belastende Wasserader abgeschirmt werden kann oder die Raumharmonie verändert wird, der kann sich vorstellen, wie massive Natursteinsetzungen wirken können, wenn sie unbewusst und ohne entsprechende Planung zum Einsatz kommen. Es ist die Technisierung im Kircheninnern (Beleuchtung, Heizung, Lautsprecher), welche die natürlichen Zonen durch Wechselwirkungen mit elektromagnetischen Wellen zerstört und pathologische Zonen aufbaut. Ein Stromkabel, das über eine Wasserader gelegt wird, kann das gesamte Kirchenschiff mit belastenden Frequenzen erfüllen. Das sind nur die wichtigsten Punkte. Die Kirche der Neuzeit gleicht eher einer „energetischen Folterkammer" als einem Haus, in dem Gottes Heilkraft wirken soll.

Und dennoch finden hier viele Menschen Kraft und Zuversicht. Was ist es, das auch diese Kirchen noch zu Rettungsankern für Gläubige werden lässt? Es ist das Überwiegen des Guten gegenüber dem Bösen! Wo Licht ist, müssen die Schatten weichen. Es sind der hier aufbewahrte Leib Christi, die Bilder von Heiligen, Figuren und Gemälde, die Heiligenreliquien des Altares, und es sind das Gebet der Gläubigen und der Priester sowie die Feier der heiligen Messe, die hier trotz allem eine gute mentale Imprägnation schaffen können, die zumindest einen Teil der negativen Kräfte kompensieren kann. „Das Böse ist stark, aber das Gute ist immer noch stärker" (Bruno *Gröning*).

Die Anwesenheit des Allerheiligsten, die geweihten Hostien im Tabernakel und all die geweihten Gegenstände im Kirchenraum haben eine starke Eigenschwingung, welche die gesamte Atmosphäre im Raum energetisch anhebt und fühlbar werden lässt, vielfach trotz aller negativen Effekte. Diese geheiligte Dauerschwingung teilt sich dem Kirchenraum mit. Sie imprägniert die Einrichtungsgegenstände, Bänke, Wände und vor allen Dingen auch die geologisch bedingten Kraftfelder im Kirchenraum selbst und in der Luft. Heiligenfiguren haben eine vergleichbar starke und gute Eigenschwingung, die vom Altarraum aus ebenfalls den gesamten Raum überstreicht und prägt, desgleichen alle anderen geweihten Objekte. Jedes Bild strahlt das aus, was es darstellt, wenn es im rechten Sinne hergestellt und geweiht wurde. Eine gut gemachte Heiliggeisttaube strahlt die entsprechende Frequenz aus, eine maschinell hergestellte und nicht richtig geweihte nicht. Wir müssen uns wieder mehr auf die rechten Ursprünge der Dinge besinnen und die entsprechenden Techniken anwenden. Es sind im Besonderen die „Lebenskraft-Schwingung", die „göttliche Universalkraft" (Reinhard *Schneider*) und andere Frequenzen, die von diesen nur scheinbar toten

Gegenständen ausgehen und die am Objekt selbst in unterschiedlicher Intensität nachweisbar sind. Dabei pendelt sich zwischen guten und negativen Schwingungen ein Gleichgewicht ein. Das macht verständlich, warum die Ausstattung einer Kirche für ihren charismatischen oder weniger angenehmen Charakter maßgeblich ist.

Dieses permanent vorhandene „statische Gleichgewicht" der positiven und negativen Kräfte wird durch „dynamische" Faktoren wie Gebet, Rituale, Messfeiern, Sakramente und Weihen zeitweilig erheblich in positiver Hinsicht verschoben, sodass die höchste Kraft immer während einer Messfeier erlebt werden kann. Je mehr „gute" Messen gelesen und „gute" Gebete in einer Kirche gesprochen werden, umso besser ist im Allgemeinen auch die Kraft des Kirchenraumes. Wir produzieren also weitgehend selbst, was auf uns zurückwirkt. Wenn statisches und dynamisches Moment stimmen, addieren sich ihre Kräfte zu unserem Vorteil, wenn aber beides nicht stimmt, dann brauchen wir keine Kirche, und der Gottesdienst kann ebenso gut im Gemeindesaal abgehalten werden, was manche Priester ja ohnehin zu glauben scheinen.

Wir können uns heute wieder ein Beispiel an den alten jüdischen Völkern nehmen, die, wo sie auch Station machten, den Tempel um die Bundeslade herum aufbauten, weil sie wussten, dass Gott hier „persönlich" anwesend war mit einer Kraft, der niemand zu nahe treten durfte, ohne sein Leben zu riskieren. In den Reliquien und im Allerheiligsten finden wir heute nur noch einen schwachen Abglanz der einstigen Kraft. Und gerade deshalb müssten wir diese heiligen Strahlungsquellen in Positionen bringen, in denen ihre Kraft verstärkt werden kann. Lebenskraft gehört zu Lebenskraft. Dann addieren sich die Effekte und verstärken sich. Bringen wir sie aber in falsche Positionen, belasten wir sie mit negativen Effekten, dann schwindet ihre Kraft, und die Kirche ist kein Sakralraum mehr, sondern lediglich ein Gebäude, das ebenso gut als Wohnraum oder Lagerhalle dienen könnte. Wir haben es selbst in der Hand, das Heil zu erfahren oder lediglich auf es zu hoffen.

Literaturverzeichnis

Albrecht, Carl: Das mystische Erkennen. Gnoseologie und philosophische Relevanz der mystischen Relation. Carl Schünemann Verlag, Bremen 1958.

Bächtold-Stäubli, Hanns (Hrsg.): Handwörterbuch des deutschen Aberglaubens. 10 Bde. De Gruyter, Berlin 1987 (Nachdruck der Ausgabe 1927).

Bichler, Albert: Wallfahrten in Bayern. W. Ludwig Buchverlag, München 1990.

Biedermann, Hans: Dämonen, Geister, dunkle Götter. Lexikon der furchterregenden mythischen Gestalten. Gondrom Verlag, Bindlach 1993.

Blau, Ludwig: Das altjüdische Zauberwesen. Akademische Druck- und Verlagsgesellschaft, Graz 1974.

Blumhardt, Johann Christoph: Blumhardts Kampf. Die Krankheits- und Heilungsgeschichte der G. Dittus in Möttlingen. Verlag Goldene Worte, Stuttgart-Sillenbuch, o. J.

Boniface, Ennemond: Therese Neumann. Die Stigmatisierte von Konnersreuth. Credo-Verlag, Wiesbaden 1963 (2. Auflage).

Deschner, Karlheinz: Der gefälschte Glaube. Die wahren Hintergründe der kirchlichen Lehren. Heyne-Sachbuch, München 1991 (2. Auflage).

Eckhart (Meister Eckhart): Deutsche Predigten und Traktate. Der Dom; Bücher deutscher Mystik. Insel Verlag, Leipzig 1927. Nachdruck 1980.

Grabinski, Bruno: Das Phänomen der eingebrannten Hand. In: Neue Wissenschaft 1950/51. Gyr-Verlag, Zürich.

Grabinski, Bruno: Beweise aus dem Jenseits. Credo-Verlag, Wiesbaden 1964.

Grabowski, Siegfried: Der Heilstrom. Schirner Verlag, Darmstadt 2007.

Grabowski, Siegfried: Über natürliche Radiästhesie und Antenneneffekte molekularer Strukturen. In: Grenzgebiete der Wissenschaft 41 (1992) 1, S. 51–79. Resch Verlag, Innsbruck.

Greber, Johannes: Der Verkehr mit der Geisterwelt Gottes, seine Gesetze und sein Zweck. Johannes Greber Foundation, USA 1989. Auch als deutsche Ausgabe erhältlich.

Gotteslob: Katholisches Gebet- und Gesangbuch mit dem Anhang für das Bistum Berlin.

Goodman, Felicitas D.: Anneliese Michel und ihre Dämonen. Christiana-Verlag, Stein am Rhein 1980.

Grimm, Georg: Die Lehre des Buddho. Die Religion der Vernunft und der Meditation. Aurum Verlag, Freiburg 1988 (20. Auflage).

Hartmann, Ernst: Krankheit als Standortproblem. 2 Bde. Haug Verlag, Heidelberg 1986 (5. Auflage).

Häusler, Grete: Bruno Gröning. Einführung in seine Lehre. Grete Häusler Verlag, Wegberg 1992 (6. Auflage).

Häusler, Grete (Hrsg.): Bruno Gröning – Das Heil erfahren, das ist Wahrheit. Ärztlich dokumentierte Heilungsberichte. Grete Häusler Verlag, Wegberg 1992.

Höcht, Johannes, Maria: Träger der Wundmale Christi. Eine Geschichte der Stigmatisierten. Christiana-Verlag, Stein am Rhein 1986 (4. Auflage).

Holböck, Ferdinand/Isenegger, Marie Th.: Der Schlüssel zu den Schätzen Gottes. Rosenkränze, Litaneien, Novenen, Kreuzwegandachten. Parvis-Verlag, Hauteville (Schweiz) 1986.

Hope, Murry: Magie und Mythologie der Kelten. Heyne-Sachbuch, München 2002.

Horst, Georg: Zauber-Bibliothek oder von Zauberei, Theurgie und Mantik, Zauberern, Hexen und Hexenprozessen, Dämonen, Gespenstern und Geistererscheinungen. Mainz 1821–1826. Nachdruck Freiburg; Aurum 1987 (Edition Ambra).

Kakosy, Laszlo: Zauberei im Alten Ägypten. Koehler & Amelang, Leipzig 1989.

Kamp, Matthias: Bruno Gröning – Revolution in der Medizin. Grete Häusler Verlag, Wegberg 1993.

Kerner, Justinus: Die Seherin von Prevorst. Eröffnungen über das innere Leben des Menschen und über das Hereinragen einer Geisterwelt in die unsere. Reclam, Leipzig, o. J.; Nachdruck J. F. Steinkopf, Stuttgart 1963 (2. Auflage).

Köster, Peter: Sein Leben ordnen. Anleitungen zu den Exerzitien des Ignatius von Loyola. Herder, Freiburg 1991.

Lakhovsky, Georges: Das Geheimnis des Lebens. Kosmische Wellen und vitale Schwingungen. VGM Verlag für Ganzheitsmedizin, Essen 1981.

Legenda Aurea: Die Legenda Aurea des Jakobus de Voragine. Verlag Lambert Schneider, Heidelberg 1984.

Lorber, Jakob: Jenseits der Schwelle. Sterbeszenen. Lorber-Verlag, Bietigheim 1990.

Mac Nutt, Francis: Die Kraft zu heilen. Das fundamentale Buch über Heilen durch Gebet. Styria, Köln 1976.

Marsch, Michael: Heilen. Biblische Grundlagen des Heilungsauftrages der Kirche. Verlag Otto Müller, Salzburg; 2. Auflage 1984.

Matthiesen, Emil: Der jenseitige Mensch. Eine Einführung in die Metapsychologie der mystischen Erfahrung. De Gruyter, Berlin und Leipzig 1925.

Mauritius, Gernot: Bau und Biologie – Planungsziel Mensch. In: Andreas Resch: Kosmopathie. IMAGO MUNDI Band 8. Resch Verlag, Innsbruck 1986 (2. Auflage).

Mellor, Alec: Die medizinische Anwendung des Magnetismus. In: Moderne Universalgeschichte der Geheimwissenschaften. Econ, Düsseldorf 1979. 6 Bände.

Merz, Blanche: Orte der Kraft. Eigenverlag Institut de Recherches en Geobiologie, Chardonne (Schweiz), 5. Auflage 1992.

Moser, Otto: Nimm Dein Bett und geh! Wie Erdstrahlen Deine Gesundheit beeinflussen und ruinieren können. Verlag A. Ruhland, Altötting 1991.

Pater Derobert: Pater Pio durchsichtig auf Gott hin. Verlag Hovine, Hauteville (Schweiz) 1990.

Paramahansa Yogananda: Autobiographie eines Yogi. Droemer Knaur Verlag, München 1992.

Veltheim-Ostrau, Hans-Hasso von: Tagebücher aus Asien. Claassen Verlag, Hamburg 1956.

Pennik, Nigel: Einst war uns die Erde heilig. Die Lehre von den Erdkräften und Erdstrahlen. Felicitas Hübner Verlag, Zürich 1987 (aus dem Englischen).

Purner, Jörg: Radiästhesie – Ein Weg zum Licht? Mit der Wünschelrute auf der Suche nach dem Geheimnis der Kultstätten. M & T Verlag, Zürich 1988, Edition Astroterra.

Reichenbach, Dr. Carl Freiherr von: Die odische Lohe und einige Bewegungserscheinungen als neuentdeckte Formen des odischen Prinzips in der Natur. Max Altmann, Leipzig 1909.

Römisches Messbuch: Das vollständige Römische Messbuch, lateinisch und deutsch. – Herder, Freiburg 1990. (Nachdruck der Schott-Ausgabe von 1962 für die Priesterbruderschaft St. Petri in Wigratzbad)

Sattelmair, Richard (Hrsg.): Sancta Ecclesia. Bilder aus der katholischen Kirche. Athenäum-Verlag, Bonn 1954.

Schauber, Vera und Schindler, Hanns Michael: Heilige und Namenspatrone im Jahreslauf. Pattloch Verlag, Augsburg 1992.

Schamoni, Wilhelm: Das wahre Gesicht der Heiligen. Christiana-Verlag, Stein am Rhein (6. Auflage).

Seller, Pater Hermann Josef: Im Banne des Kreuzes. Lebensbild der stigmatisierten Augustinerin Anna Katharina Emmerick. Rita-Verlag der Augustiner, Würzburg 1940.

Silberer, Herbert: Probleme der Mystik und ihrer Symbolik. Wissenschaftliche Buchgesellschaft, Darmstadt 1961.

Siegmund, Georg: Das Fortleben nach dem Tode im Lichte des Phänomens von eingebrannten Händen. In: Andreas Resch: Fortleben nach dem Tode. IMAGO MUNDI Bd. 7. Resch-Verlag, Innsbruck 1980 (4. Auflage).

Siegmund, Georg: Von Wemding nach Klingenberg. Christiana-Verlag, Stein am Rhein 1985.

Spiesberger, Karl: Hermetisches ABC. Esoterische Lebensformung in Theorie und Praxis. 2 Bde. Hermann Bauer Verlag, Freiburg, o. J.

Spiesberger, Karl: Runenmagie. Handbuch der Runenkunde. Verlag Schikowski, Berlin 1968 (2. Auflage).

Sterneder, Hans: Tierkreisgeheimnis und Menschenleben. Die Beziehungen zwischen der Sonnenbahn durch die Kraftfelder des Tierkreises und dem Geschehen im Reich des Lebens sowie ihr Einfluss auf die geistige, charakterliche und körperliche Entwicklung des Menschen. Bauer-Esoterik, Freiburg 1988 (3. Auflage).

Sterneder, Hans: Der Wunderapostel. Verlag Hermann Bauer (Esotera Taschenbücherei), Freiburg 1991 (3. Auflage).

Spiesberger, Karl: Elementargeister-Naturgeister. Märchengestalten oder beseelte Naturkräfte. Verlag Hermann Bauer, Freiburg 1961. Nachdruck Richard Schikowski, Berlin.

Sri Yukteswar: Die heilige Wissenschaft. Otto Wilhelm Barth Verlag, München 1993 (9. Auflage).

Tardif, Emiliano/Fiores, José H. Prado: Jesus ist der Messias. Vier-Türme-Verlag, Münsterschwarzach 1990.

Tardif, Emiliano/Fiores, José H. Prado: Jesus lebt. Vier-Türme-Verlag, Münsterschwarzach 1988.

Werner, Ernst/Erbstößer, Martin: Kleriker, Mönche, Ketzer. Das religiöse Leben im Hochmittelalter. BVU, Berlin 1992 (2. Auflage).

Weitere benutzte Literatur:

Bonin, Werner F.: Lexikon der Parapsychologie und ihrer Grenzgebiete. Scherz Verlag, Bern 1976.

Dinzelbacher, Peter: Wörterbuch der Mystik. Kröner, Stuttgart 1989.

Heinz-Mohr, Gerd: Lexikon der Symbole. Bilder und Zeichen der christlichen Kunst. Herder-Spektrum, Freiburg 1991.

Schütz, Christian (Hrsg.): Praktisches Lexikon der Spiritualität. Herder, Freiburg 1992.

Vom gleichen Autor erschienen im

Siegfried Grabowski

Der Heilstrom
Über den praktischen Umgang
mit der Heilkraft

720 Seiten
ISBN 978-3-89767-545-2

Im Ausgang von der Radiästhesie, der ganzheitlichen Heilslehre Bruno Grönings sowie der Bio-Energetik untersucht der Autor eine Vielzahl von Wirkungen geistiger Kräfte im materiellen Bereich, um diesen Prozessen eine wissenschaftliche Grundlage zu geben und sie in der Praxis anzuwenden. Da Erkrankungen als Folge energetischer Manifestationen verstanden werden, beruht die geistige Selbstheilung auf einer neuen Formgebung der biologischen Schwingungserzeuger und -empfänger, sodass sie verstärkt aufnahmefähig werden für heilsame Energien. Wenn sich der Mensch seiner schwingungsmäßigen Stellung in der Welt bewusst wird, sollte es ihm auch gelingen, die ihn beeinflussenden physio- und technologischen Störgrößen zu minimieren und die eigene psychische Kraft zum Nutzen aller einzusetzen.

Ebenso erschienen im

Igor Warneck

Ruf der Runen

Eine Einführung in die Welt der Runen

Dieses Buch enthält eine Einführung in die Runenkunde, Anleitungen zum Einsatz des Runenorakels und zur Herstellung eigener Runensteine sowie eine Übersicht über die einzelnen Runen und ihre Bedeutung. Informationen über Runenrituale sowie über germanische Götter und Festtage runden das Werk ab.

264 Seiten
mit zahlreichen s/w-Abbildungen
ISBN 978-3-89767-480 6

Max Freedom Long

Die verborgene Lehre Jesu

Eine Huna-Interpretation
der vier Evangelien

Die Codierungen und Symbole der hawaiischen Inselbewohner wurden bereits in den vier Evangelien verwendet, um die ursprünglichen und geheimen Lehren Jesu zu verschlüsseln. Max F. Long ist der Ansicht, dass die Kahuna-Lehren die Codierung der tatsächlichen Lehren Jesu darstellen – mit ihrem Verständnis könnte das Christentum in seiner ursprünglichen, hilfreichen Form gelebt werden.

156 Seiten
ISBN 978-3-89767-434-9

192 Seiten
mit s/w-Abbildungen
ISBN 978-3-89767-456-1

James M. Pryse
Reinkarnation im Neuen Testament

In diesem Buch erfahren Sie Hintergründe zu der These, dass die Reinkarnation nur deshalb nicht in der Bibel erwänt wird, weil sie zu jener Zeit eine selbstverständliche Annahme war! Neben einer Untersuchung der Schriften des Neuen Testaments und einer Einführung in die Philosophie der Reinkarnation erhalten Sie in diesem Buch auch eine Erläuterung des Themas Reinkarnation aus heutiger Sicht..

192 Seiten
zahlreiche farbige Abbildungen
ISBN 978-3-89767-438-7

Markus Schirner
Talismane und Amulette

Dieses Buch führt durch die Welt der Talismane und Amulette. In vielen Kulturen wirken Symbole bis heute im Sinne ihres Trägers: Sie schützen, schenken Liebe oder Heilung, verleihen magische Kräfte, dienen der Verführung, bringen Erfolg, Stärke oder Mut. In diesem Buch wird eine Auswahl früherer sowie moderner Talismane und Amulette vorgestellt, die zum großen Teil auch heute noch erhältlich sind.